AF500080

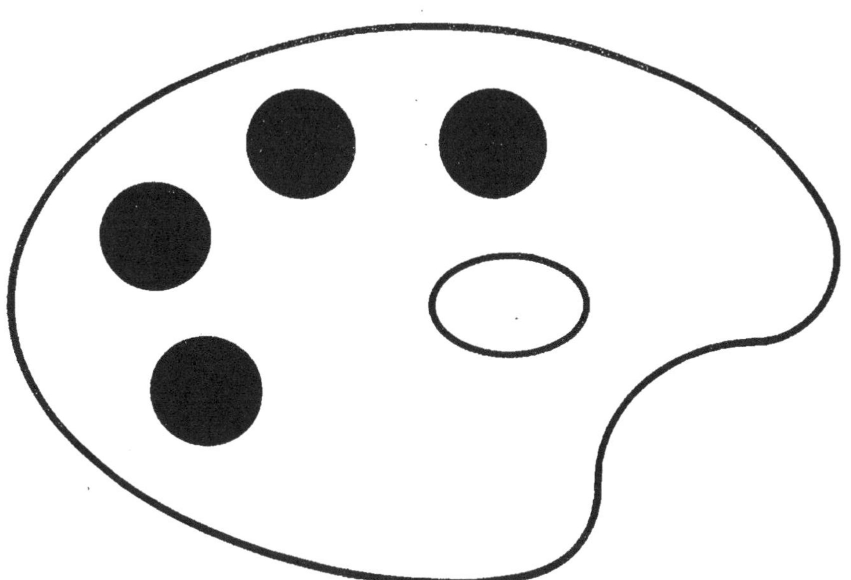

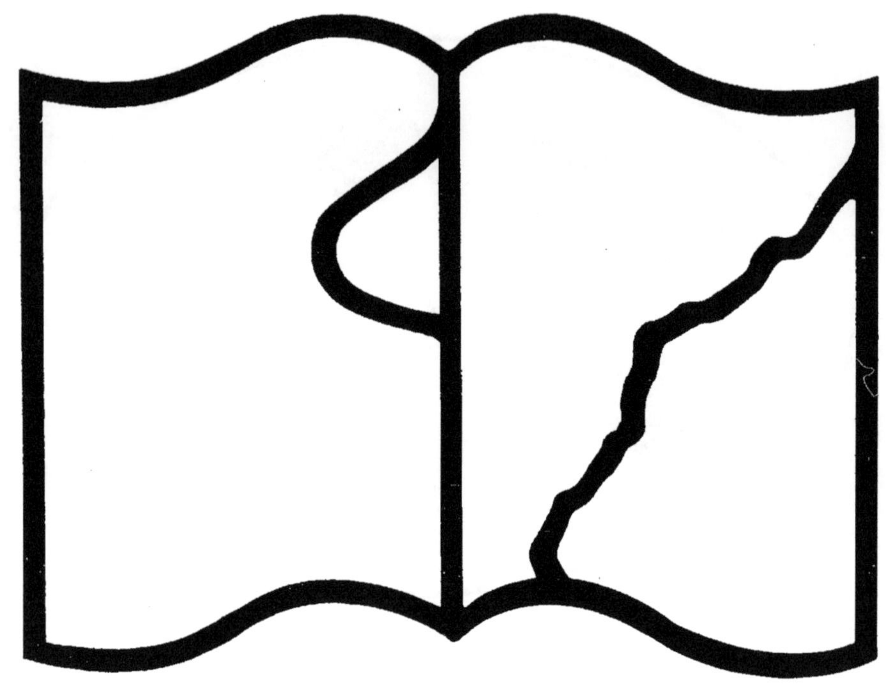

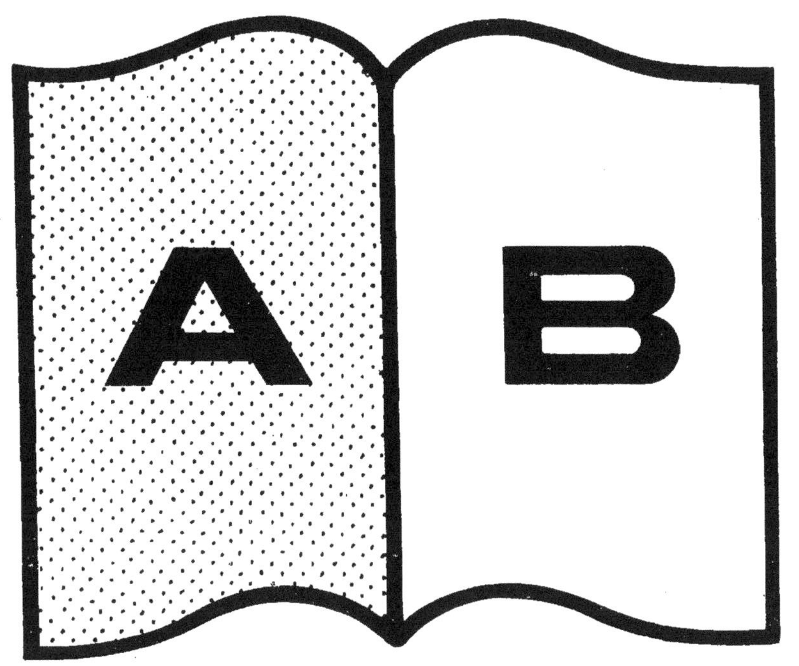

Contraste insuffisant

NF Z 43-120-14

GRÜNWEDEL

MYTHOLOGIE DU BUDDHISME AU TIBET ET EN MONGOLIE

Basée sur la collection lamaïque du Prince Oukhtomsky

MYTHOLOGIE DU BUDDHISME

AU TIBET ET EN MONGOLIE

Prince Hespère Oukhtomsky

MYTHOLOGIE DU BUDDHISME

AU TIBET ET EN MONGOLIE

BASÉE SUR LA COLLECTION LAMAÏQUE DU PRINCE OUKHTOMSKY

PAR

ALBERT GRÜNWEDEL

DR. PHIL.

AVEC UNE PRÉFACE DU PRINCE OUKHTOMSKY

TRADUIT DE L'ALLEMAND

PAR

IVAN GOLDSCHMIDT

---

188 ILLUSTRATIONS

1900

PARIS
ERNEST LEROUX
ÉDITEUR

LEIPZIG
F. A. BROCKHAUS
ÉDITEUR

AVERTISSEMENT.

Le présent volume est une traduction littérale de l'ouvrage que M. le Professeur Grünwedel a fait paraître récemment sous le titre de «Mythologie des Buddhismus in Tibet und der Mongolei». En me décidant à donner au public une traduction aussi fidèle que possible du texte allemand, j'ai, par ce fait même, dû renoncer à atteindre à la finesse de l'expression et à l'élégance du style si caractéristiques du génie de la langue française. Une traduction plus libre aurait exigé un remaniement complet de l'ouvrage pour tout ce qui se rapporte à la forme et au style et pour cela on n'avait ni le temps nécessaire, ni l'autorisation de M. Grünwedel.

D'autres avant moi ont éprouvé les mêmes difficultés; c'est ainsi que Schiefner rapporte dans sa préface de l'édition allemande du «Buddhismus» de Wassiljew, que l'Académie de St.-Pétersbourg a été obligée, par des raisons de style, de renoncer à publier en français une traduction littérale de cette œuvre.

En acceptant de traduire l'ouvrage de M. Grünwedel, je ne me suis pas dissimulé cet inconvénient; aussi ai-je visé plutôt à l'exactitude qu'à l'élégance. Mon but a été de satisfaire plutôt aux exigences scientifiques qu'aux besoins littéraires; si je l'ai atteint, je crois m'être acquitté de mon devoir.

Berlin.

Ivan Goldschmidt.

TABLE DES MATIÈRES.

PRÉFACE.

TRADUCTION DE M. IVAN GOLDSCHMIDT.

La Transbaïkalie est la clef du cœur de l'Asie, l'avantposte de la civilisation russe aux frontières de «l'Orient jaune» qui, de nos jours encore, vit sous un régime préhistorique; c'est le trait d'union principal entre le peuple primitif et encore à demi sauvage des Bouriaites et les trésors de la vieille sagesse hindoue. On ne pourra s'empêcher d'en tenir compte.

Chez nous, en Russie, il existe un monde de phénomènes religieux, sur lesquels on n'a jusqu'ici presque rien écrit, et auxquels on n'a en général prêté que peu d'attention: je veux parler du buddhisme tibétain, pratiqué dans notre empire par quelques centaines de mille nomades ou demi-nomades: les Kalmouks des gouvernements d'Astrachan et de Stauropol, ceux qui habitent le pays des Casaques du Don et de l'Oural, la majorité des Bouriaites et une partie des Toungouses dans la Transbaïkalie.

Si on laisse de côté la question de l'importance politique et sociale de ce fait, si l'on considère au contraire tout ce qui s'est passé et se passe encore dans l'Asie centrale, on ne peut assez s'étonner de voir combien nous autres Russes nous sommes indifférents à l'égard de la vie spirituelle des buddhistes, de leur culte merveilleusement entrelacé, avec ses innombrables objets d'adoration. Voilà ce qui forme, sans parler de l'importance scientifique, la source

Toungouses.

V. Prince Oukhtomsky, Voyage en Orient (1890—91) de Son Altesse Impériale le Césarevitch (S. M. Nicolas II), 2 vol. (Paris 1893—98).

où nos missionnaires, dont le succès est encore si imparfait, peuvent puiser, s'ils veulent amener nos païens à une renaissance spirituelle, et s'ils se proposent de faire d'eux peu à peu des pionniers de la foi chrétienne, des éclaireurs capables de porter dans les déserts inexplorés de la Haute-Asie les lumières d'une croyance supérieure.

A l'Académie des Sciences de St-Pétersbourg et dans les collections de la Société Impériale de Géographie (principalement à Irkoutsk) on a réuni un matériel de haute valeur, qui peut fournir une précieuse matière de travail à celui qui voudrait s'occuper sérieusement de ce sujet. Le terrain est cependant encore presque tout entier en jachère. La science des religions ne s'occupe pas encore du mystérieux Tibet ou du riche monde de phénomènes qui y prennent naissance.

Musée de la Société Impériale de Géographie à Irkoutsk.

V. Prince Oukhtomsky, Voyage en Orient.

Et pourtant, combien serait-il facile d'utiliser pour la science les liens étroits qui unissent la Sibérie de l'est avec Lha-sa!

Des centaines de Bouriaites vont annuellement en pélerinage à travers la Mongolie vers les centres de la sagesse tibétaine. Les éclaireurs et les pionniers du commerce russe et de la bonne réputation dont nous jouissons, les

Femme bouriaite en habit de fête.
V. Prince Oukhtomsky, Voyage en Orient.

représentants du nom russe au cœur même du monde jaune, sont de modestes personnes vêtues de mauvais habits montées sur de mauvais petits chevaux ou sur des chameaux. Ces païens demi-sauvages, nos compatriotes, s'en vont là-bas, vers le Koukounor si difficilement accessible à l'explorateur européen, vers Amdo et Zaïdam, vers le mystérieux Dachilhumbo (bKra-šis-lhun-po), vers les frontières montagneuses de l'Inde, avec insouciance et gaîté de cœur, tout comme les habitants d'une grande ville s'en vont en excursion à la

École bouriaite.

E. Prince Oukhtomsky, Voyage en Orient

campagne. Cet élément introduit, sans qu'on s'en aperçoive, au plus profond des déserts de l'Asie, au cœur de steppes presque inconnues, une représentation vivante du Tsar Blanc et de Moscou, «la ville aux pierres blanches» d'où est sorti l'empire le plus gigantesque du monde, de ce Moscou qui a cherché à s'attacher les peuples plus petits de l'est «non seulement par la guerre ou par la sévérité, mais encore par la bienveillance». Cet élément propage aussi les idées, encore peu nettes il est vrai, que l'on se fait là-bas du rôle que doit jouer l'occident chrétien, appelé à ranimer par l'énergie russe la civilisation mourante du vieil orient.

Bodhisatvas de bronze au Japon.
V. Prince Oukhtomsky, Voyage en Orient.

En Russie presque personne ne soupçonne maintenant, quel travail util est accompli par les modestes lamaïstes russes, à bien des centaines de kilc mètres de la frontière de Sibérie. Les générations futures seules s'apercevroı de cette activité et l'apprécieront à sa juste valeur.

L'étude du lamaïsme forme en soi un monde encore presque inexplor S'occuper, dans cet immense domaine, des religions de l'Inde, transplantées i dans un terrain nouveau, auquel elles n'étaient point habituées et dans lequ elles ont pourtant pu prendre fortement racine, trouver parmi ce nomb formidable d'objets de culte un art de caractère transcendant, voilà q serait déjà un travail vraiment intéressant pour tout ami de l'archéologie .

Paysage de la Sibérie orientale.

F. Prince Oukhtomsky, Voyage en Orient.

Travail non moins intéressant aussi pour tout homme qui cherche la vérité, qui cherche à se rendre un compte exact de ce fait, que la force du sentiment et de la foi (cette force par laquelle, au sens noble et arien du mot, l'Hindou

Gardien de temple, l'un des Ni-os (Indra ou Brahmâ), «deux rois».

V. Prince Oukhtomsky, Voyage en Orient.

éminemment pacifique est fort) ne connaît ni les lois du temps ni celles de l'espace, et est productive partout où on la transporte. Comment, sans cela, le Japon prosaïque en serait il venu à amasser en l'honneur du Buddha, dans ses temples élégants, les plus merveilleux objets de bronze et de laque? Est-ce que, sans cela, on aurait entrepris de là-bas ces expéditions dangereuses, inspirées par un besoin religieux, vers cette Corée fermée qui florissait il y a quelques siècles et qui, sous l'influence de la civilisation sanscrite, infiltrée dans mainte contrée asiatique, jouissait d'une civilisation assez avancée?

Bonze japonais.
V. Prince Oukhtomsky, Voyage en Orient.

Les rapports spirituels des pays de l'Orient, pendant toute l'antiquité et le moyen âge, peuvent bien, du point de vue européen, apparaître comme relativement peu importants. Mais le fait seul de leur existence ininterrompue et de leur influence sur le développement de l'histoire universelle est à mon avis pour nous autres Russes, au point de vue de notre civilisation, d'une importance bien supérieure à celle de tous ces petits détails dont se compose l'histoire de l'Europe, que nous étudions avec tant de zèle.

Là-bas, dans cette Asie ignorée de l'Europe, les peuples se sont sentis de tout temps intimement influencés par des forces mystiques, ils ont été attirés vers les régions éthérées du recueillement et de la prière, vers ces espaces lumineux où la haine des peuples se tait devant les puissances divines et où se calment les querelles fraternelles des peuples. Un silence profond vient à nous du sein des pays populeux, jadis déchirés par de furieux soulèvements, où maintenant, du haut de l'autel adoré par des sacrifices non sanglants, l'œil de Çâkyamuni, sculpté dans la pierre ou le bois ou coulé en métal, regarde avec douceur et un rire mystérieux la multitude qui vient le vénérer de tout côté.

Des ruines de statues de Çâkyamuni, des portraits indestructibles qui nous sont restés du «sage fils des princes» et des dieux brahmanes, des monastères déserts avec des temples à la merveilleuse architecture et des bas-reliefs d'une rare beauté: tout cela n'a pas encore disparu du sol de Java par exemple. Situés à l'écart des grandes voies de communication ces restes montrent par leur grandeur ce que fut autrefois la brillante civilisation de l'Hindoustan et en même temps la poussée typique de cette civilisation vers l'est. Ils nous aident à comprendre pourquoi dans l'Indo-Chine française se sont conservés jusqu'ici de merveilleuses ruines de temples indiens et un panthéon de pierre indestructible.

Les héros d'épopée, les monstres issus de l'imagination populaire, les symboles du clergé, toutes les caractéristiques de cette floraison artistique venue du Gange se trouvent au Cambodge de nos jours, dans tout leur éclat, exécutés par la main créatrice de sculpteurs et d'architectes inconnus, dont des princes du pays, aux vues larges, suivaient jadis libéralement les conseils. Les statues du Buddha furent introduites comme capables d'opérer des miracles, par le sud-ouest dans l'Empire Céleste. La religion et la science lui vinrent de l'Inde, comme des liens magnifiques destinés à resserrer la fraternité des peuples.

D'après ce qu'on vient de dire il est vraisemblable que la lumière que porteraient dans les contrées de l'Asie centrale les doux rayons du passé hindou, donnerait à ces pays un coloris qui ne saurait manquer d'être sympathique à des cœurs russes. Du moment où nous aimons et où nous considérons comme une sorte de parent le continent voisin, parce que spirituellement il tient à nous de près et forme avec nous une unité organique, notre intérêt doit se porter tout autant sur le plus petit coin de l'Asie, où chaque Oriental pénétré de religion, trouve au milieu du travail et de la pénitence la réponse du cœur aux questions les plus brûlantes que se pose l'humanité: pourquoi vivons-nous et comment échapperons-nous finalement à la souffrance?

Lorsque quelqu'un s'est, comme moi, occupé quinze ans d'étudier pratiquement le monde buddhique dans toute sa vitalité, quand il a parcouru toutes les contrées où a fleuri la religion de Çâkyamuni, il s'émerveille à la vue de l'immense étendue de terre qu'ombrage le culte du Buddha. La plus riche matière à réflexion offre là-dessus Java, «l'île d'émeraude» des possessions indiennes des Hollandais. Les statues divines et surtout les bas-reliefs de type buddhique à Java vous surprennent par ce fait seul, que les dieux et les symboles de cette époque disparue, correspondent dans un certain sens à ceux que, de nos jours encore, on adore dans l'Himâlaya, chez les lamaïstes du Tibet et des contrées voisines de la Russie.

Le trait d'union entre les deux centres de civilisation a disparu. Les formes de la religion du Buddha au nord de Java et au sud des cloîtres du Tibet ne sont visiblement qu'une simplification successive du culte, si on les compare aux objets sacrés traditionnels renfermés dans les temples ou au rituel si compliqué du buddhisme du nord. Pour le moment une énigme historique consiste dans la question de savoir comment il se fait que la croyance humaine dans les hautes montagnes du Népâl et dans la magnifique «ville des temples» javanaise, Boroboudour, a pu créer des objets d'adoration identiques. A ce qu'il semble, les prêtres hindous, qui étaient à la fois des professeurs et des artistes, étaient, aussi bien ici que dans la Haute-Asie, pénétrés des mêmes idées, conçues d'après les principes d'une sorte de religion buddhiste préhistorique.

La parenté entre les deux ne peut s'expliquer que par une hypothèse, qui paraîtra sans doute à beaucoup de lecteurs plus originale que bien fondée.

La faune de Java offre beaucoup plus d'analogies avec celle du continent (Siam, Birma, l'Inde, l'Himâlaya) qu'avec celle des îles voisines. A vrai dire les naturalistes sont convaincus que Java s'est séparée beaucoup plus tôt de l'Asie que par exemple Sumatra ou Bornéo. Les formes du buddhisme encore vivantes dans le Tibet ou la Mongolie, sont à mon avis bien plus primitives que celles de Ceylan, de l'Indo-Chine, de la Chine ou du Japon. Leur origine se perd dans l'antiquité la plus reculée. Elles ont passé d'un pays à l'autre. Plus tard la religion du «sage fils des princes» s'est simplifiée dans sa forme extérieure, chez beaucoup de peuples. Sa pureté canonique a peut-être pu se maintenir intacte à Java pour ce qui est des objets du culte; car on y a insisté à dessein sur leur identité avec ceux de la Haute-Asie.

Le «Stûpa» de Bharhut au musée de Calcutta est de son côté un monument de caractère vieux buddhique qui caractérise des événements uniques en leur genre, par exemple un miracle, un sermon du «savant maître». Le mur de pierre qui entourait le monument et qu'on a transporté dans le musée, pour le préserver de la destruction, est en forme de tente; on dirait que les premiers buddhistes fanatiques, qui 2000 ans avant nous, construisaient des Stûpas, aient pris comme modèle leur habitation de nomades et aient voulu rappeler à grands traits le mystérieux Kurgan des steppes. Les statues ciselées sur le monument de Bharhut rappellent fortement par les traits de leur visage des Mongols, ou toutefois quelque tribu d'origine touranienne. A côté de ce monument on trouve dans la capitale sur l'Hugli des restes de même valeur des Stûpas de Sântchî dans l'Inde centrale.

Sur les colonnes et les corniches sont représentées des scènes de la vie du Buddha, comment le «sauveur du monde» sous des formes diverses et encore imparfaites d'enveloppes corporelles, s'avance sur le chemin de la perfection, jusqu'à ce qu'enfin il arrive, pour le bonheur des êtres vivants, à l'activité lumineuse et libre; comment avec une parfaite tranquillité d'âme il pass au Nirvâna, sans cesser pour cela de travailler au réveil moral et au salu de l'humanité.

A côté de cela nous trouvons représentées des scènes de la vie historiqu et nébuleuse de l'Inde; des tableaux de genre, qui de nos jours même n'on pas vieilli; des tableaux d'intérieur où cesse le domaine du mythe et du conte où commence pour ne jamais se briser le fil de la tradition. Un point n'es pas douteux: chacune des pierres qui reposent là est aux yeux de l'Asiatiqu vraiment pieux quelque chose de sacré. Ce n'est pas en vain que jadi même des Coréens sont venus sur les bords du Gange pour y prier et y fair des sacrifices.

Les emblèmes traditionnels, les objets de parure symboliques, les pose peu naturelles mais prédilectées tout correspond exactement, à la surface d monument, aux objets du culte, dans les religions païennes qui subsistent encor C'est ainsi par exemple que sur les portes de Sântchî les dieux tiennent u petit sceptre magique (vajra) qui aujourd'hui encore est un des objets indi pensables à un lama en prières. Là aussi se trouve la déesse de l'amour du bonheur, assise sur un lotus, pendant que deux éléphants l'arrosent: tra pour trait une de ces images que l'on vend encore aujourd'hui dans l petites boutiques de toute ville hindoue. Là est l'oiseau merveilleux Garuḍ qui sans pitié détruit des serpents et qui cependant marche paisiblement leurs côtés avec d'énormes boucles d'oreilles à sa tête de perroquet, comm s'il écoutait le Buddha qui prêche la doctrine de paix et d'amour et qui révèle à tous les êtres. A un autre endroit, il sert de monture à un habita du ciel, à un dieu, qui s'envole pour aller adorer quelque sanctuaire buddhiqu Des lions ailés avec des faces de hideux griffons ou de chiens hérissés de ra tibétaine, des taureaux à face humaine, de longues processions que des hal tants regardent passer du haut des terrasses, la descente du ciel sur la ter du «savant maître» sous forme d'un éléphant, comment il pénètre da Mâyâ qui doucement sommeille et qui, d'après les décisions du destin, mettra au monde: chaque statuette de pierre, chaque détail plastique a s cachet particulier et révèle une pensée profonde. Le caractère et les mœu du pays se sont de tous temps reflétés dans les pierres conservées ici, au bien dans les temps les plus reculés que dans le passé le plus proche. Ils sont imprimés sur les demeures divines faites de ces pierres, sur les demeu de ces dieux qui, d'après la croyance populaire, brillent aujourd'hui dans to leur gloire, mais qui peuvent demain, s'ils pèchent, retomber au niveau d'êt impuissants et souffrants .... Les savants ont établi avec étonnement qu'a pieds des hommes du nord ciselés à Sântchî on trouve nos onoutchi rus que connaissent aussi les Afghans et les habitants du Kafiristan. Ils ont enc constaté que les instruments de musique qui sont représentés là sont identiq à ceux qu'on fait venir aujourd'hui à Calcutta du Népâl.

La section archéologique du Musée de Calcutta est très riche en p duits de la sculpture indigène de plusieurs siècles. Tantôt on aperçoit ascète hindou «à longues mains» plongé dans la méditation (la possess

Moines buddhistes de Ceylan.

V. Prince Oukhtomsky, Voyage en Orient.

d'une main longue signifiait ici, comme dans l'Iran, qu'on était de noble origine), tantôt on admire une tête du Buddha travaillée à la manière grecque: belle comme Apollon, portant la chevelure comme on la porta jadis dans la Rome impériale, frisée comme celle de maint Hercule au Musée Britannique. Plein d'admiration on s'arrête devant une grande statue fort mutilée du «maître», représenté l'épaule nue, comme c'est encore coutume chez les moines buddhiques. Puis on considère avec intérêt les reproductions en pierre du trône du Buddha, soutenues par des lions, sa sébile placée sur un piédestal ombragé par une ombrelle royale etc.

Le temps n'est pas éloigné où le monde buddhique divisé se réveillera de son rêve et se constituera en un tout organique.

L'Américain Olcott, président de la société théosophique, cherche avec beaucoup d'énergie, depuis des années, à retrouver les morceaux de la chaîne spirituelle qui unit les différents pays, où l'on adore le Buddha. Il parcourut l'Asie, fit la connaissance des plus célèbres parmi les prêtres indigènes et composa pour les buddhistes du monde entier une sorte de confession. Tout ce qui est peu important, conventionnel, étroitement national ou purement occasionnel en fut exclu. Le buddhisme est toujours prêt à admettre parmi les formes de son culte toutes autres formes possibles, mêmes des rites pourvu qu'ils ne heurtent point son idée première: celle du «maître divin» et des voies qu'il a tracées pour arriver à la perfection, jointe à cette prescription du maître, de faire participer peu à peu à la doctrine tous les êtres vivants, doctrine qui leur permettra de se délivrer définitivement de toute seconde vie et des souffrances qui s'y rattachent. L'essentiel seulement de la «doctrine» devait être renfermé dans cette confession de foi. C'est ainsi que peu à peu on pourra expliquer un grand nombre des phénomènes religieux de l'Asie, les formes de croyance des centaines de millions d'hommes nous apparaîtront plus nettement, on dévoilera l'âme de l'époque où elles prirent naissance et où leur apparition enflamma l'humanité.

Au Japon, à Birma, Tchittagong et Ceylan le programme d'Olcott avec les 14 règles fondamentales qu'il contient a déjà été approuvé. Reste à savoir comment les innovations d'Olcott influenceront le resserrement des liens spirituels entre les peuples buddhiques de l'Indo-Chine, du centre de la Chine, de la Corée et du Tibet. Les Laos indo-chinois sont buddhistes, se rapprochant vraisemblablement plus du lamaïsme que de la forme de buddhisme pratiquée à Ceylan ou de la forme siamo-birmane. Il y a je crois des masses de faits qui parlent en faveur de cette opinion. Ils construisent et vénèrent des «Obos», c'est-à-dire des tas de pierres sur les hauteurs, afin de pouvoir, lorsqu'ils voyagent, y faire des sacrifices aux génies du lieu. Tout comme les Tibétains et les Mongols, ils exécutent des danses, dans lesquelles leurs bonzes se travestissent en divinités effrayantes pour conjurer les esprits du mal. Chaque famille tient à vouer au moins un fils à la prêtrise. Le clergé a le droit de disposer de ses biens privés, les moines les plus instruits apparaissent au peuple comme des personnifications des êtres supérieurs et parfaits (des Buddhas) etc.

Temple buddhique à Ceylan.

P. Prince Oukhtomsky, Voyage en Orient.

Les liens d'union entre les adhérents de Çâkyamuni à Ceylan et leur coreligionnaires de l'est subsistaient dès les temps les plus reculés. Ils ne se rencontraient pas seulement sur mer, mais encore sur la terre ferme. Beaucoup de Ceylandais s'en allaient en pélerinage par-delà l'Himâlaya vers la Chine et apportaient aux «fils du ciel» les plus rares améthystes, saphirs et rubis et les images les plus précieuses du «dieu-maître». Quelquefois on mettait dix ans à faire ce voyage.

Le moyen âge renforça cette conscience de la solidarité interne entre les pays séparés politiquement où florissait le culte du Buddha. Ce qui est vrai du Tibet, l'est aussi de la Mongolie, de nos Bouriaites et de nos Kalmouks. Les idées du collaborateur convaincu de la défunte madame Blavatsky (Olcott) trouvent là-bas aussi des sympathies et un accueil favorable.

La question principale est de savoir, si les 14 principes suivants sont véritablement les seules vérités fondamentales reconnues par les buddhistes du monde entier.

I. Il faut traiter tous les hommes, quels qu'ils soient, avec tolérance, bonté et fraternel amour. Il faut de même avoir pour les créatures de tout genre pitié et compassion.

II. Le monde n'a pas été créé; il est né de lui même et il se développe d'après des lois connues.

III. Des Buddhas (êtres éclairés) se sont montrés mainte fois sur la terre au cours de plusieurs périodes de temps (ce qu'on appelle «Kalpas») pour y prêcher.

IV. Dans la période présente on reconnaît comme quatrième maître Çâkyamuni ou Gautama Buddha, né il y a environ 2500 ans d'une famille princière. Il faut le considérer comme un personnage historique. Son nom était Siddhârtha Gautama.

V. Çâkyamuni enseignait que l'ignorance est la source du désir. Le désir non satisfait est la cause d'une vie nouvelle, celle-ci est la source de la souffrance. Pour éviter la souffrance, il faut éviter de renaître; pour ne pas renaître, il faut apaiser en nous le désir. Après avoir dompté et apaisé notre esprit, nous parviendrons à la science parfaite.

VI. La croyance dans l'impossibilité d'éviter la transmigration des âmes s'explique par l'insuffisance de notre horizon spirituel. Dès que celui-ci s'élargit, l'homme se persuade du néant de chaque vie nouvelle et de la nécessité de vivre de telle façon, qu'il n'ait pas besoin de revivre. De l'ignorance viennent ces idées trompeuses et mal fondées, qu'après la mort il n'y a rien ou qu'une félicité éternelle ou une damnation sans fin nous attendent après le trépas.

VII. Les hommes cessent d'être embarrassés d'erreurs, s'ils exercent envers tout être vivant les œuvres d'amour, s'ils développent leur entendement, se frayent un chemin jusqu'à la sagesse et anéantissent en eux tout besoin de satisfaction de passions basses et égoïstes.

VIII. Le vouloir-vivre étant la cause de la réincarnation, il faut l'apaiser. Alors on cessera de renaître. L'homme est capable, par le moyen

A la porte d'un temple du Buddha à Ceylan.

V. Prince Oukhtomsky, Voyage en Orient.

de méditations contemplatives, de parvenir au degré suprême du repos, qu'on appelle du nom de Nirvâna.

IX. Çâkyamuni enseigne qu'il est possible de détruire l'ignorance et avec elle la souffrance, si l'on reconnaît quatre vérités fondamentales.

1. La misère de la vie;
2. La cause de la vie, c'est-à-dire le désir insatiable qui nous pousse à satisfaire nos penchants égoïstes, et l'impossibilité de le contenter.
3. L'anéantissement de ce désir ou mieux, notre délivrance de tout désir.
4. La possibilité pour l'homme d'atteindre à cette liberté morale.

Il existe huit vérités fondamentales et, qui les suit, marche dans les huit sentiers de la vertu, c'est-à-dire: il croit véritablement, il pense véritablement, il parle véritablement, il agit véritablement, il dispose véritablement de sa vie, il s'efforce véritablement, il se souvient véritablement du passé, et il fait des considérations véritables.

X. Cet état de l'esprit, l'état de repos parfait, mène à un état de connaissance supérieure et est capable de développer en tout homme les qualités typiques d'un Buddha, renfermées en chacun de nous.

XI. «Tathâgata» (Buddha), «apparu et disparu comme ses prédécesseurs», a enseigné en général, qu'il faut s'abstenir du péché, devenir vertueux et garder son cœur pur de toute souillure.

XII. Les événements du monde sont réglés par la «loi des bonnes et mauvaises œuvres» (Karma). Chacun de nous se crée une nouvelle existence, qui correspondra aux actions commises par nous dans nos existences antérieures. Nous avons jadis causé par notre propre volonté toutes les souffrances que nous avons maintenant à subir.

XIII. La vie vertueuse, le succès du «Karma», consiste dans l'observation des commandements moraux suivants du buddhisme:

1. Tu ne tueras pas.
2. Tu ne voleras pas.
3. Tu ne commettras pas d'adultère, ou plutôt, tu t'abstiendras de relations sexuelles illégitimes.
4. Tu ne mentiras pas.
5. Tu ne boiras pas de boissons qui enivrent.

XIV. Le devoir des parents est de veiller à l'instruction des enfants. Le buddhisme est ennemi de la superstition et de l'erreur. Le Tathâgata n'admet que ce qui est raisonnable; il ne faut pas, sur la foi d'une autorité quelconque, garder quelque chose d'insensé, en nous fiant par exemple aux sentences obscures de grands sages ou à la voix de la tradition.

Buddha-Gayâ agira un jour comme un aimant, capable de grouper un jour autour de soi les fidèles de Çâkyamuni épars dans le monde. C'est précisément ce monument que deux tiers de l'Asie, depuis bien des siècles, révèrent en souvenir du Buddha, malgré la résistance du brahmanisme et de l'islâm.

Le temple, qui a été érigé à l'endroit où une lumière supérieure apparut enfin à l'âme de l'être «magnifiquement parfait», exerce, depuis des milliers d'années, sa force attractive sur les disciples du Buddha.

Image future de Buddha-Gayâ restauré.
V. Prince Oukhtomsky, Voyage en Orient.

Le temple, construit à nouveau sous le roi Açoka, s'est plusieurs fois, pendant le moyen âge, et de notre temps encore, relevé de ses ruines. Dans les dernières années, les Anglais se sont occupés avec plus d'attention de la conservation et même de la restauration, peu artistique, à vrai dire, des temples païens de l'époque primitive. Des recherches entreprises à Buddha-Gayâ ont convaincu ceux qui y ont pris part que vraisemblablement le «trône de diamant du sage fils des princes» et des fragments de sa première statue, sont enfermés dans les murs du monument principal. Cette statue, d'après la légende, avait été faite avec les huit matières précieuses suivantes: cristal, perles, ivoire, corails, rubis, saphirs, améthystes et émeraudes.

De nos jours Buddha-Gayâ exerce une force attractive considérable sur les membres de la société théosophique de l'Inde, fondée par Hélène Blavatsky, et aussi sur les buddhistes de tous les pays qu'on gagne peu à peu. Ceux-ci, excités par les théosophes, ont conçu l'idée de fonder près du vieux temple un cloître international et des universités avec des facultés de théologie et de philosophie, avec un cercle éclairé de fanatiques cosmopolites (Mahâbodhi-Society), avec leur revue propre, de riches collections de livres, etc. En un mot une petite ville tout entière doit s'élever qui sera une pépinière de la science et de la foi buddhique. Le but avoué est d'agir, comme aux premiers temps du buddhisme, sur l'Inde brahmanisée, pour s'incorporer peu à peu ses sectes innombrables et pour mettre de nouveau de grandes masses d'hommes sur le chemin de l'adoration du «maître». Comme chef de ce mouvement spirituel et religieux, on voudrait, à ce qu'il semble, choisir le Dalaï Lama.

La question revient à ceci: Est-ce que Lha-sa, relativement fermé, peut entrer en relations plus ou moins étroites avec la patrie du buddhisme? La solution de ce problème ne va pas sans une certaine coloration politique. Exercer sur le Tibet une influence directe, voilà ce qui n'a, jusqu'à aujourd'hui, été complètement possible à aucune puissance étrangère. La Chine seule se considère comme suzeraine dans le pays des Lamas, par suite de la part qu'ont prise aux destinées de ce pays différentes dynasties de l'Empire Céleste. Il n'y a jusqu'à présent que les rudes Gurkhas du Népâl qui aient osé y porter une main sacrilège. Au siècle passé, par exemple, ils ont pillé le centre important de Dachilhumbo au sud du Tibet. La cour de Péking, pour venger cette injure, envoya une armée dans le Népâl. Les troupes firent dans la montagne les marches d'hiver les plus pénibles, rattrappèrent les pillards, les battirent, leur reprirent le butin fait par eux et imposèrent aux vaincus une paix honteuse.

La renommée du nom de l'empereur de Chine, du Bogdychan, ne s'est point affaiblie depuis des siècles dans les déserts et les cloîtres du Tibet. C'est en vain que l'Angleterre frappe aux portes du pays qui révère d'étranges incarnations, adore des Buddhas à forme humaine, issus des indigènes, et conserve comme seule religion véritable un amalgame inexplicable d'éléments du culte de Çiva et du buddhisme. La mission militaire et diplomatique de Macaulay, qui avait pour but, il y a 13 ans, de pénétrer avec environ trois cents hommes vers le nord, par-delà les frontières du Sikkim britannique, fut poliment

Dagoba à Ceylan.

V. Prince Oukhtomsky, Voyage en Orient.

interdite par le ministère des affaires étrangères chinois. Peu après se produisirent à la frontière des incidents sanglants, inquiétants pour Lha-sa. De ce côté il serait difficile de s'opposer à une invasion du Tibet méridional par les Européens, et les régents ont, à ce qu'il semble, conscience des difficultés d'un combat aussi inégal. Du moins Lady Dufferin raconte dans son journal que son mari reçut en 1885, alors qu'il était encore vice-roi, une lettre amicale de Dachilhumbo, que lui envoyait le grand chef Bantchen-Rinpotche, un «incarné», avec de précieux présents ethnographiques, pour le remercier de lui avoir envoyé de Calcutta un vêtement magnifique. Ceci prouve que les Anglais ne négligent point leurs relations avec le nord et qu'ils s'efforcent sans cesse d'entrer en contact avec le pays, attendu qu'il ne manque pas de prétextes innocents pour l'étude des pays frontières.

Des membres de l'*Alpine Club* de Londres, accompagnés de guides suisses, gravirent quelques montagnes de Sikkim et aperçurent par-delà le «royal» Kintchindjinga infranchissable des cimes et des crêtes beaucoup plus hautes encore. Qui donc parmi les Occidentaux pénétrera là-bas le premier pour y fêter la victoire de la science et du progrès sur des obstacles purement physiques? Nous autres Russes qui, pour de telles expéditions de caractère pacifique et désintéressé, possédons en Sibérie des milliers de pélerins lamaïstes simples et dévoués, que l'on peut regarder comme des pionniers naturels toujours à notre disposition? Ou bien les émissaires anglais se forceront-ils là-bas une voie avec leurs batteries de montagne? Chez nous, on peut résolument affirmer, que personne n'y a encore sérieusement songé. Et cependant le commerce relativement peu développé prouve déjà à quelle distance se faisait sentir il y a des dizaines d'années notre influence indirecte dans l'Asie centrale. Lorsque le prince de Ladak se soumit à l'Angleterre, parmi ses riches présents se trouvaient en première ligne des objets de cuir marqués d'or qui portaient l'aigle impérial russe!

Maintenant qu'à l'ouest les classes éclairées s'intéressent au buddhisme, il est temps de faire comprendre à l'Orient jaune, qu'il est, de façon assez étrange, uni à nous par des liens mystiques. Amitâbha, le Buddha de la «lumière infinie», règne, d'après la croyance populaire de l'Asie orientale, sur les habitants du paradis dans les contrées éloignées et invisibles de l'Occident. C'est là que les fidèles qui ont eu soif de vérité, trouvent après la mort une félicité éternelle, et échangent l'enveloppe mortelle de leur corps terrestre contre un corps rayonnant; puis il se plongent dans la contemplation extatique des êtres parfaits, assis sur des trônes de lotus et répandant sur leur empire une mer de paisibles rayons. Les bras de ces illustres habitants du ciel sont sans cesse ouverts aux êtres qui ne sont pas encore parvenus à la perfection et qui souffrent et prient encore. On a le droit de dire que le buddhisme dans bien des contrées de l'Asie orientale a remporté la victoire sur les religions païennes qui s'opposaient à lui, par cette raison avant tout que à côté des idées abstraites du repos béatifiant du Nirvâna il a introduit aussi les représentations captivantes du monde magique d'Amitâbha. La fantaisie prodigieusement vive des peuples de l'Orient demande sa nourriture

Temple royal à Bangkok.

V. Prince Oukhtomsky, Voyage en Orient.

et exige des formes concrètes. Les cérémonies introduites par la religion venue de l'Inde, ont, dans une grande mesure, contribué à son succès, de même aussi le fait qu'elle a introduit en Chine, malgré l'éloignement de ce pays, en même temps que les livres de la «loi» des images divines d'une parfaite beauté arienne. Les images ont été suivies par de véritables incarnations, des réapparitions du Buddha tout savant.

Ces personnages qui ont répandu la religion du «sage fils des princes» sur cet immense domaine du monde oriental, du Nil au Japon, respirent une félicité et un repos parfait. Chacun de ces apôtres et de ces magiciens a sa physionomie à lui, son cercle de légendes, sa mention honorifique dans les traditions du clergé. De l'autre côté de l'Hindoukouch, bien des zélés de la religion semblables à lui ont porté au centre de la Chine «la mission lumineuse du Buddha».

Si l'on songe aux distances qui séparent la Sibérie et les pays du centre de l'Inde, on en vient à admirer involontairement ces sectateurs de la doctrine la plus auguste qui soit née aux bords du Gange, ces hommes qui ont dû être doués d'une énergie extraordinaire pour oser se risquer dans les temps les plus lointains sur un chemin dangereux et inconnu, à travers l'Afghanistan, le Pamir et le bassin du Tarim, dans le seul but de convertir, de mettre «sur le chemin de la vérité» des peuples d'autres croyances, d'autre race, des peuples enfin à qui le buddhisme devait sembler au premier abord quelque chose d'inouï, de fantastique et d'inutile.

La religion de Çâkyamuni place très haut le culte des monarques. Honorer les maîtres du peuple a de tout temps été un devoir pour les moines buddhistes. Les empereurs de Chine qui ne s'écartèrent que rarement des principes sévères de la tolérance religieuse, se convertirent à la doctrine des prêtres du Buddha, le jour où un Bogdychan vit en rêve «un homme merveilleux venu de l'ouest»; en effet des magiciens savants arrivèrent de l'ouest, de Kabul, dans l'Empire Céleste: c'étaient des prêtres indiens montés sur des chevaux blancs.

La tolérance est une des vertus fondamentales de la religion de Çâkyamuni. Lorsque, il y a deux cents ans, les casaques d'Albasin faits prisonniers sur l'Amour par les Mandjous, languissaient à Péking loin de leur religion et de leur patrie, malgré la bonté et la libéralité du Bogdychan, qui les admit dans sa garde privée, une peste épouvantable se répandit soudainement sur la capitale. Un lama de l'entourage du prince, le venéré saint Djandja-Houtouktou, eut un rêve prophétique: il vit sortir d'une colline, dans le voisinage du camp des casaques, un vieillard à barbe blanche. Le Tibétain expliqua le songe comme il suit: le vieillard était St.-Nicolas le faiseur de miracles, auquel il fallait sans délai ériger là-bas un temple. On fouilla le sol près du camp des casaques et on trouva en vérité une icone de saint avec le visage dont avait rêvé Houtouktou. Le Bogdychan écouta le conseil du saint buddhique qu'il honorait, désigna un emplacement pour une chapelle russe, et permit aux prisonniers de faire venir des prêtres russes.

Si les souverains indo-chinois n'avaient pas eu pour le christianisme une tolérance humanitaire, auraient-ils reçu en audience solennelle des évêques occidentaux, en la personne desquels ils honoraient les envoyés du pape, comme cela arriva au Siam en 1675? Le roi de Siam ordonna même sérieusement à ses prêtres d'enseigner aux jésuites la langue du pays, et de les mettre pleinement au courant de la littérature pâlie. La possibilité était toute-

Apôtre buddhique, Sthavira, vraisemblablement Panthaka, en Chine.
V. Prince Oukhtomsky, Voyage en Orient.

fois offerte, de pénétrer intimément dans ce monde païen dans toute la richesse de ses diverses formes de vie, et de se convaincre une fois pour toutes des raisons qui ont fait que la religion de Çâkyamuni a pris de si fortes racines parmi les peuples de l'Orient. Il ne faut pas sur la foi de trop de touristes ranger les moines buddhiques dans leur ensemble, dans la catégorie des paresseux, et des parasites de la société. Les centres de la science buddhique sont souvent des lieux de vie active et industrieuse, et le peuple a vraiment de solides raisons d'aimer et d'honorer ses moines.

Depuis les temps anciens l'île de Ceylan est appelée «Sinhala-Dvîpa», «l'île des lions», d'où le nom de Singhalais donné par les Européens à ses habitants. Mais jamais lions n'y sévirent et le nom vient sans doute de ce que le fondateur du buddhisme, à qui Ceylan doit sa haute civilisation, portait, parmi bien d'autres, le surnom de «Çâkya-Singha» à cause de son courage inébranlable. Encore aujourd'hui, on compte dans l'île 5000 réservoirs à eau qui témoignent, combien les souverains buddhistes de l'antiquité avaient à cœur de donner à leur peuple végétarien, d'accord en cela avec l'esprit de leur religion, une nourriture non sanglante. Est-ce qu'un tel système peut être qualifié d'hostile au progrès?

Prince Hespère Oukhtomsky.

TRANSCRIPTION DES ALPHABETS ÉTRANGERS.

Le sanscrit est transcrit comme il suit de la façon la plus courante:

a â i î u û ṛi ḷi e ai o au,
k kh g gh ñ, c ch j jh ñ,
ṭ ṭh ḍ ḍh ṇ, t th d dh n,
p ph b bh m, y r l v
ç sh s ḥ ṃ.

ç est à peu près tch en français, ch aussi, mais aspiré, j = dj en français, jh aussi, mais aspiré; ñ est ny (ñ espagnol). Les aspirations se prononcent séparément; ph n'est pas f, mais p-h; ṭ ṭh ḍ ḍh ṇ sont des cérébrales et ont le son que donne un anglais aux dentales des langues étrangères. Aussi les Hindous transcrivent-ils les dentales anglaises par les cérébrales correspondantes, par exemple: ḍirekṭar = director, laṇḍra = London.

u se prononce ou; û est la longueur correspondante.

Le tibétain se transcrit comme il suit:

a i u e o,
k kʻ g ṅ, č čʻ j ny,
t tʻ d n, p pʻ b m,
ts tsʻ ds w, ž, z, ʼ,
y r l š s h.

Des aspirées kʻ, čʻ, tʻ, pʻ, tsʻ on peut dire la même chose que des aspirées hindoues (kh etc.); ž est le j français; u se prononce ou.

Ceci afin de caractériser la transcription d'une façon générale. La difficulté pour ce qui est de la prononciation, est qu'il faudrait pour l'établir se décider en faveur de l'un des dialectes. Ma transcription donne l'orthographe complète des textes buddhiques. Toute reproduction de la prononciation d'après un dialecte donnerait aux noms une couleur locale, et on ne peut avoir une telle chose en vue. Celui qui s'intéresse à ces questions peut consulter le «Manual of Colloquial Tibetan» de Graham Sandberg ou les tableaux dialectiques dans le «Dictionary of the Tibetan language» de Jaeschke. Je n'ai pu me résoudre à écrire les noms, tels que les a entendus un voyageur quelconque. Personne n'écrira en anglais «ssaï'klêpss» pour «cyclops» ou «kär'iktê» pour «character» parce qu'il l'aura entendu, ou en français «san» qui, dans la prononciation, correspond à cent, sans, sang, sent; hors de contexte ces mots ne sont compréhensibles qu'en pleine orthographe.

L'orthographe tibétaine est historique au même titre que la française et l'anglaise, et qui veut comprendre les mots, doit les avoir sous les yeux écrits complètement. Des échantillons abominables de Tibétain écrit strictement d'après l'ouïe existent malheureusement en assez grand nombre. C'est ainsi que l'article de Pander sur la mythologie lamaïque (cité dans la note 29) est une énigme pour gens du métier; Chandradás et Waddell ne peuvent pas non plus être absous. Pour donner un exemple, la syllabe tchi (či) parlée et écrite par un inexpérimenté peut correspondre dans la langue littéraire aux groupes suivants:

či, kyi, pʿyi, kʿyi, kyis, ʾkʿyi, ʾkʿyid, gči, spyi, pʿyis, ʾpʿyi, et même à čʿe, čʿes, mčʿi, mčʿis, ʾčʿi, et de plus chacun de ces mots a son sens particulier.

La traduction, en cas qu'elle soit ajoutée, le contexte rendent la distinction possible; mais reconstruire des noms propres écrits après qu'on les a entendu prononcer, si on ne connaît pas la valeur de leurs éléments, voilà qui est impossible même à l'homme du métier.

C'est ainsi que le nom du cloître, où s'incarne le «Dam-čan» et que Graham Sandberg écrit Na-čʿuṅ, et Waddell Nä-chʿuṅ ne peut être écrit gNas-čʿuṅ que parce que ce dernier nous dit qu'il signifie «petite habitation»; car na peut être rna, sna, nad etc., mais aussi gnas (habitation)!

Je préfère donc laisser au lecteur le soin de se familiariser avec les groupes de consonnes, qui n'offrent en fin de compte pas plus de difficultés qu'en polonais. Celui qui n'est pas versé dans la matière retient le plus facilement les noms sanscrits qui ont l'avantage de maintenir la relation entre l'histoire de la civilisation et de la religion tibétaines et celles des Hindous. Pour les lettres muettes au commencement des mots, qu'on s'en rapporte au glossaire.

Quant au m o n g o l, il faut le prononcer à la française: u est donc u français et non ou. M. F. W. K. Müller a inscrit les noms mongols. Cela l'a conduit a faire les remarques suivantes:

«Pour ce qui est de la transcription des mots mongols on a suivi en général l'alphabet Standard de Lepsius. Au lieu de χ (x chez Castrén et Schiefner) on a choisi ici kh, parce que le X majuscule au commencement de noms propres ne pouvait aller; le son en question est = ch dans le mot allemand ‚ach' ou = kh guttural en arabe. Les voyelles douces e, ö, ụ sont rendues suivant la méthode de Boehtlingk par è, ö, u.

«Comme base on a pris naturellement la langue littéraire mongole comme supérieure à tous les dialectes. Comme exemple des différences entre les dialectes mongols nous citerons ici quelques-uns des mots les plus usuels qu'on trouve dans le texte, et que nous empruntons à deux dialectes assez éloignés l'un de l'autre.

Langue littéraire	Kalmouk (des bords de la Volga)	Bouriaite* (du lac Baïkal)
èkè (mère)	èkè	ike, ekhe
yèkè (grand)	yèkè, îkè	ike, yike, yikhe
saïn (bon)	saïn	saïng, haïng

* Cf. Castrén, Versuch einer burätischen Sprachlehre, édité par A. Schiefner, 1857.

Langue littéraire	Kalmouk (des bords de la Volga)	Bouriaite (du lac Baïkal)
khaghan (roi)	khân	khân, khan, khâng khang, kang
oktarghoui (ciel)	oktorghoui	oktorgoi
kubègun (fils)	köbôn, köwôn	köbun, köbung khöbun, khobung
ukin (fille)	okin	ökin, öking, ökeng ukhin, ukhing, ukheng
aghoula (montagne)	ôla	oûla
deurbèn durbèn (quatre)	dörbön	durbön
djirghoughan (six)	zourghan	dzorgân, zorgân
dologhan (sept)	dolōn	dolôn, dolông
šibaghoun (oiseau)	šowôn	šouboun, šouboung, šoubôu
dzirukèn (cœur)	djurèkèn	zurkun, zurkung, dzurkhe
nidun (œil)	nidun	ñideng, ñudeng, ñude
dègû (jeune frère, jeune sœur)	dô	dû, dou
tsaghan (blanc)	tsaghan	sagan, sagang, tsagang
noghoghan (vert)	noghōn	nogon, nogong, nogo

«Pour les noms propres on s'est servi: du grand ouvrage de Kowalewski (Dictionnaire mongol-russe-français), du Ssanang-Ssetsen de I. J. Schmidt, des ,Esquisses de la vie monacale en Mongolie' par Pozdněev, du manuscrit mongol Yèrtuntšu-in toli (le miroir des mondes) ainsi que des inscriptions polyglottes sur bois et sur plâtre (les dernières de l'époque de Khien-lung 1736—96).»

Pour ma part je tiens à rappeler que les extraits de la Sâdhanamâlâ donnés en note, sont empruntés à une copie du texte de Anton Schiefner, que je dois à la bonté de M. le professeur Grube.

Albert Grünwedel.

སཏ་མཎྜ་ལཾ

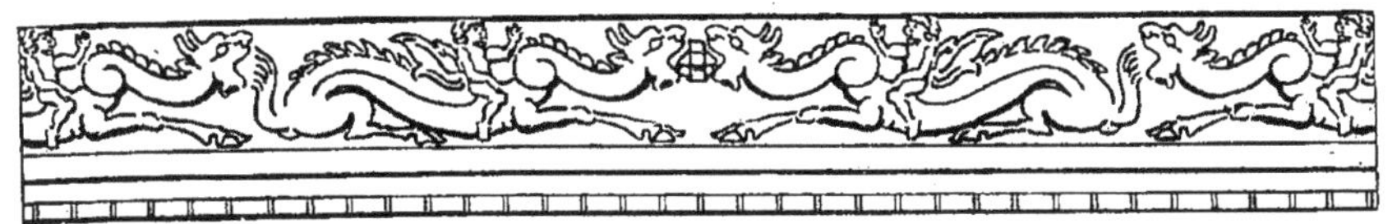

CHAPITRE PREMIER.

LE DÉVELOPPEMENT DU PANTHÉON BUDDHIQUE DANS LES INDES.

. . . pûjâ ca pûjaneyyânaṃ.
Mañgalasutta.

Vers le milieu du treizième siècle, à une époque de combat opiniâtre entre les princes de l'Allemagne et de la France d'un côté et de la puissance papale de l'autre, à une époque de contrastes religieux et de luttes des rois avec leurs vassaux devenus trop puissants, l'Occident chrétien se vit menacé d'une catastrophe, qui n'avait pas eu sa pareille depuis les jours d'Attila. L'Orient mahométan, qui, d'une manière toute semblable, était agité par des combats religieux, succomba à cet orage universel, et le christianisme et l'islâm, qui s'étaient disputé longtemps la possession du Saint Sépulcre, furent menacés en même temps par une masse de peuples qui semblait vouloir tout anéantir.

Ce fut Tèmudjin, nommé Tchingghis, Khaghan (roi) des Mongols, qui, parti d'une humble origine, s'était élevé à la tête de toutes les tribus de ce peuple, qui s'assujétit la Haute-Asie et une partie de la Chine, pour détruire ensuite l'empire de Mahomet de Khovarème et ouvrir de la sorte le chemin de l'Occident à ses hordes de nomades. Après la mort de ce conquérant, qui aspirait à fonder une monarchie universelle, ses petits-fils et leurs généraux continuèrent son œuvre destructive. Meungkè, il est vrai, et après lui Khoubilaï, que Tchingghis avait déjà traité avec distinction, restèrent dans la Haute-Asie et régnèrent sur la Chine, qu'ils avaient bientôt parfaitement subjuguée; mais leur frère et général Khoulaghou assujétit l'Orient mahométan, tua le calif dégénéré et Batou, fils de Djutchi et petit-fils de Tchingghis, pénétra jusqu'aux frontières de l'Allemagne, où la bataille sanglante de Wahlstatt (1241) contre le duc de Silésie et la noblesse polonaise le détermina à la retraite.

Ces combats immenses, qui ébranlaient tous les peuples du monde connu alors et qui mirent en rapport direct des adhérents de toutes les religions et des représentants des différentes cultures, étaient d'une grande importance pour le développement de ces cultures. C'est aux cours mêmes des Grands-Khâns que s'établirent non seulement des artistes et des artisans, des prêtres de toutes les religions et de toutes les sectes, mais aussi des négociateurs politiques qui étaient chargés de flatter les Grands-Khâns et leurs dépendances par leur dévouement, ou de gagner leurs bandes irrésistibles. D'autre part des ambassadeurs mongols se rendirent en Italie, en France et en Angleterre.

Arghoun, petit-fils de Khoulaghou, et son fils Uldjèïtu adressèrent même des lettres au roi Philippe le Bel de France pour lui offrir leur alliance. Arghoun promit au roi, en récompense de leur action commune, la possession de Jérusalem (Ourislim).[1] Les princes mongols furent regardés en

Fig. 1. Type d'un descendant de Tchingghis.
V. Prince Oukhtomsky, Voyage en Orient.

Europe comme des protecteurs, et même comme des convertis du christianisme; on ne réussit guère cependant à les «convertir». Tchingghis lui-même n'avait professé aucune religion. «Un Dieu au ciel, un Khaghan sur la terre»: voilà sa maxime politique et religieuse. Pour le reste il adoptait tous les cultes, partie de l'un, partie de l'autre. Mais, quant à ses successeurs, les dominateurs de l'Orient se décidèrent pour l'islâm, ceux de la Chine pour le buddhisme.

Ce fut d'une source mongole que l'Occident chrétien reçut, à sa grande surprise, la première nouvelle du fondateur de cette religion. On n'avait point distingué jusque là entre mahométans et païens. C'est alors seulement que la connaissance du buddhisme pénétra jusqu'en Europe et, il faut le dire, dans une forme relativement pure.

Marco Polo, Vénitien, qui, accompagné de son père et de son oncle, était venu à la cour du Khân Khoubilaï, qui, en 1269, se rendit de cette cour chez le pape avec des commissions de la part du Khân et qui, retourné chez Khoubilaï en 1271, y passa vingt-quatre années comme haut fonctionnaire, raconte à l'occasion de sa description de l'île de Ceylan, qu'il donne dans son livre mémorable sur ses expériences et aventures, lequel, étant prisonnier de guerre après la bataille de Curzola, il dicta à Rusciano de Pise, ce qui suit:[2]

«Encores sachiez qu'il y a en ceste isle de Seilan une moult haulte montaigne; et est droite, et si roiste que nulz ne puet monter dessus, fors que en ceste maniere que ilz ont fait prendre pluseurs chaines de fer grans et grosses,

Fig. 2. La «grande cavalcade» au Campo Santo de Pise.
(Dernière partie du 14e siècle.)
Elle montre l'influence des idées buddhiques sur le moyen âge occidental.

et si ordonnées que par ces chaines montent les hommes là sus. Et vous di que ilz dient que sur ceste montaigne est le monument d'Adam notre premier pere; et ce dient, les Sarrasins. Et les ydolastres dient que c'est le monument du premier ydolastre du monde, qui ot nom Sagamoni borcam, et tiennent que il feust le meilleur homme du monde, et que il fu saint selon leur usage. Et fu filz, selon leur dit, d'un leur roy grant et riche. Et fu de si bonne vie que il ne voult oncques entendre aus choses mondaines, ne ne voult estre rois. Et quant son pere vit qu'il ne voult estre rois, ne qu'il ne vouloit à nulle chose entendre, si en ot moult grant ire, et l'assaya avant de grans promesses. Mais il n'en vouloit riens; si que le pere en avoit moult grant douleur; et d'autre part aussi pour ce que il n'avoit nulz autres filz que lui, à qui il peust laissier son royaume apres sa mort. Si pensa le roy, et fist faire un grant palais, et leans fist mettre son filz, et le faisoit servir à moult de pucelles les plus belles que il povoit oncques trouver. Et leur commanda que elles jouassent avecques lui toute jour et toute nuit, et que elles chantassent et dansassent devant lui, à ce que son cuer se peust traire aux choses mondainnes. Mais tout ce n'y valoit riens; car il disoit qu'il vouloit aler cerchier celluy qui ne mourra jamais; et que il veoit bien que chascun qui est en ce monde convenoit mourir ou jeune ou viel. Si ne fist autre chose une nuit, fors que priveement se party du palais, et s'en ala aux grants montaignes et moult desvoiables.

«Et illec demoura moult honnestement, et moult menoit aspre vie; et fist moult grans abstinences, ainsi comme s'il eust esté crestien. Car s'il l'eust esté, il feust un grant saint avec notre Seigneur Jhesucrist, à la bonne vie et honneste qu'il mena. Et quant il fu mort, si fu trouvé et apporté à son pere. Et quant le pere vit mort celluy qu'il amoit mieulx que soy meismes, à pou qu'il ne devenoit fol de douleur; et fist faire à sa semblance un ymage d'or et de pierres precieuses; et la faisoit aourer par tous ceulx du pays. Et disoient tous qu'il estoit dieux. Et encore le dient ilz. Et dient encore qu'il mouru iiij.xx et iiij (quatre-vingt-quatre) fois. La premiere il morut homme, et puis resuscita; et puis devint beuf. Et beuf morut et devint cheval. Et ainsi dient qu'il moru iiij.xx et iiij (quatre-vingt et quatre) fois; et à chascune d'une maniere de beste. Et à la derreniere fois mourut et devint dieux, selon ce qu'ilz dient. Et le tiennent pour le plus grant dieu que ilz aient. Et si comme ilz dient fu faite pour cestuy la premiere ydole que les ydolastres orent oncques; si que depuis sont descendues de cestuy toutes les autres ydoles.

«Et ce fu en l'isle de Seilan en Ynde.»

Quelques détails de ce rapport ne sont pas tout à fait corrects. D'abord la note concernant le «*monument*» de Sagamoni Borcam (c'est-à-dire de *Çâkyamuni Buddha*) est fautive; car ce n'est pas le sépulcre du «*Grand Homme*» (sanscrit: mahâpurusha) qu'on voit sur l'Adamspik, mais plutôt le vestige qu'aux instances des habitants démoniaques de l'île il y a laissé, comme on raconte, lors d'une visite parfaitement légendaire du reste. De même, nous verrons plus tard que, par rapport au nombre, la nouvelle des quatre-vingt-quatre régénérations, et enfin que la remarque, qu'ayant reçu le corps mort de son fils, le père du Buddha en ait fait faire une image, sont injustes. Cependant, quant à cette autre remarque, que c'est de là que tous les idoles ont tiré leur origine, nous l'examinerons de plus près, tant qu'il s'y agira d'idoles buddhiques. Pour le reste, le rapport de Marco Polo est correct et, à un degré étonnant, libre de préjugés, plus correct et plus équitable à la fois que celui de plus d'un homme de lettres moderne, qui, en parlant du Buddha et du buddhisme, commence «sans préjugés» comme un naturaliste «exact», mais qui finit comme un — prédicateur de la cour.

Les sources où nous puisons à présent nos informations sur la vie du Buddha sont les suivantes:[3]

4ᵉ siècle avant J.-C. Un rapport en pâli, concernant la mort du Buddha, nommé Mahâparinibbânasutta, publié par Childers dans le *Journal of the Asiatic Society* VII, VIII, traduit par Rhys Davids, *Sacred Books of the East,* vol. XI (Londres 1881).

1er siècle après J.-C. Le *Buddhacárita* d'Açvaghosha (qui vivait à la cour de Kanishka, roi des Indoscythes), traduit en chinois par Dharmaraksha (5e siècle après J.-C.), traduit par S. Beal, *Sacred Books of the East*, vol. XIX; traduit de l'original sanscrit par Cowell, l. c., vol. XLIX.

5e siècle après J.-C. (900 après Buddha). Un commentaire des «*Jâtakas*» (c'est le titre du canon buddhique en langue pâlie, qui contient les légendes de la régénération du Buddha) publié par V. Fausbœll, traduit (jusqu'à présent 3 vols.) par Chalmers, Rouse, Francis et Neil, d'après la rédaction du prof. Cowell. De petites parties de cette œuvre sont traduites en tibétain, cf. Rockhill, *Journal of the American Oriental Society*, 18, I, 1 etc.

6e siècle après J.-C. (1000 après Buddha). *Lalitavistara* en traduction sanscrite et tibétaine; publiées, le premier texte par Râjendralâlamitra (traduit par Foucaux, *Annales du Musée Guimet*, VI), l'autre publié et traduit par Foucaux. — Du même temps une traduction chinoise du *Mahânishkramaṇasûtra*, traduit par Beal, *Romantic Legend*, 1875.

Après le 12e siècle (1600 après Buddha). Des rapports sinhalais dans Spence Hardy, *Manual of Buddhism* (Londres 1880).

18e siècle (2200 après Buddha). Une biographie birmane: *Mallalinkara-Wootoo*, traduite du pâli en 1773 (le commentaire des *Jâtakas* en est la source), traduite en anglais par Bigandet, 1866.

18e siècle. C'est ici qu'il faut mentionner aussi, à ce qu'il paraît, l'œuvre siamoise *Paṭhamasambodhi*, existant en plusieurs versions et en traduction pâlie et siamoise; le texte est en partie identique au commentaire des *Jâtakas*, tandis que les vers présentent le caractère et les formes du dialecte des vers de Lalitavistara. Spécimen anglais dans Alabaster, *The Wheel of the Law* (Londres 1871).

18e siècle. Une biographie tibétaine, écrite en 1734 d'après Lalitavistara et Mahâbhinishkramaṇasûtra. Extrait dans Schiefner, *Mémoires de l'Académie Impériale de St.-Pétersbourg*, VI, 3 (1851)[4]; cf. Rockhill, *Life of the Buddha* (1884).

Cependant tous ces rapports ne contiennent point une histoire authentique de la vie et de l'activité du Buddha, mais seulement une légende plus ou moins embellie, dont le développement correspond, d'une manière intéressante, à celui de l'histoire des arts et qui, de la sorte, se transforme peu à peu en une mythologie. Ce qu'il y a d'historique dans ces récits, c'est à peu près ce qui suit:

Gautama, nommé Siddhârtha (dont le lieu de naissance est maintenant trouvé)[5], fils excellemment doué d'un «Ṭhâkur» (noble de la tribu des Râjputes) dans le Tarâï du Népâl (pays de jungles au pied de l'Himâlaya), quitte la maison de son père pour méditer sur le mal du monde, son origine et son extirpation. Il s'adresse à deux maîtres brâhmaniques, qui jouissent d'une grande renommée. Il reste fidèle, il est vrai, à leurs doctrines fondamentales sur la transmigration et l'émancipation finale, et c'est pour cela que des détracteurs modernes refusent de voir en lui plus qu'un simple représentant du système de Sâñkhya; mais en vérité leur méthode ne le satisfait pas. Avant tout, s'apercevant que l'ascétisme brâhmanique amène à un affaiblissement de l'intelligence, il y renonce, va chercher un endroit où il puisse méditer, s'établit dans la contrée où se trouve aujourd'hui le temple de Gayâ (Buddhagayâ, district de Gayâ au Bengale), et y vient à bout de ses méditations. Il y devient «*Buddha*», c'est-à-dire «*éclairé, illuminé*». Ayant longtemps réfléchi, s'il valait mieux garder pour lui sa science ou la proclamer pour le profit du monde, il se résout enfin à prêcher sa doctrine. Il quitte la jungle, trouve au bois des gazelles à Bénarès ses premiers disciples et rassemble autour de lui un ordre de moines tondus et vêtus en jaune (pâli: bhikkhu, mendiants); entouré d'eux il parcourt, durant quarante-cinq années, le Bengale occidental, honoré des princes, aimé du peuple, dont il adopte le langage pour ses prédications, attaqué cependant par les fondateurs d'autres sectes, jusqu'à ce qu'il meure très âgé, probablement en 477 avant J.-C., sur la rive du Kakutthâ, près de Kusinârâ, au bois des princes de Malla.

Pour la critique de sa doctrine (sanscrit: dharma) ou disons plutôt de sa philosophie, ne perdons jamais de vue deux choses: d'abord, que tout en étant disciple des Brâhmanes, pourtant loin d'approuver la manière de voir superficielle des Brâhmanes, qui ne raisonnaient que pour leur caste et pour la régénération dans leur caste, lui, il cherchait plutôt le salut de tous les êtres; et en outre, qu'on n'a qu'à jeter un coup d'œil sur les anciens textes pour reconnaître qu'il était un personnage vraiment éminent. Il était Hindou et il ne s'émancipait pas de la manière de penser et de voir de ses compatriotes; mais ce fut son activité personelle qui la première s'étendit au delà des étroites frontières nationales et qui jeta les fondements de la première religion universelle. Tous ses contemporains et tous ses adversaires n'ont, au contraire, qu'un intérêt local.

Pour bien comprendre la légende du Buddha et pour gagner les dates nécessaires, d'où l'hagiologie de l'Église postérieure s'est développée, il faut nous familiariser avec ses doctrines, tant que nous en aurons besoin pour notre développement. Quoique ces Églises postérieures aient développé la plus grande mythologie qui existe sur la terre, nous serons surpris de reconnaître que la doctrine primitive n'était pas une religion et n'a pas voulu en être. Car les choses métaphysiques: dieu et les démons, l'origine du monde, le ciel et l'enfer n'y ont pas trouvé accès; elles y sont renfermées tacitement, il est vrai, mais elles n'y jouent pas de rôle. C'est une philosophie de la vie présente: l'homme doit prendre soin lui-même de sa délivrance et répondre de tout ce qu'il fait. Point de grâce, point de pénitence, point d'intervention divine n'efface ses péchés. Manière de voir virile et énergique, que l'on a tort d'oublier, pour imputer au buddhisme tout ce qu'il y a de méchant!

Quant au fondement de la doctrine du Buddha, le sujet du premier sermon qu'il fit dans le parc des gazelles à Bénarès nous le fera reconnaître: c'est la théorie des quatre vérités (pâli: âriyâni saccâni).

1° Le mal (pâli: dukkha). La naissance même, la maladie même, la mort même produisent la douleur, la séparation d'avec ce qu'on aime, l'envie

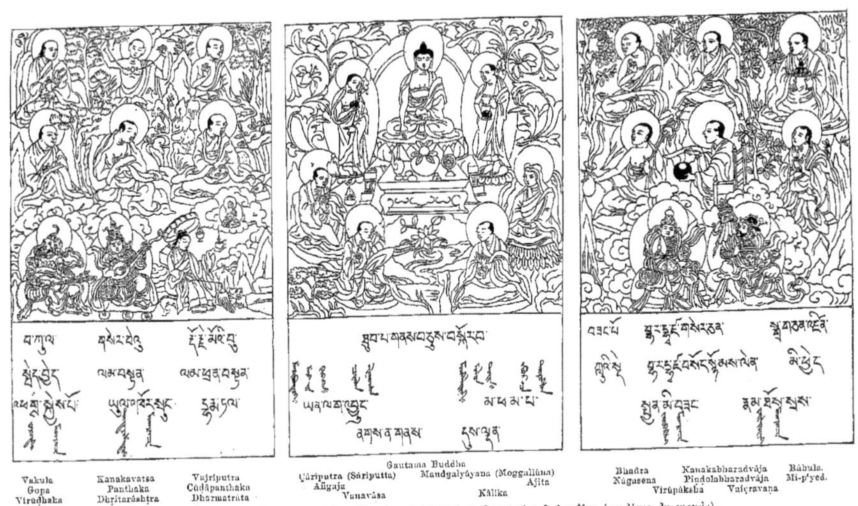

Fig. 3. Gautama Buddha, entouré des Sthaviras (séniceurs) et des quatre Lokapâlas (gardiens du monde).

Pour les noms tibétains et mongols et d'autres notes v. le glossaire et p. 39.

de posséder ce qu'on ne peut obtenir. Tous les états joints à la conscience d'être sont des causes du mal.

2° L'origine du mal. L'influence du monde extérieur sur les sens fait naître la convoitise (taṇhâ) ou l'appétit sensuel. Voilà le mal.

3° La fin du mal est amenée par la suppression complète de ce désir ardent.

4° La voie qui conduit à cette suppression c'est la «voie moyenne»: d'un côté s'abstenir de la sensualité humiliante et improfitable, de l'autre côté renoncer à la croyance dans l'efficacité de la torture spontanée, qui est ruineuse et vaine.

Cette voie comprend huit étapes, dont les quatre premières regardent tous les hommes, les autres les religieux seuls: la vue parfaite, qui sait distinguer la vérité de l'erreur; le sentiment parfait et l'interprétation parfaite de la vérité; la parole parfaite; la manière d'agir parfaite; la manière de vivre parfaite; l'aspiration parfaite au salut; la mémoire parfaite et enfin la méditation parfaite.

Tous les êtres vivants sont sujets au mal. Le nombre des êtres vivants est infini et leur nature est essentiellement la même: les dieux, les démons, les hommes, les animaux ne sont que des degrés différents de l'existence extérieure. L'existence humaine cependant est la meilleure; car ce n'est que l'homme qui puisse amener le salut, qui puisse parvenir à la délivrance.

L'homme consiste en un agrégat de différentes qualités du corps et de l'esprit; même ce que nous appelons l'âme est décomposé en fonctions, et toutes ces qualités du corps et de l'esprit, qui font l'homme, sont périssables. Ce n'est que «*l'organe intérieur*» (pâli: mano) qui survit. Il sert à faire reconnaître la *vérité* (pâli: dhamma), qui conduit au salut. La régénération d'un être après sa mort s'opère par un *secret* (pâli: rahassa) et se règle sur les actes commis pendant la vie (pâli: kamma). De là un nouvel être se développe, avec les qualités etc. du précédent, si ce n'est que la connaissance de la vérité l'a conduit sur la voie du salut et qu'elle ait fait atteindre le «*lieu éternel*» (pâli: amataṃ padaṃ), le *Nirvâṇa* (pâli: Nibbâna). On y parvient de degré en degré.

1° D'abord il faut «*l'entrée au courant*» (pâli: sotâpatti) ou la conversion. C'est ce qui signifie qu'on s'attache aux bons etc., bref, qu'on remplisse les quatre premiers devoirs de la *voie*. L'homme qui se trouve hors du *courant* est imprudent sous l'influence de la sensualité, de l'inimitié, de tout péché. Mais dès qu'il parvient, par les moyens donnés, à la connaissance des vérités fondamentales, il a atteint le premier degré, libre d'illusions et exempt de la croyance dans l'efficacité du sacrifice brâhmanique et de la mortification.

2° En second lieu il réduit à un minimum la passion, la haine, l'illusion et n'a plus à *paraître sur la terre qu'une seule fois* et cela en homme ou en déva (littéralement «dieu», mieux «ange»); il est «*sakadâgâmî*».

3° En troisième lieu, ce qui lui est resté de sensualité et de malveillance est détruit, de sorte que point d'envie, point de haine ne lui vient plus; il est «*anâgâmî*», c'est-à-dire il ne revient plus à la terre, il ne renaît plutôt qu'aux cieux des dieux.

4° En quatrième lieu enfin il devient libre de tout désir d'existence matérielle, d'orgueil, d'arrogance et de toute ignorance; il reconnaît tous les péchés et toutes les choses dans leur juste valeur, il a le plus tendre amour pour tous les êtres: il est *Arhat*. Émancipé au delà, il devient «*asekha*», il a *fini ses études*, il sait tout, il a rompu toutes les chaînes, son *kamma* s'est éteint, il ne renaît plus. Le plus haut degré est *samâdhi:* la libération de tout ce qui se rapporte à la passion, la plus profonde paix de l'âme: c'est alors que le *Nirvâṇa* est atteint et, à sa mort, le *Parinirvâṇa*.

Quant aux légendes qui attribuent à l'*Arhat* «iddhi» et «ânubhâva», c'est-

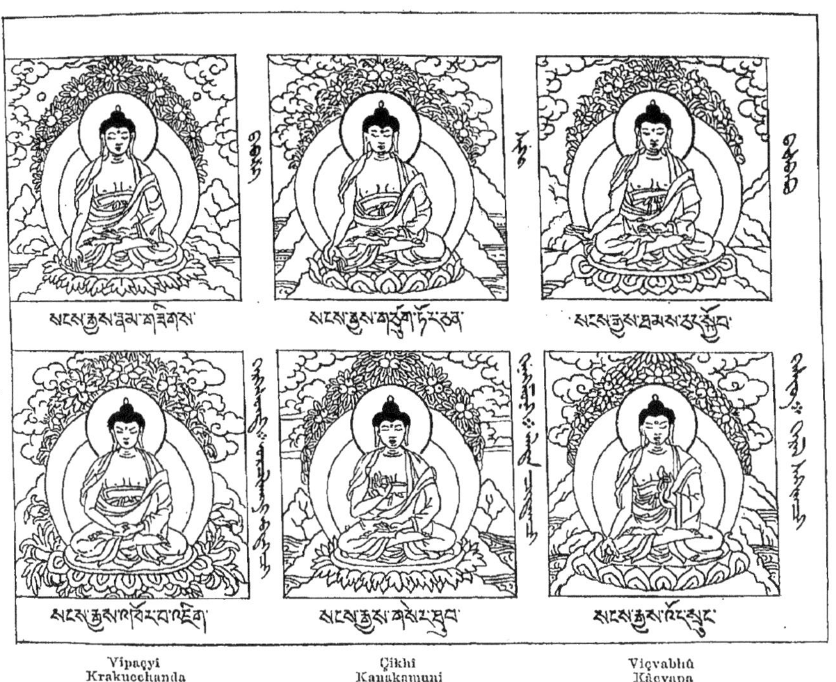

Vipaçyi Krakucchanda — Çikhi Kanakamuni — Viçvabhû Kâçyapa

Fig. 4. Les Buddhas antérieurs.
Pour les noms tibétains et mongols etc. v. le glossaire.

à-dire des forces miraculeuses (la mémoire d'existences antérieures, la faculté de voir et d'entendre des événements qui se passent au loin et la possibilité de se mettre au-dessus des lois de la nature), il est difficile de dire, si elles font partie du système ou non. En tout cas, c'est un point dont bientôt la naïve croyance populaire s'est emparé, quelque loin que le Buddha lui-même ait été de la foi au merveilleux. C'est le populaire qui y devient efficace et qui finit par la déification. Nous rencontrerons encore de tels éléments.

Le Buddha lui-même est le résultat d'une longue pratique de bons actes et d'œuvres de charité sur la voie connue pendant les existences antérieures.

D'après la théorie il y avait d'innombrables Buddhas: les uns qui ne prêchaient pas le Dharma et d'autres qui le proclamaient au monde. Chaque période du monde présente un de ces Buddhas. Il faut que, dans une de ses existences, il ait rencontré un autre «*illuminé*» et qu'il lui ait manifesté le souhait (pâli: panidhiṃ kar) de devenir un Buddha: nous voilà parvenus à la systématisation de l'idée du Buddha, laquelle devint plus tard funeste au buddhisme, parce qu'elle transforma la philosophie en religion.

Dans l'état préparatoire, l'être qui, par un acte de charité commis avec la volonté prononcée de devenir Buddha, en a obtenu la qualification, est appelé «*Bodhisatva*», c'est-à-dire «homme dont le caractère essentiel (satva) est la cognition (bodhi).

Le Buddha Gautama historique a subi, comme ses prédécesseurs, 550 régénérations — en homme, en dieu, en animal — jusqu'à naître définitivement comme fils de Mâyâ. Nous venons de mentionner que l'existence humaine seule mène au salut. De là résulte un système de mythes qui se groupe autour de sa vie:

1° 550 existences dont parle la littérature canonique de l'Église du Sud dans les Jâtakas. Quant au nombre 84 dans Marco Polo, on le trouve en disposant en groupes convenables les diverses existences divines, humaines et animales.[6] Le nombre lui-même a l'air d'être une abréviation du nombre 84000, expression employée souvent dans les légendes pour désigner «*l'infini*». — L'avant-dernière existence, le Buddha l'atteint comme *Jotipâla* au ciel *Tushita*.

La légende énumère en outre 12 — et, dans un développement plus spécialisé, même 125 — «*exploits du Buddha*» [7], qui comprennent sa vie entière. Voici les «douze exploits»:

2° Il quitte le ciel Tushita.

3° Il s'incarne comme fils de Mâyâ, épouse de Çuddhodana, roi de Kapilavastu. D'après la légende l'incarnation a lieu pendant un rêve: «un éléphant blanc entre par le côté dans le ventre de Mâyâ».

4° Il naît au bois de Lumbinî, près de Kapilavastu, pendant une promenade de sa mère. Lorsqu'elle étend la main vers la branche d'un arbre fleurissant, l'enfant, salué par les dieux Indra et Brahmâ, sort de la hanche. Des demi-dieux en forme de serpents (Nâgas) baignent l'enfant. Il fait, debout, sept pas et pousse un cri de victoire (udâna): «*Voilà ma dernière naissance*» etc.

5° L'enfant grandissant apprend tous les arts et toutes les sciences et parvient à l'emporter sur ses maîtres.

6° Adulte, il est marié à Yaçodharâ, princesse de Çâkya, et à d'autres femmes. Quant à leurs noms, les traditions varient. Les plus anciennes légendes ne connaissent, à ce qu'il semble, que l'expression *Râhula-mâtâ*, «mère de Râhula», formée d'après le nom du fils unique du Buddha, qu'il a, plus tard, reçu dans l'ordre.

7° Lors d'une promenade en voiture, il rencontre quatre apparitions: un vieil homme, un malade, un corps mort, un moine. L'aspect de ces apparitions — dans Lalitavistara ce n'est qu'un convoi funèbre — et les explications que le conducteur de son char lui donne, font mûrir en lui la résolution de renoncer au monde. Il exécute ce plan malgré son père, en quittant, sur son cheval Kanthaka, le palais, accompagné de dieux et en se rendant dans la jungle.

8° Il apprend les systèmes de maîtres brâhmaniques et fait pénitence à la brâhmanique. Mais il reconnaît la stérilité de l'ascétisme et cherche à parvenir lui-même à l'illumination. Il abandonne ses maîtres et leurs méthodes et se rend dans la jungle de Gayâ, où le «*trône des lions*» (siṃhâsana) et le «*trône des diamants*» (vajrâsana) sont érigés pour lui sous l'arbre de bodhi.

9° et 10° Mâra, le démon de la passion, l'attaque et cherche à le séduire par ses filles. Il reste vainqueur et devient «*Buddha*».

11° Il prêche à Bénarès dans la forêt des gazelles et répand sa doctrine et son ordre.

12° et 13° Ayant été pendant 45 années la tête de ses disciples, il passe, à Pâvâ, de cette vie en l'autre: il atteint son *Pârinirvâṇa*. Ses reliques sont distribuées et enterrées.

Avant de traiter la systématisation de la légende du Buddha, qui a bientôt pris le caractère d'une doctrine du Buddha, il faut donner quelques notes sur le sort de ses adhérents après sa mort.

Nous avons déjà mentionné que, d'après la doctrine du Buddha, la vie monacale est la seule voie qui mène au salut. La sainte communauté (sañgha) est formée par les moines seuls; les laïques ne peuvent parvenir à la délivrance qu'à l'aide de l'ordre. La première œuvre des disciples du Buddha, après sa mort, était de combiner toutes les règles sur l'ordre et ses doctrines en général. Dans la première saison des pluies après sa mort, un concile — le premier — eut lieu sous la présidence de Mahâkâçyapa dans la grotte de Çataparṇa près de Râjagṛiha, où cinq cents membres se rassemblèrent. C'est là, comme on raconte, que, sous la protection du roi Ajâtaçatru, le canon de l'Église a été fixé: le nommé *Tripiṭaka* (les trois corbeilles), qui, en trois parties, contient toute la doctrine buddhique: dans le *Vinaya* (ou discipline) les règles des moines, dans les *Sûtras* la matière légendaire, dans l'*Abhidharma* enfin la matière philosophique. Cependant, à ce que l'on dit, de graves abus ont bientôt trouvé accès dans l'ordre, de sorte qu'il fut nécessaire de convoquer un deuxième concile à Vaiçâli, 100 à 110 ans après la mort du Buddha. On dit que par ce concile plus de dix mille moines dissidents, qui se déclaraient pour dix indulgences — parmi elles la permission d'accepter de l'or et de l'argent et de boire des matières fermentées qui avaient l'aspect de l'eau —, furent exclus de la communauté orthodoxe. Les exclus constituèrent une assemblée encore plus grande et se nommèrent «*membres de la grande assemblée*», Mahâsâñghikas. Bref, le schisme commença à jouer son rôle pernicieux dans le buddhisme, quelque jeune qu'il fût encore.

En 325 avant J.-C., Alexandre le Grand porta ses armes victorieuses aussi dans les Indes, conquit une partie des pays montagneux au nord du Panjâb et parcourut, après de graves combats, le bassin de ce fleuve, pour retourner en Perse. Après sa mort, ses possessions dans les Indes échurent d'abord au royaume syrien.

Dans le royaume le plus puissant alors des Indes, c'est-à-dire dans le royaume de Mâgadha, la dynastie régnante fut renversée par un homme de basse extraction, nommé Candragupta (Σανδράκοττος ou Σανδράκυπτος), qui monta sur le trône du roi assassiné. C'était un prince énergique, qui combattait

Fig. 5. Stûpa en miniature.

En mongol: Soubourghan (v. dans le glossaire les articles Stûpa, Caitya).

De la collection du Prince Oukhtomsky.

avec bonheur les gouverneurs qu'Alexandre le Grand et ses successeurs y envoyaient. Il transféra sa résidence de Râjagriha à Pâṭaliputra et réunit le premier les Indes septentrionales en un royaume. Ce changement politique fut fort profitable au buddhisme, bien que Candragupta de même que son fils et successeur Bimbisâra ne fussent pas encore des buddhistes déclarés. Mais Açoka, petit-fils de Candragupta, se convertit ouvertement au buddhisme et devint le Constantin de l'Église buddhique.

Avant tout, ce sont ses édits de religion, dans lesquels il s'appelle Piyadasî et qui ont pour but de recommander à ses sujets les maximes de la doctrine du Buddha, qui l'ont rendu célèbre. Ces édits prouvent qu'à cette époque-là la doctrine du Buddha était encore relativement pure; ils demandent l'obéissance envers les parents, la bonté envers les enfants et les amis, la miséricorde envers la créature muette, la vénération envers les Brâhmaṇes et les moines et enfin l'amour et la tolérance en général. Ils parlent de la construction de rues, de puits et d'hôpitaux par l'ordre du roi; ils mentionnent aussi les ambassades que le roi a envoyées dans tous les pays des Indes, entre autres aussi à Ceylan et dans les États d'Ouest, gouvernés par les Diadoques, qui étaient devenus les héritiers de l'empire perse. Un troisième concile, que ce roi convoqua et qui eut lieu en 246 avant J.-C. à Pâṭaliputra, fixa de nouveau la discipline de l'ordre et les dogmes du Buddha.

Ce qui est cependant le plus important pour nous, ce sont les *monuments* érigés par ce roi «aimé des dieux». Les légendes ne se lassent pas de raconter, pleines d'enthousiasme, comment il a orné les lieux sacrés de monuments. Les découvertes archéologiques prouvent qu'il a désigné par des monuments p. e. le lieu de naissance de Gautama Buddha à Niglîva dans le Tarâï du Népâl, qu'il a bâti une chapelle à Gayâ, là où Gautama est devenu «*Buddha*». Il existe une image de cette construction entre autres sur un monument du même genre, à savoir sur les piliers des portes qui ornaient autrefois le *Stûpa* de Bharhut (Barâhat, principauté de Nagôd, Inde centrale).[8] On dit même, qu'Açoka a orné de Stûpas tous les lieux remarquables par la vie de Gautama.

Ces édifices — l'expression anglaise «*Tope*», formée du mot pâli Thûpa, est plus usitée en Europe que l'expression sanscrite «*Stûpa*»[9] — se composent d'une substruction carrée, qui porte une construction massive de la forme d'une bulle d'eau, qui de son côté est couronnée d'une terrasse. Au-dessus de cette terrasse il s'élève généralement un appentis composé de plusieurs parties. Ces édifices, qui ne servaient originairement que de monuments funéraires, contenaient des reliques. On a trouvé p. e. dans l'un des Stûpas de Sâñchî (principauté de Bhopâl, Inde centrale) deux vases de pierre remplis de reliques, qui laissaient reconnaître que les disciples favoris du Buddha, Moggallâna et Sâriputta (v. fig. 3, au milieu), étaient les auteurs des inscriptions gravées dans le vase. Dans les différents pays qui se convertirent plus tard au buddhisme, les Stûpas subirent — comme tous les monuments buddhiques du reste — de petits changements de style, suivant le goût du pays. Mais le type fondamental est encore parfaitement conservé dans les petits Stûpas modernes, qui servent de décorations à l'autel buddhique (v. fig. 5).

Les restes du mur et de ses portes à Bharhut, que nous venons de mentionner et qui furent découverts par A. Cunningham en 1873, présentent, tout en étant un peu plus jeunes, le même style que les constructions d'Açoka. Pour le dire en deux mots, ce style est un gracieux fondement naturaliste de caractère hindou, qui traite d'une tendresse remarquable le costume national et les objets de parure, qui sait représenter excellemment la faune et la flore nationales en les ornant cependant d'éléments mythologiques et symboliques, qui portent le caractère perse-asiatique et qui rappellent même quelquefois le type grec. Mentionnons avant tout quelques êtres mixtes: des quadrupèdes ailés ou pourvus de queues de poissons, des Chimères et des griffons, l'urée à la nuque d'homme, et le motif, que les divinités sont debout sur leurs emblèmes comme des dieux assyriens-babyloniens etc.[10] Les reliefs de Bharhut sont du reste fort importants pour l'histoire de la mythologie du buddhisme par cette heureuse circonstance que presque tous les reliefs sont pourvus d'inscriptions explicatives. Nous voyons donc que malgré l'interdiction du canon, qui défend de regarder des images, de peindre «des figures imaginées, des portraits d'hommes et de femmes», «d'aller voir la *maison des images de Prasenajit*» etc. une grande richesse de formes s'est développée autour de la légende dans le parc du roi. Cet art naissant ne se contente pas de représenter le culte des lieux sacrés, l'histoire des nombreuses naissances de Gautama Buddha, elle ajoute aussi les basses divinités populaires en qualité de gardiens et d'adorateurs, et jette, par les riches ornements, le fondement d'un développement légendaire des anciennes légendes simples.

Quant à cette défense que nous venons de mentionner, elle se rapporte probablement à des représentations profanes, mais non à des illustrations de la légende elle-même, dont l'importance pour la propagande saute aux yeux. Ou bien, un tel précepte a été exagéré par un cercle monacal quelconque, qui avait intérêt à une discipline plus sévère et qui combattait la richesse des formes étrangères, laquelle était une conséquence inévitable cependant de la popularisation du buddhisme. Peut-être, nous n'avons pas même tort de soupçonner qu'on voulait refuser tous ces éléments mythologiques et, avec eux, toute la mythologie naissante. Car le précepte permet aux moines de peindre «des couronnes et des plantes grimpantes».

Remarquez à cette occasion que la première période de l'art indien ne représente jamais le Buddha lui-même, qu'elle le désigne plutôt par des symboles. Puisque l'expression «*tourner la roue de la loi*» est typique pour le sermon du Buddha, une roue sur un socle ornementé, flanquée de deux gazelles, sert à marquer le premier sermon de Gautama Buddha dans le bois des gazelles à Bénarès; ce symbole est entouré de groupes d'hommes et de dieux qui l'adorent et qui font des offrandes de fleurs. D'une manière semblable, les arbres de bodhi de Gautama et de ses prédécesseurs mythiques et des colonnes couronnées d'un trident, sont devenus des symboles de la doctrine du Buddha etc., et les centres de reliefs qui nous montrent des figures adoratrices, représentent des scènes diverses de sa vie. De même, son incarnation est représentée, et cela d'une manière qui dépeint distinctement le moment même de la déification. Un relief à l'intérieur de la porte d'est de Bharhut (v. Cunningham, table XXVIII)[11] nous fait voir Mâyâ, mère du Buddha, couchée sur un lit; une domestique assise à son côté et un éléphant descendent d'en haut vers la dormeuse. Ce relief porte l'inscription: BHAGAVATO OKAṂTI «*la descente du Saint*» (bhagavân).

On a cru pouvoir en conclure qu'à cette époque-là la théorie du Bodhisatva n'avait pas encore été développée. Mais, abstraction faite de toutes les autres raisons, c'est absolument impossible par cette seule circonstance, que le mur de Bharhut, dont nous avons parlé à plusieurs reprises, est richement illustré de scènes choisies dans l'histoire des naissances antérieures du Buddha, qui sont même désignées comme telles par des inscriptions. Quelque curieux qu'il soit, nous trouvons sur ce même monument encore une fois la représentation de ce moment où le Bodhisatva quitte le ciel Tushita, à savoir sur le pilier d'Ajâtaçatru (v. Cunningham, table XVII). Nous y voyons une échelle montant jusqu'au ciel et entourée d'adorateurs; sur le premier et de même sur le dernier échelon nous voyons l'empreinte d'un pied: ce qui signifie, dans le style du monument, que le Bodhisatva est descendu! Je crois que c'est l'ancienne forme de la légende, d'où l'on a fait plus tard une visite au ciel. C'est donc à juste titre que Cunningham a désigné le premier relief par «rêve de la reine Mâyâ»; mais notons tout de suite que l'inscription fait abstraction des finesses de la distinction hagiologique, qu'elle désigne au contraire le relief, d'une manière plutôt populaire, non par «la descente du Bodhisatva» mais par «la descente du Saint (bhagavân)», sans faire mention du rêve. Si nous tenons compte de ce précurseur de la déification, ce n'est pas peut-être un pur hasard que l'école des Mahâsâñghikas, que nous avons déjà mentionnée plus haut, tient à ce dogme que les Bodhisatvas entrent dans le sein de leurs mères en forme d'éléphants.[12]

Fig. 6. Figures de pilier du Stûpa de Bharhut (Barâhat).

Kubera, roi des Yakshas; de côté une déesse, debout sur un Makara (dauphin). Elle est designée dans l'inscription par Yakshinî Candrâ (YAKHINI CANDA).

D'après A. Cunningham, The Stûpa of Bharhut, table XXII.

Pour le développement du Panthéon buddhique, ces autres illustrations sur les piliers de Bharhut qui représentent des divinités populaires, sont encore plus importantes.

Toutes ces figures (les piliers ont une hauteur d'à peu près 7 pieds anglais) présentent un naturalisme gracieux, qui rend les types indiens d'une manière excellente, mais si typique à la fois que nous pourrons les considérer comme les types fondamentaux de la mythologie buddhique du temps postérieur et de toute la mythologie brâhmanique. Quoique la manière de traiter le corps, le costume, les objets de parure soit parfaitement indienne, pourtant les diverses divinités sont caractérisées de telle sorte, qu'il faut penser nécessairement à des modèles originaires de l'Asie antérieure. Car elles sont posées sur leurs emblèmes, comme des divinités babyloniennes-assyriennes, ce qui est le cas, du reste, aussi pour des divinités égyptiennes; pour quelques dieux, il est vrai, il est assez douteux pour quel motif on leur a donné justement les emblèmes que nous y voyons. Et en fait des déesses de second rang — des Yakshinîs — il s'y joint la pose hindoue de préférence, à ce qu'il semble: la déesse est représentée en danseuse qui étend ses mains dans les branches d'un arbre fleurissant. Quant aux éléments qui s'y trouvent pour la première fois et qui — c'est ce qui est le plus important — y sont constatés par des inscriptions et qui se sont conservés dans l'art buddhique, il suffira d'en dire quelques mots.

Fig. 7. Naissance de Gautama «Buddha» au bois de Lumbinî.

Mâyâ, mère du Buddha, étend son bras dans les branches d'un arbre de Çâla; à cette occasion l'enfant sort de so côté droit. Les dieux, parmi eux Brahmâ à quatre têtes selon la représentation indienne postérieure, recueillen l'enfant sur un drap. A côté des suivantes de Mâyâ, qui portent l'éventail et des drapeaux, nous voyons une Nâg (femme serpent); la partie inférieure de son corps est de forme animale, elle présente des têtes de serpents à l nuque. Elle recueille dans un vase de l'eau céleste, qui tombe à verse pour un bain. — D'après une image tibé taine antique dans le «Museum für Völkerkunde», Berlin.

Une figure mâle, royale, faisant la prière, étant debout sur un démon accroupi, c'est le roi de tous ces démons désignés du nom de Yakshas, le *dieu de la richesse* Kubera (ou Vaiçravaṇa etc., dans l'inscription KUPIRO YAKHO) v. fig. 6. Un autre dieu ayant cinq têtes de serpents à la nuque — semblabl presque à l'urée égyptienne — est debout sur un terrain rocheux, arrosé, dan les trous duquel nous voyons des serpents: c'est le *roi des serpents* (roi de Nâgas) Cakravâka (dans l'inscription: CAKAVÂKO NÂGARÂJÂ). N'oublion pas de rappeler que le motif de se tenir debout sur l'emblème implique l'idé de la domination de ce qu'on foule à ses pieds, de la suppression d'un adversaire et que bientôt cette interprétation est devenue, à ce qu'il paraît, la règle. Quant aux déesses qui sont postées sous un arbre dans une pose gracieuse, de manière à étendre leurs mains droites dans les branches d'un arbre, pour saisir des fleurs, j'ai essayé d'autre part[13] de montrer que probablement leur type n'a pas seulement servi à représenter la naissance de Gautama Buddha (fig. 7)[14], mais que peut-être toute la légende de cette naissance miraculeuse, qui est devenue plus tard le sujet de prédilection de l'art buddhique, n'a tiré son origine que d'une autre interprétation de ces figures purement décoratives.

En finissant cette courte esquisse de la première phase de la mythologie buddhique, il faut, avant de traiter la deuxième phase décisive et fondamentale — la période de Gandhâra —, ajouter quelques notes sur le développement ultérieur de la religion et de la situation politique.

Les rapports d'amitié, qui avaient succédé à un premier conflit entre Açoka et l'empire des Séleucides — un ambassadeur grec permanent était p. e. à la cour d'Açoka à Pâṭaliputra —, n'étaient pas durables. Après la révolte des satrapes bactriens contre les Séleucides, de nouveaux états grecs, sous des rois indigènes, s'élevèrent comme un rempart contre les peuples dangereux de la Haute-Asie. Ces rois devinrent si puissants, qu'ils étendirent leurs conquêtes jusque dans les Indes proprement dites. Le plus intéressant de tous ces rois est Ménandre (vers 150 avant J.-C.), qui a assiégé, comme on dit, Sâketa (Ayodhyâ). Son identité avec Miḷinda, roi des Yavanas, qui est mentionné dans l'ouvrage pâli Miḷindapañha[15], est irréfutablement démontrée par un rapport grec. D'après ce texte, le roi, après sa mort, fut déposé solennellement — comme on le raconte du Buddha aussi — par les citoyens des villes de son royaume, et ses reliques furent distribuées aux différentes villes.

Des combats perpétuels des Grecs entre eux affaiblirent leur pouvoir et rendirent possible l'invasion des hordes scythes, que, dès le temps de la première révolte des satrapes grecs contre la puissance des Séleucides, on avait craintes comme un danger menaçant toujours et tous. Les Indoscythes, comme on les avait nommés, les Ephthalites des rapports grecs, les Yuëchi des rapports chinois, les Turushkas des rapports hindous, ou les Kushans, comme ils s'appellent eux-mêmes, furent alors les héritiers des trônes grecs. Quoiqu'ils missent fin à l'empire grec, ils gardèrent pourtant pour quelque temps la culture grecque et, tout en étant des étrangers, ils prirent part à la civilisation des pays qu'ils avaient conquis, aux cultures grecque et chinoise de même qu'aux cultures indienne et perse. Des princes Kushans, qui représentaient des divinités perses en types grecs et frappaient des inscriptions grecques et hindoues sur leurs monnaies[16], ont traduit des livres buddhiques du sanscrit en chinois. Bref, ils paraissent avoir réuni à leurs cours les différentes cultures de la même manière que — s'il est permis de comparer le petit au grand — les rois des Mongols l'ont fait plus tard en grande proportion à Karakorum. Ce qui avait été impossible à Alexandre: pénétrer en conquérant dans l'Orient extrême, ces rois y réussirent, et c'est le buddhisme et l'art antique postérieur qui furent les médiateurs de cet échange de cultures. Le plus puissant de ces rois, c'etait Kanishka (vers 100 après J.-C.), qui s'appelle du titre perse de «roi des rois» (PAONANOPAO) et sur les monnaies duquel nous trouvons la représentation du Buddha en style grec et avec l'inscription grecque BOΔΔO.

Sous ce même roi, qui semble avoir organisé lui, comme Açoka l'avait fait, la forme que le buddhisme avait de son temps, le quatrième et dernier concile de l'Église buddhique eut lieu, probablement à Jâlandhara. Ce concile est décisif, parce qu'il a stabilisé le schisme. Le concile avait pris à tâche de concilier les différentes sectes qui s'étaient formées dans le buddhisme, et de compiler de nouveau les saintes écritures; cependant ces textes ne furent plus fixés dans la forme de l'idiome, mais en sanscrit. Ces textes sanscrits, augmentés de nombreux commentaires, servent, à l'avenir, de base pour les traductions en langues non-indiennes.

C'étaient à présent les recherches sur l'idée du «Buddha» et la question de savoir, comment on pourrait devenir Bodhisatva, dont il s'agissait en premier lieu. Cette dernière question fut «*la grande carrière*» (Mahâyâna) et comme telle le but principal des religieux. Par suite d'une indication du Buddha d'un continuateur futur de la délivrance, le Bodhisatva Maitreya était devenu le successeur immédiat de Gautama Buddha et le nombre de ces saints augmenta bientôt d'une série de figures constantes. L'Église du Sud ne connaît pas le concile sous Kanishka; ses moines n'aspirent qu'à leur propre salut et sont méprisés par conséquent comme représentants de «*la petite carrière*» (Hînayâna).

Cette Église du Sud fixa son canon en langue pâlie et y opéra avec un puritanisme évident. Car on ne saurait nier que le canon pâli, quoiqu'il contienne quelques parties métriques des plus anciens textes buddhiques, coupe court à plusieurs reprises, là où la tradition du Nord continue ou est même mieux conservée.[17] L'Église du Sud, dont le centre est resté Ceylan, qu'Açoka avait déjà gagné, envoya plus tard avec succès des missionnaires dans l'Inde au delà du Gange, mais quant à la production artistique elle resta dépendante du Nord. Car nous rencontrons sans doute des influences de l'Église du Nord dans les monuments de l'Inde au delà du Gange.[18] On peut même constater au moyen âge des relations par rapport à la doctrine.

Ces restes curieux d'une production artistique répandue, qu'on a nommée la période de l'art *græco-buddhique*[19] à cause de l'influence incontestable que les formes antiques y ont exercée, appartiennent à l'époque de l'école du Mahâyâna et du pouvoir des Indoscythes. Mais pourtant l'expression «*græco-buddhique*» est fautive en sa première partie et donne lieu à des erreurs, parce qu'on pourrait la rapporter — et on l'a fait pendant quelque temps — à une influence grecque exercée du temps d'Alexandre le Grand ou de ses successeurs immédiats, tandis qu'on reconnaît distinctement les traits caractéristiques du style romain antique mais de beaucoup postérieur à cette époque. C'est pourquoi on a préféré l'ancien nom du pays où on a trouvé la plupart des monuments: on s'est décidé presque généralement pour la désignation «art de Gandhâra» et on a fait valoir ainsi un nom qui est usité aussi bien dans les inscriptions de Darius que dans les rapports grecs du temps d'Alexandre le Grand, nom qui joue un rôle remarquable aussi dans le buddhisme de ces jours, désignant la patrie de grandes lumières de l'Église et étant mentionné d'ailleurs assez souvent dans les légendes.

La région où se trouvent les monuments est la vallée inférieure du Kâbul, habitée aujourd'hui par les Afrîdi, Momand, Bajaur, Bunêr et Swât, une partie du district de Râwalpindi avec la vieille ville de Takshaçilâ (pâli: Takkasilâ), en outre le district de Yûsufzâï, qui, pendant quelque temps, a formé le royaume d'Udyâna («le jardin») et que nous rencontrerons encore. De même, les colosses de Bâmîân (situé sur la route royale indo-bactrienne), connus depuis longtemps, appartiennent aux monuments de la période de Gandhâra et encore les restes buddhiques trouvés nouvellement plus au nord à Borazan près de Khotan, et enfin les découvertes magnifiques des Russes dans le désert de Takla-Makan (Turfan). Mais quoique les premières découvertes aient été faites il y a plus d'un demi-siècle, pourtant ces monuments, dont on ne saurait guère juger au moment actuel l'extrême importance pour l'histoire de la religion et de l'art asiatique, ont commencé dans les dernières années seulement à jouer un rôle remarquable dans les études scientifiques.

Fig. 8. Relief de Loriyân Tangaï.

Au milieu le Buddha sur un lotus; les mains forment le Dharmacakra-Mudrâ; à côté de lui deux Bodhisatvas; à côté du lotus deux basses divinités, un moine adorant et une femme adorante. — D'après Jas. Burgess, Journal of Indian Art VIII, nos 69, 82, 22.

Ce qui est avant tout regrettable, c'est ce que Jas. Burgess a déjà critiqué à juste titre, à savoir que nulle part on n'a collectionné méthodiquement, de sorte que notre matière se compose de diverses pièces qu'on a combinées au hasard sans tenir compte de leur origine. Ce n'est qu'à la meilleure conservation qu'on a pris égard dans cette malheureuse manière de collectionner, tandis qu'on n'a nullement tenu compte de pièces fragmentées, qui, du point de vue scientifique, sont souvent beaucoup plus précieuses que celles qui sautent aux yeux. Avouons cependant que nouvellement un retour louable s'y opère, de sorte qu'il y a lieu d'espérer, que l'intérêt que ces choses, qui relient les derniers temps de l'art antique avec la Haute-Asie et l'extrême Orient, ont trouvé, effectuera que des études systématiques chercheront à compléter ce qui nous manque jusqu'à présent.

Fig. 9. Le Buddha, debout.

Dans un relief de Gandhâra (de Loriyân Tangaï?). D'après J. Burgess, Journal of Indian Art VIII, nos 69, 76, 3.

Ajoutons un second souhait: il se rapporte à la popularisation de la littérature correspondante, à la traduction des livres iconographiques et de ceux qui traitent l'histoire de l'art buddhique et à une traduction plus complète des légendes. Ne méprisons pas ces légendes comme étant des fictions! Abstraction faite de leur importance pour l'histoire du conte, elles ont un grand intérêt actuel archéologique. Quel est le profit d'extraits de livres légendaires, si justement ces motifs qui sont importants pour des buts archéologiques sont omis? Et, de l'autre côté, la tendance descriptive de ces textes — ils contiennent des descriptions de sculptures ou d'images — est suffisamment claire.[20]

Cependant ce n'est pas notre tâche d'apprécier cette question archéologique, mais plutôt d'esquisser la continuité des types de la mythologie postérieure du buddhisme du Nord avec cette époque classique. Si nous relevons

Fig. 10. Relief de Gandhâra.

En bas le sermon de Bénarès (?): le Buddha derrière le symbole de la roue, entouré de moines; au fond un dieu barbu et un autre dieu imberbe. La deuxième bande montre une scène quelconque de la vie du Buddha; des moines et des laïques l'entourent, derrière lui le porteur du foudre. En haut l'adoration de la sébile du Buddha par des dévots (probablement des dieux) et des dragons aquatiques (Nâgas).

les motifs fondamentaux pour notre but, ce sont les points suivants qui nous frappent:

1° La représentation du Buddha.

2° La représentation des Bodhisatvas.

3° Le rôle modifié des divinités populaires indiennes, qui désormais entrent directement en scène comme protecteurs de la religion. Les emblèmes deviennent plus typiques et une mythologie se développe.

4° La représentation des basses divinités et des démons; les précurseurs des dieux «terribles».

5° Les déesses.

Fig. 11. Temple buddhique en Transbaïkalie.

Sur le toit inférieur le symbole de la doctrine du Buddha, la roue (cakṛa); à côté, à quelque distance, deux gazelles, symbole du sermon au bois des gazelles de Bénarès.

V. Prince Oukhtomsky, Voyage en Orient.

6° Des figures volantes dans les airs: des types de Niké et Παίγνια.

7° Des scènes bacchiques et érotiques, qui avaient originairement un caractère purement décoratif, à ce qu'il semble.

Commençons par le Buddha.

Le type du Buddha est créé d'après l'analogie de l'ancien idéal d'Apollon. Ces formes idéales sont modifiées cependant par des motifs nationaux et naturalistes, qui préparent la transformation de la figure du Buddha dans des formes correspondantes au style des différents pays. Le costume, l'habit religieux, présente, d'après le modèle antique, un riche agencement de plis légers. On raconte — je ne mentionne que la version tibétaine de la «biographie de Çâkyamuni» — qu'Udayana, roi de Barâṇâsi (ou Kauçâmbî) riche en traditions, «qui gardait bien le souvenir de Bhagavant», a fait faire le premier son image. C'est la célèbre image de santal, la statue du Buddha de Goçîrshacandana. Il y en a des reproductions certifiées par la tradition. Elles présentent le type de Gandhâra, dont l'étrange arrangement du costume est encore conservé dans les repliques les plus grossières et qui a donné lieu à de drôles d'interprétations.[21] Dans ces représentations, la figure du Buddha se trouve au milieu, ou bien en forme d'une triade avec deux figures accessoires (fig. 8), ou bien dans des reliefs plus riches, qui dépeignent des scènes de la vie. Le Buddha est représenté ou étant debout (fig. 9) ou étant assis à l'indienne (fig. 10), les jambes croisées, de manière que les plantes des pieds sont tournées en haut.

Quant à l'arrangement des mains, nous voyons des règles certaines qui se développent dans ces sculptures: la main droite, par exemple, est presque tout à fait tournée en dehors, et elle est levée, quand le Buddha fait un sermon. Les deux mains reposent dans le giron, mises l'une sur l'autre et en général enveloppées de l'habit, s'il médite etc. — les nommés *Mudrâs*.[22] Ces arrangements des mains désignent originairement différentes scènes de la vie du Buddha. Mais il paraît qu'à Gandhâra déjà ils ont commencé à désigner des Buddhas certains, ce qui est assurément le cas dans l'art postérieur (fig. 4).

Une représentation singulière est celle du Buddha mourant, passant au Parinirvâṇa. Il gît, la main droite sous la joue droite, étendu de toute sa longueur, sur une couche élevée, entouré de ses disciples affligés, des dieux attristés, des démons et des princes de Malla, dans le pays desquels il est mort.

Le modèle de la composition, qui a joui d'une renommée extraordinaire et, par conséquent, d'une longue durée dans l'art buddhique, est construit, d'après une observation de Vincent Smith, à la manière des reliefs de sarcophages, comme nous les trouvons dans l'art antique postérieur.

S'il s'agit de représenter un sermon, ces reliefs présentent eux aussi la roue (fig. 10), qui nous est bien connue de la période d'Açoka. Si elle est flanquée de petites gazelles, elle désigne le sermon fait dans le bois des gazelles (Mṛigadâva) à Bénarès. «Le Buddha tourne la roue de la doctrine» est l'expression rituelle pour désigner son sermon. Ce symbole du plus antique art buddhique est impérissable: nous le trouvons de nos jours encore sur les toits de temples modernes (fig. 11).

Notons encore que, selon le goût de l'antique postérieur, le Buddha est représenté plus grand que les figures qui l'entourent, observation qu'il y a lieu de faire aussi pour les Bodhisatvas, toutes les fois qu'ils forment le centre de la composition. La prédilection pour des colosses est d'ailleurs remarquable. Surtout on aime à faire du Buddha de l'univers futur, de *Bodhisatva Maitreya*, une statue colossale.

A l'avenir les types du Buddha, de même que toutes les figures du culte buddhique et même tous les éléments décoratifs, adoptent les formes du style des pays qui se convertirent au buddhisme, de telle sorte que des types indiens, des types tibétains-mongols etc. se formèrent.

Le Bodhisatva, dans la période de Gandhâra, est un type parfait; il se présente en jeune homme vêtu d'un costume hindou, mais d'un style archaïque maniéré dans le genre de l'antique postérieur, et surchargé d'objets de parure (de colliers, de bracelets, de pendeloques etc.). Des fioles, des bouquets de lotus, parfois même un livre, servent d'emblèmes. Sur le sommet nous voyons quelquefois un bijou garni de perles, qui, dans l'art postérieur de l'Église buddhique, lorsqu'on fixa les emblèmes du Buddha, prit la forme tantôt d'un Buddha assis, tantôt d'un Stûpa. V. les fig. 8 (figures accessoires) et 12.

Fig. 12.
Représentation d'un Bodhisatva, Gandhâra.

D'après Cole, Preservation of National Monuments India, district de Yûsufzâi, table 25. Quant à la figure, v. «Globus» (1900), n° 5, p. 75.

Quant aux dieux, nous trouvons dans la période de Gandhâra un panthéon plus compliqué déjà et avec des fonctions plus indépendantes que ne nous l'a montré l'école indienne antérieure, dont les reliefs ne représentent que des divinités qui adorent le Buddha, qui lui font des offrandes de fleurs ou qui sont de garde. C'est avant tout un être armé de foudres, tantôt barbu, tantôt imberbe, qui fait le protecteur du Buddha. Il faut le désigner du nom de Vajrapâṇi, introduit par l'école du Mahâyâna, parce qu'il est apparemment différent du dieu du tonnerre indien Çakra[23], mentionné si souvent dans les légendes, et qu'il joue le rôle d'un antique «deus ex machina», tout en étant un dieu tutélaire obligé à la religion du Buddha (fig. 13).

Fig. 13. Types de Vajrapâṇi dans des reliefs de Gandhâra.

D'après Jas. Burgess, Journal of Indian Art and Industry VIII, n° 69, page 87, fig. 31, et n° 62, table 14, fig. 1.

Kubera, dieu de la richesse, — nous le connaissons de Bharhut — on l'a trouvé aussi à Gandhâra, un peu transformé, il est vrai. De petits démons s'accroupissent à ses pieds, mais ce qui le signale surtout, c'est le «*porteur du tribut*», qui s'accroupit à côté de lui. Ce type est emprunté aux portraits d'empereurs de l'antique postérieur. Une ressemblance de cette figure avec ces portraits d'empereurs est du reste remarquable. Le porteur du tribut vide, aux pieds du dieu, un sac d'or (fig. 14).

Fig. 14. Kubera ou Vaiçravaṇa, dieu de la richesse.

Relief du Musée de Lahor.

D'après Jas. Burgess, Journal of Indian Art and Industry VIII, n° 62, table 14, n° 3.

A partir de l'école de Gandhâra et de ses branches, nous rencontrons une nouvelle figure: c'est une divinité populaire, dont le cycle s'attache au bouddhisme postérieur, grandit avec lui et le modifie enfin à fond: Mahâkâla ou Çiva. On mentionne une statue de ce dieu, dont on dit qu'elle se trouve à Gandhâra. Mais s'il est vrai que la statue qu'on désigne comme celle de ce dieu et qui correspond à la description, représente en effet Mahâkâla, il en faut nécessairement conclure qu'à cette époque-là le type du dieu qui est devenu plus tard général, n'a pas encore été créé; car la figure (fig. 15) n'est que celle d'un roi indien. Le type généralement adopté plus tard résultait des monnaies. Les monnaies des Indoscythes connaissent le dieu dans des types différents sous le nom d'*Ugra* (Okro, OKRO). Nous le voyons se développer de la représentation de l'antique Posidon. Le trident du dieu grec est conservé, le taureau est ajouté. La nudité du dieu grec correspond excellemment à la manière de voir indienne. Nous connaissons à présent aussi un bronze originaire de Khotan, qui offre le même type. Okro est représenté du reste quelquefois avec plusieurs têtes et plusieurs mains.[24]

Fig. 15.
«Mahâkâla».

Statue de Gandhâra, de Kâramâr Hill, à huit milles angl. de Shâhbâzgarhi.

D'après Jas. Burgess, Journal of Indian Art and Industry VIII, n° 62, table 4, fig. 3.

C'est dans la représentation des types de démons que l'influence de l'antique a été surtout efficace. Je donne ici la reproduction d'une colonne de l'armée des démons, que Mâra conduit contre le Buddha méditant sous l'arbre de Bodhi. Ces types prononcés de démons, ayant les têtes à demi bestiales, les cheveux et les barbes hérissés, les yeux grands et gonflés, les corps goussants et les mains pourvues de griffes, sont les précurseurs des démons de la mythologie postérieure (fig. 16).

Parfois nous trouvons un type de dieux farouches et barbus opposé à un autre type imberbe — originairement peut-être par des raisons purement artistes (fig. 10). En outre nous avons déjà mentionné plus haut que la figure de Vajrapâṇi varie dans ce point: ce motif prépare les formes bénignes et terribles d'un dieu, d'un «*protecteur de la religion*» (Dharmapâla).

Quant à la représentation de déesses, c'est une question qui a fait subir des transformations essentielles au buddhisme du Nord.

Deux déesses attirent avant tout notre attention, dont les types caractéristiques se trouvent encore dans l'art postérieur: l'une d'elles est une déesse, qui joue d'un instrument à cordes, étant assise en travers sur un lion (fig. 17); l'autre est une femme majestueuse, assise sur un trône ou debout, entourée de petites figures d'enfants qui se cramponnent à elle en grimpant etc. La première présente — j'ai essayé de le démontrer autre part — conjointement avec un type semblable qui se trouve sur des monnaies, le motif de la déesse Sarasvatî; le nom de la seconde n'est pas exempt de doute. Mais ne négligeons pourtant pas ces types, puisqu'ils sont les précurseurs plastiquement représentés des énergies féminines des Bodhisatvas, des Çaktis, que nous rencontrerons plus tard.

Fig. 16. L'armée des démons de Mâra.
Relief de Gandhâra.
V. Grünwedel, Handbuch der buddhistischen Kunst, 2e édition, page 95.

Un autre élément qu'il faut mentionner dans ce contexte, ce sont les figures de dieux planant dans les airs au-dessus des figures du Buddha et des Bodhisatvas, portant des couronnes et devant leur origine aux antiques représentations de Niké, et encore les figures érotiques nues et ailées et quelquefois pourvues de parure hindoue. Ces figures se sont longtemps maintenues dans la peinture et dans la plastique indiennes, et je crois bien que ce sont les précurseurs des «divinités aériennes» (sanscrit: Ḍâka et Ḍâkinî, en tibétain: mk'a-'gro[ma]), «qui confèrent les ordres aux saints»[25] (fig. 18).

Parmi les éléments décoratifs de l'époque de Gandhâra sont en outre des scènes bacchiques très réalistes, qui préparent la dégénération du buddhisme et qu'il nous étonne de voir à côté des autres types. Elles sont peut-être elles aussi les précurseurs des cultes de Çaktis, formellement du moins, et parallèles à ces représentations érotiques qui, d'origine Kṛishṇaïte, furent incorporées à la religion des Jainas à Mathurâ.[26]

Il nous reste à mentionner deux catégories de demi-dieux qui, dans l'art buddhique comme dans l'art brahmanique, sont généralement en relations entre eux: c'est la race des *«demi-dieux serpents»*, des Nâgas, et leur ennemi mortel Garuḍa, oiseau immense, le *«roi des oiseaux»* et sa suite.

Toutes les deux ont, d'après la légende, la faculté de se métamorphoser en figures humaines et c'est pour cela que leur représentation varie. Pour les dieux serpents, nous les avons déjà rencontrés plus haut: dès la première époque ils ont la forme humaine, mais avec des têtes de serpents à la nuque, et parfois même la partie inférieure du corps est bestiale, tout le reste ayant forme humaine. C'est sourtout le cas, s'ils servent de décoration, où nous trouvons souvent, pour des raisons d'espace, des variantes singulières (fig. 19, 7 et la bande supérieure de fig. 10). Le Garuḍa est représenté, dans les sculptures de Gandhâra, ou bien totalement bestial, mais pourvu de coiffure et de boucles d'oreille (fig. 19), ou bien parfaitement humain, ayant l'air farouche, les cheveux hérissés et de grandes ailes. Ce qui est surtout caractéristique pour cette figure, c'est la large bande d'étoffe, qui descend de la ceinture. Ce type, qui sert de pointal ou de pilier, se rapproche des types antiques de Titans (fig. 20).

Fig. 17. Déesse, faisant de la musique, Gandhâra.

F. Grünwedel, Handbuch der buddhistischen Kunst, 2e édition, page 101.

a.

b.

Fig. 18. Divinités volantes au-dessus de la représentation du Buddha.

a. Divinité planant dans les airs, qui jette des fleurs (détruit quelque chose), d'après un relief de Loriyân Tangaï dans le Journal of Indian Art and Industry VIII, n° 69, page 84, fig. 27.

b. Deux Éros, tenant une couronne de fleurs; dans un relief du Musée de Lahor; l. c. VIII, n° 62, table 7, fig. 2.

Voilà les principales figures simples, qu'il s'agissait de déterminer préalablement. Par rapport aux compositions, il nous reste à mentionner:

1° quelques compositions modèles, surtout la représentation de la naissance et du Parinirvâṇa;

2° la prédilection de combiner trois figures, une figure principale au milieu et deux figures accessoires, et d'étendre ce modèle à des groupes de cinq ou de plus de cinq figures;

3° la tendance émanant de l'esprit antique de personnifier. Les qualités d'un Buddha ou d'un Bodhisatva sont continuellement abstraites et développées de nouveau. C'est un mode de procéder qui d'un côté a rendu possible d'adopter les formes locales de divinités étrangères, mais qui de l'autre côté a procuré à la mythologie du buddhisme du Nord cette immense étendue qui en a fait le plus grand panthéon du monde.

Fig. 19. Garuḍa, enlevant une Nâgî.
De Sanghao (Swât).
D'après Cole, Preservation of National Monuments, district de Yûsufzâi, table 3; v. Grünwedel, Handbuch der buddhistischen Kunst, 2e édition, page 103.

Nos guides pour la connaissance des états réligieux et politiques qu'il faut connaître pour comprendre l'art buddhique de l'époque de Gandhâra, sont des pélerins étrangers, des Chinois, qui ont profité de la vieille route de la Chine passant par Tourkestan, pour visiter les lieux sacrés et pour aller chercher des images, des livres, et des reliques. Nous savons par exemple que déjà en l'an 2 après J.-C. on a envoyé des livres buddhiques à Aï-li, empereur de Chine, et que l'empereur Ming-ti (l'an 62 après J.-C.), ayant vu dans un songe une apparition céleste brillante comme l'or et se rapprochant de son trône, a envoyé des ambassadeurs dans l'Inde centrale chercher des livres et des images. L'image que les ambassadeurs lui apportèrent, représentait la même personne qu'il avait vue dans le songe.[27]

Fig. 20. Garuḍa,
de Jamâlgaṛhi.
D'après Jas. Burgess, Journal of Indian Art and Industry VIII, table 26, 4.

Le commerce avec les Indes augmenta bientôt et au quatrième siècle le buddhisme devint la religion d'État de la Chine, sans faire disparaître cependant les anciens systèmes. Il semble que jusqu'au septième siècle les relations avec les Indes aient été les plus soutenues. Les pélerins Fa-hien (vers 400 après J.-C.), Sung-Yun (vers 518 après J.-C.) et le célèbre Hiouen Thsang (629—648 après J.-C.) sont les auteurs de rapports plus ou moins volumineux sur leurs voyages, qui sont pour nous une source précieuse et intarissable de renseignements. Les livres qu'ils avaient apportés furent traduits en chinois; avec ces livres, l'art trouva accès en Chine. Nous avons une preuve authéntique dans la notice intéressante de Hirth, qu'un peintre du nom de *Weï chi I-sœng* et originaire de Badakshan est venu dans la capitale de la Chine et qu'il y a travaillé.[28]

C'est encore au quatrième siècle (372 après J.-C.) que le buddhisme fut

Fig. 21. Statue d'un Bodhisatva japonais.
Représentation d'une forme du Bodhisatva Padmapâṇi.
V. Prince Oukhtomsky, Voyage en Orient.

introduit en Corée et c'est de là qu'il parvint en 552 au Japon. A partir de Ch'ang-an, l'art de Weï chi I-sœng trouva accès aussi dans ces pays, et justement au Japon l'ancien style, qui trahit encore les éléments de l'école de Gandhâra, s'est bien conservé, tandis qu'il a disparu en Chine, par suite des réformes religieuses, amenées surtout par l'école iconophobe du Dhyâna. Le fait, que l'art buddhique du Japon repose sur les sculptures de Gandhâra est avoué à présent par les Japonais eux-mêmes (fig. 21 et 22). Il s'ensuit que pour la rédaction d'une histoire de la mythologie du buddhisme du Nord, l'étude scientifique du buddhisme japonais est aussi importante que l'observation du développement ultérieur dans les Indes et dans leurs colonies.

Parmi ces colonies indiennes il faut nommer avant tout Java, parce qu'elle a produit de magnifiques œuvres dans la plastique (le temple de Bârâ Buḍur etc.). Rappelons à cette occasion qu'au Japon de même qu'à Java le buddhisme est resté exempt de cette dégénération, que malheureusement nous ne pourrons laisser de côté dans ce qui suit et qu'on a tort de désigner comme une conséquence «logique» de l'ancien buddhisme.

Fig. 22. Statue d'un Bodhisatva japonais.
Représentation d'une forme du Bodhisatva Padmapâṇi.
V. Prince Oukhtomsky, Voyage en Orient.

Nous avons donné cette esquisse des premières phases du panthéon du buddhisme, tel qu'il se présente aujourd'hui au Tibet et en Mongolie, pour montrer l'importance d'un examen scientifique de ce problème, sans prétendre avoir trouvé partout la solution. Passons à présent à notre sujet. Mais auparavant encore les quelques remarques suivantes!

Les premiers commencements du buddhisme au Tibet nous sont inconnus. La légende fait commencer l'introduction de la religion du Buddha, qui est en même temps le commencement de la culture pour le «pays de la glace», avec le roi Sroṅ-btsan-sgam-po, qui envoya en 632 Tʻon-mi-sambhoṭa dans les Indes, pour créer une écriture, pour chercher des livres et pour obtenir en même temps une explication de plusieurs objets sacrés qui étaient venus autrefois dans le pays d'une manière miraculeuse. Nous verrons, quel a été le développement du buddhisme dans ce pays, qu'il s'y est emparé de toute la puissance et qu'il y a fait naître une hiérarchie. Les représentants visibles de la religion, le clergé, tiennent, cela va sans dire, le premier rang. C'est pourquoi nous commençons par l'énumération des religieux, en suivant en même temps la représentation indigène du panthéon, qui établit l'ordre suivant:

1° Le clergé.

2° Les divinités tutélaires.

3° Les Buddhas et les Bodhisatvas.

4° Les Târâs et les Ḍâkinîs.

5° Les «protecteurs de la religion».

6° Les divinités locales.

Il faut dire expressément, qu'il est encore impossible d'écrire une histoire du panthéon[20], parce que son développement marche de front avec l'histoire des sectes, qui est encore parfaitement inconnue. Aussi les catégories suivantes de dieux ont-elles plutôt le but de donner un aperçu populaire des formes les plus usitées, que de caractériser l'une ou l'autre secte. Plusieurs formes que nous mentionnerons, sont omises dans les livres connus indigènes, étant désignées d'hétérodoxes.

Ceux des lecteurs qui ne connaissent pas la matière, voudront bien faire usage du glossaire des mots étrangers joint à la fin.

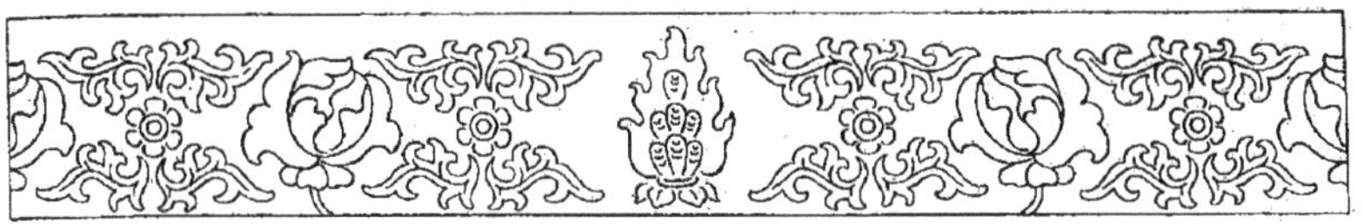

CHAPITRE DEUXIÈME.

LE CLERGÉ.

1. LES SAINTS INDIENS.

> Quand je serai passé au Nirvâṇa et que cette terre sera déserte, tu . . . . accompliras les exploits du Buddha et le pays des neiges sera un monastère plein de joie.
>
> Mañjuçrîmûlatantra.[30]

Le premier parmi les saints de l'Église du Nord et le fondateur à la fois du système du Mahâyâna, dont nous avons dit quelques mots explicatifs dans le chapitre précédant, c'est un personnage curieux et riche en légendes, le *Faust* du buddhisme, Çrînâtha Nâgârjuna ou Bodhisatva Nâgârjuna[31] (fig. 23).

Doué d'une vie excessivement longue — on dit qu'il a gardé en patriarche pendant trois cents ans la religion du Buddha —, décapité en martyr et pourtant pas mort, auteur d'une foule d'ouvrages, versé aussi bien dans la philosophie que dans la magie, se trouvant partout où il est question de la première période du buddhisme du Nord — l'histoire de l'art le connaît de même que l'histoire du conte —, il semble être plutôt le représentant d'une période entière qu'un seul personnage.

Né dans l'Inde méridionale (Vidarbha), de la race des Brâhmaṇas, il fut nommé Arjuna, comme on raconte, ou bien parce qu'il naquit sous un arbre d'Arjuna (Pentaptera), ou parce qu'il vivait sous un tel arbre. Quant au surnom de Nâga — sur les images il est ombragé de sept Nâgas — on dit qu'il l'a reçu, parce que des Nâgas ont coopéré à son convertissement au buddhisme. Nous avons deux légendes sur sa vie, une vieille légende chinoise et une légende tibétaine plus jeune, que je rapporterai brièvement toutes les deux, parce qu'elles sont intéressantes pour plus d'une raison.

La version chinoise (v. Wassiljew, Der Buddhismus I, 232, 211 sv.) lui fait parcourir les Indes, étudier aussi bien toutes les sciences: l'astronomie, la géographie, les arts mystiques et magiques, que les Védas, qu'il savait déjà par cœur, lorsqu'il était encore enfant. Elle lui fait trouver trois maîtres excellents et enfin le moyen de se rendre invisible. A l'abri de cette invisibilité il se rend avec ses amis dans le harem d'un roi, mais on découvre leurs vestiges et on déchire ses trois amis. Sa manière habile de se cacher et le vœu de se faire moine buddhique le sauvent. Il s'acquitte de son vœu et apprend les trois Piṭakas et, d'un vieu moine dans l'Himâlaya, le Mahâyâna. Cependant aucun des commentaires ne le satisfait; il veut fonder une nouvelle reli-

Fig. 23. Çrînâtha Nâgârjuna ou Bodhisatva Nâgârjuna.

„En tibétain: mGon-po Klu-sgrub, dPal-mgon Klu-sgrub; en mongol: Nagandzouna bakši = Loûs butuksèn khoutouktou.

Il a le type des figures du Buddha; car Nâgârjuna «a les caractères du Buddha», Schiefner, Târanâtha II, 304.

Sur les images le teint est blanc, les cheveux bleu noirâtre, le vêtement de dessous est rouge-cerise, le pallium rouge vif, le cercle lumineux autour de la figure entière est bleu clair avec des rayons d'or, l'auréole est d'un gris clair verdâtre et garnie d'un bord doré. Le serpent du milieu est jaune, les autres six sont gris, mais à ventre blanc et à anneaux noirs.

gion, mais il n'y réussit pas. C'est alors que le roi des Nâgas le mène dans la mer et lui montre des livres inconnus; il les étudie et revient sur la terre, chargé d'écritures.

Un roi indien de ce temps-là ne respectait pas la doctrine du Buddha. Nâgârjuna, pour le gagner, marchait, durant des années entières, devant lui, un drapeau rouge à la main, et lorsque le roi, voulant avoir une preuve de sa toute-science, lui demanda ce qui se passait alors au ciel, Nâgârjuna lui répondit, qu'il y avait justement une guerre entre les dieux (devas) et les non-dieux (asuras). Et au moment même des armes et des membres coupés des

Asuras tombèrent du ciel devant le roi. C'est alors que le roi fut croyant et Nâgârjuna répandit la religion. Suivant le désir d'un maître du Hînayâna, il s'enferma dans sa chambre et disparut!

La version tibétaine est différente. Un fils est né à un riche Brâhmaṇa à Vidarbha à force de supplications et de riches aumônes, mais lorsqu'on tire l'horoscope pour le nouveau-né, il faut annoncer au père que l'enfant ne vivra pas plus de sept jours. A force de nouvelles aumônes et d'autres œuvres de charité, la durée de sa vie est prolongée à sept mois et plus tard même à sept ans. Mais au delà il n'y a plus de prolongement. Par le conseil du Bodhisatva Avalokiteçvara, le garçon est envoyé dans le couvent de Nâlanda, où il étudie avec Saraha (Râhulabhadra) et apprend à adorer le Buddha Amitâyus. L'heure funeste passe. Il se fait moine au couvent de Nâlanda et il réussit à conjurer la déesse Caṇḍikâ, en attachant, pour la retenir, dans la cour d'un temple de Bodhisatva Mañjuçrî, construit par lui, un poignard magique de bois (fig. 24). La déesse sert les habitants du couvent sous la forme d'une jeune fille. Le cuisinier cherche à la séduire et elle lui promet de se conformer à ses désirs, pour peu qu'il brûle le poignard magique. C'est ce qui se fait et la déesse s'enfuit.

། ཕུར་བུ ༎

Fig. 24. P'ur-bu, poignard magique de bois.
La tête du démon, qui sert de poignée, est bleu foncé, les trois yeux sont garnis d'un bord jaune rougeâtre, les crânes sont blancs, la boucle de la couronne est jaune clair, les pendeloques de même. Les cheveux hérissés sont rouges.

Nâgârjuna, ayant reconnu cette perte grâce à son intelligence surhumaine, cherche à gagner les princes régnants, pour répandre davantage la religion. Au moyen de feuilles magiques il parvient sur une île éloignée, où il arrache à un vieu magicien le mystère de l'alchimie. Sur ces feuilles magiques, il retourne dans l'Inde, y obtient bientôt des facultés surnaturelles (siddhi) et fait fleurir son monastère. Il combat le Brâhmaṇa Çañkara, construit des temples et érige des simulacres. Les Nâgas, en forme de petits garçons, viennent le voir, et l'invitent à venir dans la mer et à rester chez eux. Il apprend chez eux des livres inconnus, mais il retourne dans l'Inde, disant que c'était là son domaine. Dans l'un de ses voyages au nord (Uttarakuru) il rencontre un garçon, auquel il prédit qu'il deviendra roi, et revenu douze ans plus tard en ce même lieu, il l'y trouve en effet comme roi.

C'était Udayana, nommé aussi Ântivâhana. Udayana apprend la magie (les Tantras) avec Nâgârjuna et ne peut mourir avant lui. C'est pourquoi le fils d'Udayana, voulant devenir roi, se rend chez Nâgârjuna et exige sa tête, pour pouvoir succéder à son père. Toutes les armes faisant défaut, la tête du Saint est coupée au moyen d'un brin de Kuça — dans une existence antérieure, le Saint avait coupé en deux le prince, qui était alors un ver, avec un brin de Kuça. Au moment de sa mort, le Saint annonce qu'il reviendra et que sa tête sera réunie de nouveau au tronc. Un démon (Yaksha) emporte la tête, et le tronc aussi bien que la tête se transforment en pierre. Mais pourtant ils se rapprochent peu à peu, et quand ils se réuniront, le démon de Gayâ détruira la ville de Gayâ. Nâgârjuna reviendra cependant et prêchera durant un siècle la doctrine du Buddha aux dieux et aux hommes.

Ce qui nous intéresse en premier lieu, c'est que la version tibétaine de sa légende lui fait ériger de nombreux simulacres, ce qui est d'autant plus important pour notre but, que justement les ouvrages que lui attribuent les livres canoniques tibétains, contiennent non seulement une foule de noms de dieux (Avalokiteçvara, Mañjuçrî, Vajrapâṇi, roi des Yakshas, Hayagrîva [le dieu à la nuque de cheval], Mahâkâla, Mahâkâlidevî et Târâ), mais qu'il s'y trouve directement une série d'hymnes (Stotras) sur les dieux. Mais dans ces Stotras, les divinités sont en général exactement décrites et la sphère de leur activité est représentée. Et quand même nous ne saurions guère lui attribuer directement les textes conservés, pourtant le fait que ces choses s'attachent à son nom, est bien remarquable. Rappelons à cette occasion que la statue du Buddha, érigée par Udayana (v. page 22) ou Ântivâhana (Antiochus), peut être ramenée aux types du Buddha de la période de Gandhâra. Quant à ses constructions, nous savons, qu'il a bâti le mur autour du temple de Dhânyakaṭaka.

C'est une indication précieuse pour la détermination des dates. Je n'ose pas fixer une date certaine pour lui; mais enfin il était le fondateur de l'école du Mahâyâna: les sculptures de Gandhâra (à partir de l'an 30 après J.-C. pendant quelques siècles) appartenaient à l'école de Gandhâra. Il faut donc qu'il ait vécu à peu près à la même époque. *Eitel* fixe sa mort en 194 après J.-C. Il y a des légendes qui désignent le célèbre couvent de Çrîçaila sur la Krishṇâ comme le lieu de sa mort. Et *Wassiljew* a bien fait de rapporter la longue vie, dont nous avons parlé plus haut, à toute l'école dépendante de Nâgârjuna: une nouvelle phase, qu'on pourrait nommer la «systématisation brâhmanique», qui commence par Nâgârjuna et qui finit par Asañga et Vasubandhu.

Ce n'est pas ici l'endroit d'exposer en détail la philosophie de Nâgârjuna et je n'oserais le faire. Quelques indications concernant l'activité de ce «*soleil de la religion*» (trois autres «*soleils*» sont Çâkyamuni, Atîça et Tsoṅ-k'a-pa) seront cependant nécessaires pour l'intelligence de ce qui suit.

L'ouvrage principal de Nâgârjuna est la Prajñâparamitâ «la sagesse parvenue au rivage ultérieur du monde»; c'est justement ce même livre qu'il doit aux Nâgas. On dit qu'eux, ils l'ont appris de la bouche de Gautama Buddha et qu'ils l'ont retenu jusqu'à ce qu'il vienne une génération capable de le comprendre. Comme le noyau de sa doctrine on regarde l'expression «Çûnyatâ», qu'on traduit ordinairement par «*le vide*». Nous avons mentionné que d'après la manière de voir aussi du buddhisme antique, tous les êtres n'ont qu'une seule forme de l'existence, dont l'existence humaine est, il est vrai, la meilleure, admettant elle seule la délivrance. Dans le buddhisme antique c'était le but de chaque individu de se procurer son salut par la continence et la conduite vertueuse: les Buddhas et les Bodhisatvas en montraient le chemin.

Mais bientôt les opinions divergèrent par rapport à l'expression «satva» et les dix-huit sectes qui se combattirent après le concile de Vaiçâli, ce même concile qui avait cru pouvoir rétablir l'unité par la seule proposition que «rien ne peut être conforme à la doctrine du Buddha, qui est contraire à la raison», se firent bientôt mutuellement la plus vive opposition. Tandis que les uns — surtout la secte des Sarvâstivâdis — soutenaient la perpétuité des «satvas», leurs adversaires se déclaraient pour la dissolution complète des «satvas» par la délivrance.

Nâgârjuna trouva le moyen terme, la philosophie de Madhyamika, en partant de deux axiomes qu'il établit: l'existence de l'illusion (Saṃvṛittisatya) et la conscience du savant en contemplation de soi-même, qui sait anéantir l'illusion (Paramârthasatya). Il parvient par une argumentation rigoureuse, en niant les extrêmes de l'existence, à nier aussi la non-existence, qui ne peut être reconnue. Aussi faut-il se délivrer du monde, non parce qu'il est le siège du mal, mais parce qu'il est irréel (vide) et qu'il ne contient rien qui puisse satisfaire l'esprit. L'admission d'une imagination subjective est déjà un obscurcissement, un obstacle à la pureté. Aussi la moralité ordinaire ne suffit-elle pas pour la délivrance (nous retrouvons ici l'expression «mukti»); il faut aspirer au contraire à la délivrance à force de vertus extraordinaires, telles que la distribution de riches aumônes, la moralité, la patience, la persistance, la méditation et la cognition (prajñâ). La vertu de la distribution d'aumônes est même exaltée (param itâ) à un tel degré, que le religieux doit sacrifier tout, même sa vie, au salut des créatures. Celui qui possède la vertu de la Prajñâ parfaite, est au but, car l'espace et le temps, tout ce qui est fini, n'existe que dans l'illusion.

Les Bodhisatvas — il y en a un grand nombre, dont quelques-uns présentent même des énergies féminines — élargissent leur domaine. Les plus illustres d'entre eux sont presque des Buddhas; ils pourraient l'être complètement, s'ils ne préféraient pas exercer leurs vertus transcendentales pour le salut de la créature. Devenu Buddha, le Bodhisatva parfait reçoit le corps magique (nirmâṇakâya), dans lequel il visite le monde, enseigne, fait du bien et meurt (bientôt, mais assurément pas au commencement de l'école du Mahâyana, il est question du second corps du Buddha, dans lequel il jouit de toutes ses perfections [sambhogakâya]). Après la mort du Nirmâṇakâya, le corps de la doctrine personnifiée, le Dharmakâya, restait à jamais confit en méditation, restait à jamais la base du total, répété mille fois ou même un million de fois pour tout siècle.

L'ancien buddhisme n'avait pas fait attention à l'existence des dieux brâhmaṇiques et les avait passés sous silence; l'école du Mahâyâna au contraire leur attribue un rôle dans le culte: ils interviennent directement comme protecteurs de la religion et leur ancien culte est rétabli.

Mais dans la doctrine du vide il y avait encore un germe qui, rapporté à la force surhumaine du Saint parvenue à la perfection par les vertus transcendentales, allait prendre un surprenant développement. Celui qui est exempt de l'illusion peut fixer tout ce qui est sujet à l'illusion: sa parole — formule fon-

རྗེ་བཙུན་འཕགས་པ་ལྷ

Fig. 25. Âryadeva, Devabodhisatva ou Nîlanetra.

En tibétain: rJe-btsun 'P'ags-pa lha; le mongol a conservé le nom sanscrit Âryadeva.

Si l'image est peinte, le teint est blanc, le bonnet et le pallium sont rouge vif, le vêtement de dessous est rouge foncé, l'auréole est gris verdâtre, le coussin et le dossier sont bleu clair, le siège de lotus est rose clair.

damentale qui prend le Bodhisatva ou le dieu — et l'expression plastique de cette parole magique (dhâraṇî), la position des doigts (mudrâ) ont des forces surnaturelles.

De là la doctrine de la contrainte ou du charme, enracinée dans la vie des Indes anciennes, s'est développée. Même le sacrifice indien de la période des Védas n'était pas un sacrifice de prières, mais plutôt un charme; le dieu recevait son don et était forcé de donner en échange tout ce qu'on lui demandait. Le vieux buddhisme connaissait déjà l'efficacité de la méditation, la considération d'un certain objet en vue de l'autodidaxie, en partant par exemple des couleurs, des formes d'une fleur en vue d'une certaine perfection à acquérir. Les deux éléments se rencontrent à la base de la manière de voir désignée plus haut et les Tantras se développent jusqu'au système des charmes, qui devient alors presque la chose principale.

En rapportant ces notes sous toute réserve, il nous faut rappeler avant tout que nous pouvons attribuer ce développement seulement à la période entière qui commence avec Nâgârjuna, sans pouvoir dire exactement, quelle est la part de chaque maître.

Un autre personnage encore, Âryadeva[32] ou Devabodhisatva (fig. 25), qui est désigné comme disciple de Nâgârjuna, est originaire du Sud, à savoir de Ceylan. Il est surnommé — comme on dit, à cause de deux taches foncées sur les joues — «aux yeux noirs» (Nîlanetra).

Sa biographie (v. Wassiljew, loc. cit., page 234 [214]) raconte qu'il est né dans l'Inde méridionale de race brahmanique et qu'il est devenu célèbre par ses connaissances. «Il y avait dans son royaume une idole d'or de Maheçvara . . . .; ceux qui venaient (voir exaucer leurs prières, accordées toujours par le dieu), n'étaient pas admis dans le voisinage de l'idole, mais Déva insista

། དཔའ་བོའི་རྡོ་རྗེ །།

Fig. 26. Le magicien Çûravajra.

En tibétain: dPa-bo rdo-rje.

Si l'image est peinte, le teint est blanc, le langouti est vert, le long châle à coins flottants est rouge vif, le mandorla est bleu clair, l'auréole est gris clair et bordée d'or; dans la main gauche la coupe de crâne remplie de sang.

qu'on l'admît, et lorsque le dieu irrité se mit à rouler les yeux il lui (s'?) en arracha un. Le lendemain, Maheçvara apparut et lui promit qu'on ajouterait foi à ses paroles . . . Comme il avait donné un jour à Maheçvara l'un de ses yeux et restait par suite borgne, il reçut aussi le nom de Kâṇadeva, *le Déva borgne*».

རྗེ་བཙུན་ཐོགས་མེད

Fig. 27.
Âryâsañga (Asañga) de Purushapura (Peschaur), maître du Mahâyâna.

En tibétain: rJe-btsun T'ogs-med; en mongol: Turbèl ughèï bakši.

Si l'image est peinte, le teint est blanc, le pallium est vermillon, le bonnet de même, le vêtement de dessous est rouge foncé, l'auréole est gris clair à bord doré, le dossier du coussin est bleu clair, le lotus est rose clair.

Il est curieux, que la mythologie de l'Inde méridionale connaisse en effet un adorateur de Çiva (de Maheçvara) dont on raconte une légende presque identique; il est nommé Kaṇṇappanâyaṉâr.[33] Or, l'expression douteuse en matière de l'étymologie «Karṇaripa (Karṇarûpa)» est mentionnée comme nom secret d'Âryadeva, que l'on dit être introduit par les adhérents de l'école mystique. On a l'impression que ce nom est identique au nom dravidique de Kaṇṇappa et que tous les deux sont peut-être des formes corrompues et de fausses interprétations d'un autre nom inconnu; le nom de Nîlanetra ci-dessus mentionné appartient sans doute à ce même groupe. A Koçala il a rencontré, dit-on, Nâgârjuna et s'est déclaré son disciple. A Prayâga il a écrit son œuvre principale. Le roi-magicien Çûravajra (fig. 26) a été un de ses maîtres, le célèbre Dharmatrâta ou Dharmâtala de Gandhâra (fig. 3) qui est compté parfois parmi les Sthaviras, a été son disciple principal.

རྗེ་བཙུན་དབྱིག་གཉེན

Fig. 28. Vasubandhu.

En tibétain: rJe-btsun dByig-gnyen; en mongol: Èrdèni-in nukur (neukur).

Si l'image est colorée: bonnet rouge, pallium rouge vif, dessous rouge foncé; auréole gris verdâtre; dossier du coussin bleu clair. Sur une table au fond il y a des livres. Cette image est aussi conventionnelle que celle d'Âryadeva et d'Asañga; le bonnet surtout est un grave anachronisme.

Mille ans après Gautama Buddha, naquit, d'après Hiouen-Thsang, le moine auquel la tradition attribue la conciliation du système des dieux hindous avec la doctrine du Mahâyâna. On dit qu'il descend d'une famille brahmanique, dont Wassiljew appelle le nom de Kauçika, et qu'il s'est appelé originairement Vasubandhu. Il appartenait à l'école de Sarvâstivâdi, mais il n'a pas été capable de concevoir la notion de la Çûnyatâ et a voulu pour cela se suicider. Mais l'Arhat Piṇḍola de Pûrvavideha (fig. 3) l'en empêcha et essaya de l'éclairer du point de vue du Hînayâna. Mais ces renseignements ne satisfirent point Vasubandhu et il s'adressa à Bodhisatva Maitreya, qui était au ciel Tushita. Ce sont ces visites répétées au ciel qui lui ont valu le nom d'Asañga[34] («celui qui n'a pas d'obstacle») parce qu'il pénétra enfin dans le sens du Mahâyâna. Pendant quarante années il servit la doctrine du Mahâyâna. Parmi les nombreux ouvrages qui lui sont attribués, le Yogâcâryabhûmiçâstra est le plus important. Il est mort à Râjagṛiha à l'âge de presque cent cinquante ans.

Mentionnons tout de suite qu'au Japon un portrait traditionnel d'Asañga s'est conservé, qui, originaire du 8e siècle, trahit encore distinctement les traces de l'école de Gandhâra et qui est compté parmi les chefs-d'œuvre de l'art japonais, peut-être même de l'art en général. Le dessin donné dans la fig. 27 est une image conventionnelle de moine en style tibétain, sans aucune valeur historique. Elle n'est valable que dans le lamaïsme et prouve dans une forme très négative pour le Tibet, la valeur de la tradition japonaise.

Le système d'Asañga, l'école de Yoga ou de Tantra développe systématiquement les dispositions légèrement indiquées ci-dessus. A force de formules mystiques (dhâraṇîs et tantras) et de positions mystiques des doigts (mudrâ) et sous l'influence des sons de la musique, le religieux (Yogî) parvient dans une phase de contemplation, où il voit le Bodhisatva ou le dieu désiré et obtient des forces miraculeuses (siddhi). La cérémonie suivante, au commencement p. e. d'une Samâdhi, est remarquable.

On commence par contempler une formule de Dhâraṇî ou l'initiale d'une telle formule, p. e. HṚĪ ou BHṚIṂ etc. dans une partie certaine de son corps, selon le caractère du dieu à conjurer, au cou, à la poitrine, au nombril etc.; ensuite il faut songer à ce que le propre corps soit le reflet du signe de Dhâraṇî, tout comme le reflet dans un miroir; c'est ce qui sert d'introduction, pour parvenir dans la phase où l'on voit le dieu.

Des cercles magiques (maṇḍalas), des holocaustes (homa) — les graines de moutarde y jouent un rôle important — sont indispensables. Une espèce particulière de charme, c'est celui pour lequel on se sert d'un cadavre encore frais, dans lequel on appelle un démon ranimant le corps, pour obtenir de lui des forces miraculeuses (Vetâlasiddhi).

Il reste à rappeler que Nâgârjuna, Âryadeva et Asañga sont réunis, sur des images, souvent à une triade et qu'on reconnaît alors facilement dans la figure du milieu, quand même les noms ne soient pas ajoutés, Nâgârjuna, dont la figure semblable à celle du Buddha et pourvue de serpents au-dessus de l'auréole, fixe l'attention. Une seconde triade se compose des saints Vasubandhu, Diññâga et Dharmakîrti; tous les six ensemble sont les nommées «six gloires de Jambûdvîpa» (Indes).

Un frère cadet d'Asañga (ou, comme nous avons vù, de Vasubandhu Asañga) c'est le saint qui a été reçu dans le panthéon sous le seul nom de Vasubandhu[35] (fig. 28). Quoique les légendes varient au sujet des détails de sa vie (lieu de naissance etc.) et qu'elles soient en partie des reconstructions, pourtant Vasubandhu a son type certain, c'est-à-dire il est aussi bien que les saints déjà mentionnés le représentant d'une phase certaine du système du Mahâyâna, sans que nous puissions jusqu'à présent donner des indications exactes. Vasubandhu est regardé avant tout comme représentant de la doctrine d'Amitâbha, c'est-à-dire de la doctrine d'un paradis, nommé Sukhâvatî, où réside le Buddha Amitâbha et dans les environs duquel les âmes des bons renaissent de lotus: paradis imaginé dans l'ouest des Indes. Là renaître, c'est surtout le but des laïques vertueux qui sont hors d'état de se charger des devoirs sévères pour devenir Bodhisatva. En pratique cette doctrine dérivée apparemment d'imaginations perses a été développée jusqu'à faire disparaître presque l'ancienne doctrine du Buddha. Le Buddha représenté le plus souvent — surtout en Chine et au Japon — c'est Amitâbha dans ses formes diverses, dont nous aurons encore à parler.

On raconte en outre que Vasubandhu, originairement adhérent très savant du système du Hînayâna, s'est refusé aux doctrines de son frère, mais que, l'ayant rencontré lui-même, il s'est converti et qu'il a étudié et répandu avec zèle le système du Mahâyâna. Il est venu aussi dans le Népâl et y a propagé la doctrine du Mahâyâna. Mentionnons encore une remarque intéressante de Târanâtha, que des disciples de Vasubandhu ont répandu le système du Mahâyâna dans les «pays à l'est des Indes, nommés Koki»: en effet, nous trouvons dans le buddhisme de l'Indochine, qui n'appartient qu'à l'Église du Sud, c'est-à-dire au Hînayâna, des éléments mahâyânaïques, surtout dans l'art plastique. Il sera donc permis de joindre ce fait à la note de Târanâtha. De ses nombreux ouvrages un petit texte intéressant, Gâthâsaṃgraha, a été traduit du tibétain en allemand.

Vasubandhu est le dernier des représentants principaux de l'école du Mahâyâna. Ajoutons cependant encore les Arhats (en tibétain: dGra-bčom-pa) qui, au nombre de seize (dix-sept ou dix-huit), occupent un rang supérieur sous le nom de Sthaviras[36] (en tibétain: gNas-brtan) «*les sénieurs*», et qui sont souvent représentés sur des images. Ils sont les plus illustres d'un groupe entier de cinq cents Arhats. Les détails de leur vie sont malheureusement peu connus jusqu'ici. Les Sthaviras que nous voyons dans la fig. 3 à côté du Buddha et de ses disciples favoris Çâriputra et Maudgalyâyana, sont outre Dharmatrâta ou Dharmâtala, que nous avons déjà nommé, les suivants (les noms indiens sont en partie des reconstructions de Schiefner, basées sur des inscriptions chinoises):

1° Añgaja ou Agnija?, en tibétain: Yaṅ-lag-'byuṅ, Me-skyes. Il se rendit en missionnaire dans les montagnes de Te-se (en mṄa-ris, Tibet); l'encensoir et l'éventoir sont ses emblèmes.

2° Ajita, en tibétain: Ma-p'am-pa, Mi-p'am-pa. Il se rendit sur l'Uçîra, la montagne des Ṛishis. Il est en train de méditer: les mains reposent dans le giron.

3° Vanavâsa (Khadiravana), en tibétain: Nags-na-gnas, Seṅ-ldeṅ-nags-pa. Il réside à Çrâvastî et dans la grotte de Saptaparṇa (?). Son emblème est un éventoir.

4° Kâlika, en tibétain: Dus-ldan ou Nag-po. Il se rend en missionnaire à Tâmradvîpa. On le reconnaît à deux pendeloques d'or qu'il tient entre les mains (V. fig. 3, figures du milieu 1—4).

5° Vajrîputra, Çaraṇa Vatsaputra, en tibétain: rDo-rje moi-bu; il va à Siṃhaladvîpa (Ceylan). On le reconnaît à la main droite élevée et à l'éventoir baissé dans la gauche.

6° Bhadra, en tibétain: bZaṅ-po. Il va en missionnaire à Yamunâdvîpa. Son emblème est un livre dans la main gauche, la droite est élevée en enseignant.

7° Kanakavatsa ou Gopâla, en tibétain: gSer-beu, gLaṅ-po-skyoṅ. Il se rend sur la montagne «*meilleur safran*» en Kâshmîr. Le lasso est son emblème.

8° Kanakabharadvâja, en tibétain: Bhara-dhva-dsa gser-čan. Il va à Aparagodâna. Facile à reconnaître par sa pose méditative: les deux mains au giron.

Fig. 29. Un Mahâsiddha.

En tibétain: Grub-ð'en.

La dénomination originale (par un Lama mongol) l'appelle rnal-'byor-pa; la traduction tibétaine du sanscrit l'appelle: Yogi, «adhérent de Yoga, ascète, magicien» sans explication détaillée.

D'après un bronze de la collection du Prince Oukhtomsky.

9° Vakula, en tibétain: Ba-ku-la ou Sre-moṅ. Il va à Uttarakuru. Son emblème est un rat vomissant un bijou.

10° Râhula, en tibétain: sGra-can-'dsin. Il va à Priyañgudvîpa. Son emblème est une couronne.

11° Cûḍapanthaka, en tibétain: Lam-p'ran-bstan. Il va au mont Gṛidhrakûṭa en Magadha. Il est assis en méditation.

12° Piṇḍolabharadvâja, en tibétain: Bha-ra-dhva-dsa bsod-snjoms-len. Il se rend à Pûrvavideha. Emblèmes: la sébile et un livre.

13° Panthaka, en tibétain: Lam-bstan. Il s'élève au ciel des «trente-trois» dieux. Il explique la doctrine au moyen de son livre.

Fig. 30. rJe-btsun K'ol-po-dga, un des Mahâsiddhas.

Au-dessus de lui Taï-lo-pa, autre Mahâsiddha. Sur le devant des Mahométans dansant et deux Hindous travaillant à un concasseur. Le teint de la figure du milieu est brun clair, celui de Taï-lo-pa est brun foncé. Les vêtements sont blancs.

14° Nâgasena, en tibétain: kLui-sde. Il va sur la montagne d'Urumuṇḍa près de Râjagṛiha. Ses emblèmes sont un vase d'eau et le bâton Khakkhara, en tibétain 'K'ar-gsil.

15° Gopa, Gopaka, en tibétain sBed-byed. Il va sur le mont Bi-hu. Son emblème est un livre, qu'il tient entre les deux mains.

16° Le nom indien est inconnu, le nom tibétain est Mi-p'yed. Il se rend aux monts Himâlaya. Son emblème est un petit Stûpa d'un Bodhisatva, qu'il tient à la main.

(Dans la fig. 3, les n°s 5—16 sont représentés d'en haut en ordre correspondant sur les feuilles latérales; ce n'est que dans la seconde rangée du côté gauche qu'une inversion a eu lieu, de sorte que les deux Bharadvâjas sont placés l'un au-dessous de l'autre.)

Le 17e Arhat, c'est Dharmatrâta et le 18e et en même temps le représentant de l'école du Mahâyâna, c'est le nommé «Buddha gros-ventre», Hva-shaṅ, moine à ventre gros, entouré d'enfants, qui est omis dans la fig. 3 probablement pour des raisons de secte.

Avant de terminer cette esquisse de la première période du buddhisme du Nord, il faut mentionner encore une série de 84 saints, qui jouent un grand rôle dans la mythologie du lamaïsme. Quant à leurs biographies, nous en connaissons jusqu'à présent peu de chose: des extraits dans les appendices de Wassiljew au Târanâtha et quelques remarques isolées de cet historiographe tibétain lui-même, voilà tout ce qui est à notre disposition.

Ce sont les nommés Mahâsiddhas, en tibétain: Grub-č'en, dont l'activité commence au début du Mahâyâna et dure jusqu'au 13e siècle. Saraha ou Râhulabhadra, maître de Nâgârjuna (et celui-ci lui-même) leur appartient déjà et nous pourrions bien soutenir que le développement essentiel du système des Tantras, c'est-à-dire de la magie, peut être désigné comme leur œuvre. La rédaction détaillée de leurs biographies et des ouvrages qu'on leur attribue serait d'un grand profit pour l'histoire de cette période la plus dégénérée du buddhisme.

Leurs noms étranges, non-indiens, originaires d'en dehors des Indes sont d'autant plus intéressants, que la plupart de ces saints ont vécu dans les Indes. Des noms tels que Bir-va-pa, Na-ro-pa ou Na-ro-ta-pa, Lui-pa, Ḍi-bhi-pa, Ka-so-ri-pa, à côté desquels nous trouvons des noms sanscritisés, indiquent une période encore parfaitement inconnue du développement du buddhisme du Nord. Nous n'y perdrons donc pas notre temps; mentionnons seulement qu'ils sont représentés dans des images et dans des bronzes en mise et attitude d'ascètes indiens. Comme ces ascètes, ils sont en général parfaitement nus, abstraction faite d'un langouti, ils ont les cheveux noués sur le sommet à une élévation en forme de tour (sanscrit: jaṭâ, tibétain: lčaṅ-lo); les pieds mis sous le corps sont liés généralement par une ceinture, telle que les ascètes brâhmaniques l'emploient de nos jours encore.

Leurs attributs varient; Saraha tient p. e. une flèche (sanscrit: çara) entre ses mains, Drilbu-pa une cloche dans la main gauche, un petit tambour (sanscrit: ḍamaru, en tibétain: čaṅ-te, čaṅ-teu) dans la main droite, Lui-pa dévore des entrailles de poissons, Lalitavajra, Nag-po spyod-pa, Dsa-wa-ri-pa tiennent une coupe formée d'un crâne humain (sanscrit: kapâla, en tibétain: t‘od-pa) remplie de sang, Ḍombhi-pa et Na-ro-pa un tambour et une coupe de crâne, Ça-va-ri-pa une ceinture de plumes de paon, qui représente cependant une transformation d'un vieux vêtement de feuilles propre à la tribu des Çavaras (Sauras) (le mot sanscrit «parṇa» désigne aussi bien «feuille» que «plume»). Il est en outre armé d'un arc etc. K‘ol-po-dga, représenté dans la fig. 30 est un peu différent; des derviches mahométans dansent devant lui, tandis que nous voyons sur le devant le saint, qui était de basse extraction, moudre, en ouvrier, de la farine de brique au moyen d'un concasseur. C'est pourquoi je soupçonne qu'il est identique à Siddha Ṭeñki, mentionné par Târanâtha; car un tel concasseur est appelé en hindî «ḍheñkî» ou «ḍheñka»[37]. Le bronze représenté dans la fig. 29 est de même un Siddha, mais il est impossible de le nommer exactement.

Fig. 31. Le saint Dharmakîrti.
En tibétain: rJe-btsun Č‘os-grags; en mongol: Dharmakridi.
Dans des images: teint blanc, vêtement de dessous rouge foncé, pallium et bonnet rouge vif.

L'avénement de noms hindîs, tels que Ṭeñki, nous ramène à une période où le sanscrit et les dialectes de Prâkṛit, qui s'en étaient formés, étaient déjà brouillés et où des formations nouvelles, comme le Hindî (ou mieux Hindouî) débutèrent. L'avénement de noms parfaitement étrangers, dont nous avons déjà parlé plus haut, gagne encore en intérêt par les considérations suivantes, bien qu'il soit impossible en ce moment d'en déduire des relations directes.

Nous savons par les nouvelles des pélerins buddhiques que dans les premiers siècles après J.-C. le Tourkestân (Borazan, Khotan etc.) était buddhique, nous savons en outre que dans l'empire des Indoscythes — les Indoscythes connaissaient peut-être le buddhisme déjà dans leur patrie — un alliage inextricable des peuples différents avait eu lieu; nous savons encore que la Perse orientale était gagnée en partie au buddhisme — le bâton magique (vajra), conservé de nos jours encore au couvent de Se-ra près de Lha-sa est p. e. d'origine perse. Il faut mentionner ici à la fois les célèbres découvertes des Russes au Turfan (Takla Makan) et celles de Sven Hedin à Borazan. En outre les systèmes plus jeunes attirent l'attention sur les pays situés au nord-ouest des Indes, surtout quant à l'augmentation démesurée de la littérature magique (Tantras).

Je ne puis donner ici que des esquisses, parce que le tout est encore en train de naître et que de nouvelles découvertes pourraient apporter de nouvelles surprises. Mais deux choses indispensables pour notre catalogue doivent être mentionnées ici:

1° Le fait, qu'on a trouvé dans les antres du Turfan des fragments d'écrits buddhiques en langue turque ancienne et dans une écriture dérivée de l'écriture syriaque avec des commentaires sanscrits. Nous verrons plus tard que les Mongols ont adopté cette écriture.

2° L'indication que le dernier système du buddhisme, le Kâlacakra, en tibétain: Dus-kyi'k'or-lo, est originaire du royaume de Žambhala. Mais ce royaume de Žambhala peut être localisé, malgré ses vêtements mythiques, sur le Jaxarte[38]. On dit que le Kulika (en tibétain: Rigs-ldan) — c'est le titre des

། སློབ་དཔོན་འཇིགས་མེད་འབྱུང་གནས །།

Fig. 32. Le saint Âcârya Abhayâkaragupta.

En tibétain: Slob-dpon 'Jigs-med 'byuṅ-gnas; en mongol: Abiakara.

Dans des tableaux: teint rouge brunâtre, dessous de pourpre à revers jaunes. Le bonnet et le pallium sont rouge vif. L'auréole est gris clair, la couronne de rayons qui entoure la figure entière est bleu clair.

princes de Žambhala — Sucandra (non Somabhadra, en tibétain: Zla-bzaṅ) l'a reçu du Buddha à Dhânyakaṭaka (Orissa) d'une manière merveilleuse, et que, retourné, il a composé en 965 après J.-C. le Kâlacakramûlatantra.

Nous avons aussi la tradition que le calendrier, qui est à présent en vigueur au Tibet est originaire de Žambhala. Le principe fondamental du système, dont la propagation est aussi attribuée à un Siddha Piṭo, semble être la doctrine prononcée que tous les Buddhas naissent d'un Buddha primitif, Âdibuddha: c'est donc une espèce de monothéisme. Le système appartient au 11e siècle et n'a pas été adopté généralement.

Je sais par l'examen de quelques textes de Kâlacakra, que l'extérieur de ce système est complètement vishnutiste. Aussi trouvons-nous mentionné expressément les Avatâres de Vishṇu et surtout Kalki, le dernier Avatâra de Vishṇu, à côté de la mention de l'islâm et de son fondateur Mahomet (sanscrit:

Madhumati, en tibétain: sBraṅ-rtsi blos-gros). Le Siddha Te-lo-pa (ou bien Taï-lo-pa, Ti-li-pa, Tillipa) représenté (fig. 30) au-dessus de K'ol-po-dga, est censé être l'adversaire principal de l'islâm.

Il faut mentionner encore comme contemporain des Siddhas — dont la moitié du reste paraît seulement plus tard — un saint qui fait la gloire de l'école du Mahâyâna: c'est Dharmakîrti[39] (fig. 31). Il a été, à ce que l'on rapporte, un contemporain du roi tibétain Sroṅ-tsan-sgam-po (629—650 après J.-C.) et on raconte expressément que jusqu'à sa mort la doctrine du Buddha «a lui comme le soleil», mais que dès ce temps elle a perdu de son éclat. Il était originaire des Indes méridionales et comptait parmi les patriarches de Nâlanda; nous savons en outre qu'il a été l'auteur de nombreux ouvrages philosophiques et dialectiques. Il termine l'école du Mahâyâna. Il était un combattant vigoureux contre les Brâhmaṇas. Le Siddha Ṭeñkî passe pour son maître.

Abhayâkara ou Abhayâkaragupta[40] enfin (en tibétain: 'Jigs-med-'byuṅ-gnas) (fig. 32), a été au contraire un combattant aussi vigoureux contre l'islâm pénétrant dans les Indes. Il naquit au 9e siècle près de Gauṛ (au Bengale) d'une famille brâhmanique et fut estimé même par les Çrâvakas (sectateurs du Hînayâna), comme connaisseur excellent du Vinaya. La délivrance d'un grand nombre de prisonniers qu'un roi de basse extraction (roi de Caṇḍâla) voulait faire sacrifier, est son exploit le plus connu. On dit qu'un immense serpent s'est élevé au-dessus de sa tête, lorsqu'il pria pour ces malheureux en présence du roi. De crainte de ce monstre le roi affranchit les prisonniers.

Il a combattu contre l'armée des Turushkas, c'est-à-dire des Mahométans, en forme d'un Garuḍa. Il a résidé à Otantapurî près de Nâlanda. Les plus importantes de ses œuvres sont les commentaires du Vinaya et des Tantras. Parmi ces derniers c'est avant tout le Sâdhanasâgara qui est remarquable et peut-être très important pour l'étude des Tantras, parce qu'il contient toutes les formules pour la dénomination des différentes divinités, et en second lieu la Vajramâlâ, qui décrit toutes les sphères magiques.

---

2. LES SAINTS DE LA PREMIÈRE PÉRIODE DU BUDDHISME AU TIBET.

Adore-moi, o roi, car sans père et sans mère je suis né d'un lotus, un Buddha autogène.
Tä-še-suṅ.

L'histoire légendaire des premiers rois du Tibet raconte que sous le roi Lha-t'o-t'o-ri quatre objets miraculeux sont tombés du ciel sur la terrasse du palais royal: un stûpa d'or (en tibétain: mč'od-rten), une châsse avec un joyau merveilleux (cintâmaṇi, en tibétain: yid-nor ou yid-bži nor-bu, en mongol: sètkil khangghaktši èrdèni), deux mains jointes et le livre Za-ma-tog (en sanscrit: karaṇḍa). Lha-tʻo-tʻo-ri ne comprenant pas la signification de ces objets et une voix déclarant du haut du ciel, qu'on comprendrait l'usage de ces objets sous le cinquième successeur du roi, il les fit garder dans son trésor.

Le successeur de Lha-tʻo-tʻo-ri sur le trône du Tibet était Sroṅ-btsan-sgam-po (fig. 33), qui prit en 629 les rênes du gouvernement. Nous avons mentionné qu'il a envoyé Tʻon-mi sambhoṭa dans les Indes, chercher des livres et des images et qu'il a fait créer un alphabet pour la langue de son pays d'après l'alphabet indien, tel qu'il était alors en usage (l'écriture nommée «Vartula»). L'ancienne capitale du pays avait été à Yar-luṅ; lui, il construisit sa capitale là où de nos jours Lha-sa est situé et il transféra le siège du gouvernement au Tibet central (en tibétain: dBus). On dit que dans son œuvre de la civilisation de son pays à l'indienne et à la buddhique, ses deux épouses, l'une fille du roi du Népâl, l'autre princesse chinoise qu'il avait gagnée par une guerre victorieuse, l'ont assisté. Toutes les deux passent pour des incarnations de la déesse Târâ (en tibétain: sGrol-ma, en mongol: Dara èkè). La princesse chinoise a apporté de sa patrie une statue célèbre de santal, représentant Çâkyamuni; les couvents de bLa-braṅ et de Ra-mo-čʻe près de Lha-sa furent construits malgré la résistance des démons hostiles au buddhisme, qui avaient joui jusqu'alors d'un culte dans le pays. Le roi a atteint un âge très avancé et son âme, de même que celles de ses épouses, ont, d'après la légende, pris domicile dans une vieille statue de Bodhisatva Avalokiteçvara, qu'on montre aujourd'hui encore à Lha-sa.

Sous ses successeurs immédiats, le buddhisme n'a pas fait, à ce qu'il semble, de progrès remarquables après son premier essor; ce n'est qu'environ soixante ans plus tard qu'il s'est établi plus solidement dans le pays.

Comme fondateur du buddhisme au Tibet, de ce mélange curieux de buddhisme indien avec de riches ingrédients de l'école des Tantras et de vieux éléments indigènes, il faut regarder un personnage qui ne nous est pas même connu de son nom original et qui, abstraction faite des adhérents de sa secte peu considérable, est rarement mentionné dans l'Église réformée régnante aujourd'hui.

Nous avons mentionné ci-dessus que le pays d'Udyâna commence à jouer un rôle important dans l'histoire du buddhisme dans les premiers siècles après J.-C.; ajoutons tout de suite qu'il est, comme le Kâshmîr avoisiné, le pays classique de la magie et de la sorcellerie: il passe directement pour le pays favori des Ḍâkinîs.

C'est de ce pays que le saint, qui est connu de ses adhérents sous le nom du «grand maître (Mahâcârya, Mahâguru) né du lotus[41] (Padmasambhava)» ou brièvement «maître» (Guru) est natif (fig. 34 et 35). Au Tibet il paraît cependant aussi souvent sous le nom de sa patrie, à savoir comme «l'homme d'Udyâna» (en tibétain: U-rgyan-pa, O-rgyan-pa ou U-rgyan Pad-ma). Le milieu qui a influencé — à en croire les légendes — son développement, présente maintes singularités. Le seul costume étrange du saint, auquel il a donné le nom (Za-hor-ma, d'une localité Za-hor, qui est souvent mentionnée dans ses légendes) nous frappe. En outre une nouvelle manière de rassembler

Fig. 33. Le «roi de la loi» Sroṅ-btsan-sgam-po du Tibet.

En tibétain: Č'os-rgyal; en sanscrit: dharmarâja; en mongol: l'auguste Tšakravarti (= maître du monde) Khaghan Sroṅ-btsan-sgam-bo.

Avec javelot et lasso (en sanscrit: pâça, en tibétain: žags), sur le front l'œil de la sagesse (en tibétain: šes-rab spyan), à côté de lui Târâ (en tibétain: sGrol-ma, en mongol: Dara ĕkĕ) avec un vase d'eau bénite (en sanscrit: mangalakalâça, en tibétain: rnam-rgyal bum-pa) dans la main gauche.

Sur l'enveloppe de cette œuvre-ci, le «roi de la loi» et la Târâ blanche sont représentés avec les couleurs rituelles exactes. Quant à Târâ, v. p. 146.

des livres mystiques, inconnus et incompris jusqu'alors, commence sous lui; c'est la recherche de telles découvertes dans des grottes où les nommés trésors (en tibétain: gter) de divinités — des Ḍâkinîs surtout — furent déposés d'après son arrangement et selon sa volonté.

Nous avons mentionné que le fondateur du système du Mahâyâna, Nâgârjuna, a reçu des Nâgas son œuvre la plus singulière, la Prajñâparamitâ, et que Âryadeva est allé chercher sa doctrine mystique, le commencement des Tantras, du Buddha futur, de Bodhisatva Maitreya, qui était alors au ciel Tushita; nous

Fig. 34. Mahâcârya Padmasambhava.

En tibétain: Slob-dpon Pad-ma 'byuṅ-gnas; en mongol: yèkö tarnitši Badma Sambhava bakši.

Il est assis sur un lotus (Padma). Ses emblèmes ordinaires sont: dans la main droite un foudre (vajra), dans la main gauche une coupe de crâne (kapâla), contre le bras gauche est incliné le trident, dont la partie inférieure est un khaṭvâṅga: vase d'ambroisie au-dessus d'un foudre de la forme d'une croix, au-dessus la tête d'un enfant, d'un homme et un crâne.

Dans des tableaux peints, le costume est rouge (brunâtre), le bonnet de même.

savons en outre qu'on s'est procuré d'autres livres par l'exorcisme de diverses divinités. Padmasambhava reçut les siens des Ḍâkinîs dans une langue étrangère et inconnue et les cacha dans des antres jusqu'au temps où on les comprendrait. Cette mention d'une langue inconnue est surtout intéressante par le fait que parmi les titres de ses livres de légendes nous trouvons des titres curieux et incompréhensibles, qui ne s'accordent pas avec les titres tibétains donnés comme traduction et qu'en outre une grande œuvre appartenant à son école a un titre «en langue Bru-ža» dont l'étymologie est encore absolument obscure. Même l'écriture des traductions tibétaines de ses ouvrages et, qui plus est, de livres qui traitent de lui, présente des singularités; peut-être ces bagatelles feront justement trouver la source d'où elles découlent. Je ne mentionne que le signe de séparation ⸰ qui s'y trouve et qui est différent du tibétain ordinaire.

L'aversion des sectes dominantes pour sa personne repose d'un côté sur le fait que Padmasambhava a soutenu qu'il était plus grand magicien que Gautama Buddha, de l'autre côté sur la circonstance que beaucoup de chercheurs de trésors imposteurs ont détracté son autorité, en produisant des livres dé-

Fig. 35. Mahâcârya Padmasambhava.
De la collection du Prince Oukhtomsky. Le trident manque.

posés par Padmasambhava et en répandant des doctrines vraiment dégoutantes. Il semble que ce soient essentiellement trois choses qui ont provoqué ce refus: d'abord l'essai de fonder une propre religion; ensuite l'appréciation exagérée de la littérature de magie avec ses plus laides dégénérations et enfin la singularité, l'étrangeté du personnage entier et de son école.

Quant à ses doctrines, nous en savons peu de chose. On parle de trois groupes de sa doctrine: A-ti-yoga, Spyi-ti-yoga et Yañ-ti-yoga et on le désigne comme alchimiste, comme préparateur de philtres et comme maître de toute espèce de magie; c'est même justement cet art qui l'a engagé à aller au Tibet.

Le Pad-ma-t'an-yig, livre volumineux, existant en rédactions différentes, qui contient sa biographie écrite en partie en vers, en partie en prose, et qui peut bien être appelé une œuvre populaire beaucoup lue, raconte dans deux parties principales et dans le style des récits semblables traitant d'autres saints, dans la première partie sa naissance merveilleuse, sa résolution de renoncer au monde, ses aventureuses expéditions de conversion, dans lesquelles il rencontre toujours les cinq Ḍâkinîs, ses énergies féminines mystiques, qui lui donnent des sacres (abhisheka) et des doctrines ésotériques, et dans la seconde partie son expédition au Tibet.

Quant aux matières traitées dans la première partie, la disposition, qui sert de modèle à presque tous les livres de légendes et qui se répète dans le nôtre — à côté des détails les plus intéressants — jusqu'au dégoût, est à peu près la suivante: un être qui, par amour de la créature animée, est résolu à

Fig. 36. Le bijou Cintâmaṇi, porté d'un cheval.

Sous cette forme la figure appartient à un groupe entier d'objets précieux, qui servent ordinairement de décoration d'autels. Ils sont généralement en bronze précieux émaillé et doré, mais il y a aussi des tableaux. Ce sont les nommés «sapta ratnâni», les sept joyaux: la roue (cakra), le bijou (cintâmaṇi), la reine (strî), le ministre (mantri), l'éléphant (hasti), le cheval (açva), le général (senâpati). Ici açva (le cheval), désigné par un cintâmaṇi sur le dos, est tiré d'un tel groupe.

V. Prince Oukhtomsky, Voyage en Orient.

Pour les noms tibétains et mongols v. les mots sanscrits dans le glossaire.

un bienfait extraordinaire — généralement un être régénéré d'une manière miraculeuse — parcourt des pays et des peuples étrangers, vainc tous les obstacles possibles que la magie et des ennemis acharnés de la vérité ont semés sur son chemin: des armées de démons, des cimetières, des enfers et toute sorte de mirage, pour gagner par son amour surnaturel, par une parole magique (dhâraṇî), par son dévouement, bref, par l'exercice de toutes les vertus surhumaines, son prix, une Ḍâkinî et sa bénédiction, sa doctrine ésotérique, et pour atteindre son but par la copulation avec elle: modèle qui vit de nos jours encore dans nos contes!

Traitons plus exactement les détails du livre de légendes de Padma. C'est un livre de tendance, il est vrai, et orné plus ou moins d'éléments postérieurs, mais ses lignes fondamentales sont typiques.

Le livre commence par la description du paradis d'Amitâbha. Padmasambhava est un fils spirituel d'Amitâbha pour la conversion du Tibet.

Il naît d'un lotus comme fils d'Indrabhûti, roi aveugle et sans enfants. Le roi a épuisé son trésor à force de faire des aumônes démesurées. Pour le rétablir, il va chercher dans une île éloignée le joyau magique nommé Cintâmaṇi, qui satisfait tout désir.

Padmasambhava est élevé comme fils du roi; il surpasse tous ses camarades et est marié à une princesse de Siṃhala (Ceylan). Une voix surhumaine

Fig. 37. Le grand traducteur Çrîkûṭa.

En tibétain: Ka-ba dpal-brtsegs; en mongol: Tsok dzali dabkhourlaksan.

S'il est coloré: teint blanc, vêtement de dessous rouge foncé, pallium rouge vif, gilet gris bleuâtre; l'auréole est gris clair, la gloire qui l'entoure est bleu clair.

l'engage, lui qui est entouré de toutes les pompes et de toutes les richesses de la terre, de renoncer au monde; on veut l'empêcher de s'en aller. Mais il tue par un Vajra (foudre), dansant nu comme un Yogî sur le balcon du palais, des sujets du roi. Les ministres, dans le conseil desquels ses ennemis, les hérétiques (tîrthika), ont la majorité, le condamnent au supplice du pal. Mais comme il prouve que les tués ont mérité leur punition par des actions mauvaises dans des existences antérieures, on se contente de le bannir. Des Ḍâkinîs et des Jinnes (en tibétain: gyin) amènent par l'air le cheval merveilleux «Valâhaka», qui l'emmène.

Il médite alors sur huit cimetières, où il reçoit des forces surnaturelles par des conjurations et des sacres de diverses Ḍâkinîs, parcourt ensuite tous les pays et étudie toutes les sciences, l'astrologie, l'alchimie, tous les Yânas (Mahâyâna, Hînayâna, Tantras) et toutes les langues, «quoique, étant un Buddha parfait, il sût tout, feignant pourtant de ne savoir rien». Il convertit enfin la princesse Mandârava, incarnation d'une Ḍâkinî, qui l'accompagne désormais sous toute forme, tantôt humaine avec une tête de chat, tantôt sous d'autres déguisements. Il développe son système à Gayâ, ce même endroit où Gautama avait séjourné jadis.

Fig. 38. Le saint maître Atîça, Dîpañkaraçrîjñâna.

En tibétain: Jo-bo-rje dPal-ldan A-ti-śa; mongol: Djoû Adhiśa.

Si l'image est peinte: teint blanc, vêtement de dessous rouge foncé, pallium rouge vif, bonnet rouge vif. A côté de la figure une grande lampe d'or; auréole grise, couronne de rayons bleue. Les mains sont en dharmacakramudrâ.

Le texte continue alors: «Aux pieds du ,trône aux lions' (siṃhâsana) du saint maître il développa, d'après l'Atiyogasûtra, le disque luisant de la sainteté (âryamaṇḍala), dont le nom correspond au sens, le disque brillant du symbole du Spyi-ti-yoga, le disque du soleil et de la lune du Yaṅ-ti-yoga, et, pénétrant ainsi dans le cœur de la cognition parfaite (Samyaksaṃbodhi), qui comprend tous les Yânas (Hînayâna, Mahâyâna, Tantras), le corps du saint difflua au ciel: il fut clair comme le ciel. Voilà une apparition miraculeuse qui remplit le ciel, son corps se transformant en un grand nombre de nuages irisés.»

Il se résout alors à convertir, par des métamorphoses magiques, les peuples des Indes, selon leur disposition naturelle. Partant d'Udyâna, qu'il se propose de convertir en dernier lieu, il pense aux pays limitrophes. «A l'est de Dhanakoça (lieu de naissance de Padma en Udyâna) était situé le pays de Jambumaledvîpa, au sud Parbatadvîpa, au sud-est Ṛishidvîpa, au sud-ouest Râkshasadvîpa, au nord-ouest Vâyudevadvîpa, au nord-est le Dvîpa des démons, à l'ouest Kapitadvîpa, au nord Kaçakamaladvîpa. Voilà (Udyâna y compris) les «neuf pays». Regardons de plus près d'abord le pays de Jambumale. Nous y trouvons environ seize millions de villes et au milieu du pays l'arbre nommé Jambuvṛiksha; il est comme l'axe du Jambudvîpa méridional; sa hauteur est de quatre mille «tours»; il est très étendu; il a seize grandes branches, le nombre des petites dépasse toute imagination, ses feuilles sont molles comme la soie la plus fine et d'un gris rougeâtre. La fleur brille comme l'or. Le fruit a des centiers de doux noyaux de la grandeur d'un œuf d'oie et de différents goûts très agréables; il chasse toutes les maladies; son jus est jaune et découle comme le beurre fondu (ghṛita). Le pays est appelé Jambudvîpa, parce que, si un vent souffle, on entend le son «jambu». Le peuple qui y habite, vit de l'arbre. Un Deva étant leur roi, la dynastie de Jayaja y règne. Comme ils trouvent du plaisir aux huit Mâyâsûtras et au Dharma qui s'en est développé, Padmasambhava, venu chez eux et y ayant séjourné longtemps, tourna la roue du Dharma du Vajrayânamûlatantramâyâjala, eut un grand succès et gagna un nombre immense de convertis à la religion. Au sud, dans le pays de Parbatadvîpa, il y avait seize millions de villes. Le peuple y consumait de la viande et préférait surtout le gibier à toute autre nourriture. Yama y est tout-puissant; la tribu des Tinaçrîs y fournit les rois. Ceux-ci ayant une prédilection pour le Dharma du «Mañjuçrî noir», Padma, le Guru, venu dans leur pays leur tourna avec succès la roue de Mañjuçrî bénin et terrible. Puis il

Fig. 39. rJe-btsun Mi-la-ras-pa.

En mongol: Bogda Milarasba, Mila; prononciation vulgaire: Bogdo Milaraiba.
L'image à gauche d'après une sculpture en ivoire de la collection du Prince Oukhtomsky.

alla à l'ouest, dans le pays de Nâgapotadvîpa (nommé ci-dessus «Kapita»); il y avait dix millions de grandes villes et aussi une forêt avec des fleurs diverses, des lotus p. e. etc.; c'est pourquoi le peuple se nourrissait de fleurs. Le Nâga avait la puissance; les rois se recrutaient dans la tribu du Dharmalakoça. Ils avaient une prédilection pour la doctrine de Padma (-pâṇi) bénin et terrible. Le Guru Padmasambhava, venu dans ce pays, leur tourna avec succès la roue de la doctrine d'Avalokiteçvara bénin et terrible. Puis il alla dans le pays de Kaçakamaladvîpa situé vers le nord. Dans ce pays il y avait vingt-six millions de villes et un grand nombre de grands et de petits étangs et de lacs, de sorte que le peuple se nourrissait de perles. Le Yaksha y avait la puissance, le roi était de la tribu de Candrapâla. Ils étaient adhérents de la religion de Bṛihaspati; Padma leur tourna donc avec grand succès la roue de l'auguste

Bṛihaspatigotra. Voilà les pays barbares sur la frontière d'Udyâna. Puis il alla vers le sud-est, dans le pays des Ṛishis. La population de ce pays se nourrit de la viande de chèvres, de yaks etc. Ils sont soumis au dieu Agni; les rois étaient de la race de Ma-ru-tse; Padma leur tourna avec grand succès

Fig. 40. Mahâpaṇḍita Ânandadhvajaçrîbhadra, nommé ordinairement Sa-skya paṇḍita (1181—1252 après J.-C.).

En tibétain: Sa-skya paṇ-č'en Kun-dga rgyal-mts'an dpal-bzaṅ-po ou 'Jam-mgon Kun-dga rgyal-mts'an; en mongol: Saskia Paṇḍita; prononciation vulgaire: Chakia Bandida.

Dans des tableaux: teint blanc, vêtement de dessous rouge foncé, pallium rouge vif, bonnet rouge brodé en or. Le trône est d'or et couvert d'un tapis rouge, brodé en or.

la roue des exhortations de la Mâtṛikâ, parce que la Mâtṛikâ jouit dans ce pays d'Udyâna d'un culte divin. Ensuite il se rendit au sud-ouest, dans le pays des Râkshasas. La population s'y nourrit de trois espèces de viande: de la viande d'homme, de cheval et de chien. Satyaghna était leur dieu, Daçakaṇṭha de Laṅkâ leur roi. Ils adorent Vishṇu; Padma leur tourna la ,roue du temps' (Kâlacakra) de la conversion de Vishṇu et y réussit bien. Il alla ensuite au nord-ouest à Vâyudevadvîpa; le peuple s'y nourrit de la viande et du sang d'êtres différents. Vâyu y est tout-puissant; leur roi est de la race des Tîrthikas. Ils vouent un culte au dieu Çiva. Il tourna dans ce pays avec succès la roue de la doctrine de Lokapûjâstotra. Puis il alla au nord-est, dans le pays des lutins; les habitants de ce pays gagnent leur nourriture en privant la vie d'êtres de la tribu des Gandharvas; Gaṇeça est leur dieu; leur roi s'appelle Meghanâda (en tibétain: sPrin-gyi sgrog [ou sgrol?]). Dans ce pays il tourna la roue de la doctrine des Dhâraṇîs» etc. Enfin il convertit le pays des Ḍâkinîs, Udyâna.

Fig. 41. Âryamatidhvaja.

En tibétain: 'P'ags-pa bLo-gros rgyal-mts'an; en mongol: Bogda Bantśin Soumati Dharma Dhwadja.

Dans des tableaux: vêtement de dessous rouge pourpre avec des jabots jaunes, pallium et bonnet rouges, brodés en or; auréole vert clair, couronne de rayons bleu clair, bordée d'or. Dans de grands tableaux: au fond un couvent et des jurtes mongols.

J'ai reproduit cette partie dans l'original, d'un côté pour donner un échantillon du style aventureux, mais encore parce que je crois que ces parties sont caractéristiques pour Padmasambhava. Nous reconnaissons dans ces récits phantastiques le stratagème, que nous pourrions désigner de jésuitique, de s'adapter partout aux usages du pays et d'accepter tout système pour atteindre au moins le but principal de la conversion. Cet homme se prêtait à un compromis avec les «démons du pays des neiges»!

K'ri-sroṅ-lde-btsan, roi du Tibet, pour accomplir l'œuvre de la conversion du Tibet, avait fait venir Çântarakshita des Indes. Celui-ci lui donna le conseil de faire venir au Tibet Padmasambhava, représentant le plus puissant du système des Tantras, pour supprimer les puissances démoniaques qui empêchaient la propagation de la doctrine du Buddha. Padmasambhava, qui reconnut d'avance le désir du roi, suivit les ambassadeurs et supprima les démons, parmi eux Mâra — l'historien mongol Ssanang Ssetsen n'ose appeler

Fig. 42. **Mahâkâla, dieu tutélaire (nâtha), sous la forme d'un Brâhmaṇa.**

En tibétain: mGon-po bram-zei gzugs-pa; en mongol: Biraman duritèi Mahakala.

Dans des tableaux: teint chocolat clair ou brun rougeâtre, cheveux et barbe blancs. Il porte une parure faite d'os, une cuisse humaine sert de trompette (en tibétain: rkaṅ-duṅ); une guirlande de têtes coupées, dans la main gauche un segment de crâne rempli de sang, un drapeau (rouge avec des languettes vertes), un rosaire de crânes et une épée d'or. Le langouti est jaune, le châle est vert. Le cadavre au-dessous de lui est incarnat.

De la collection du Prince Oukhtomsky.

dans son texte le nom du démon — qui voulaient lui couper le chemin du Tibet. Il vainc les ennemis dans le pays et les force, sous des serments solennels, à se soumettre à la religion et à en combattre les ennemis.

Assis sur une croix composée de deux foudres, il consacra un lieu, où il bâtit le couvent de bSam-yas (Sam-ye). bSam-yas gliṅ ou, avec son plein titre, bSam-yas mi'gyur lhun-gyis grub-pai tsug-lag-k'aṅ, «l'école impérissable corporifiée par un charme» (à 29° 20′ de latitude nord, 91° 26′ de longitude orientale de Greenwich, à une hauteur de 11430 pieds anglais, 35 milles anglais de Lha-sa et à peu près 2 milles anglais de la rive septentrionale du fleuve de Ya-ru-tsañ-po) construit vers 770 après J.-C., d'après le modèle du temple Otantapurî à Magadha, est le plus vieux couvent du Tibet, le trésor du gouvernement, plein de tableaux et d'objets précieux et, suivant le rapport de Nain Singh, dans l'ancien état intact. Padmasambhava se mit aussi à la traduction des textes buddhiques — en premier lieu de sa propre école — et désigna comme le plus propre à cette œuvre Pagur Vairocana, sous le nom duquel sont en effet conservées quelques œuvres, au moins dans une rédaction du canon tibétain.

Ayant propagé de la sorte le buddhisme sous l'assistance des moines indiens qui avaient causé sa vocation, il prit congé du roi «pour aller dans le pays des démons occidentaux», chez lesquels il habite encore, pour leur prêcher sa doctrine.

La traduction en Lepcha de son livre de légendes raconte ce congé comme il suit:

«Lorsqu'ils (c'est-à-dire le roi K'ri-sroñ et le saint) furent venus jusque là (à savoir à la frontière du Népâl), un nuage se montra au ciel et un arc-en-ciel, et celui-ci s'approcha. Et au milieu des nuages on vit un cheval; ce cheval portait une selle d'or et d'argent; tremblant des oreilles il s'approcha; et quand il hennit, on entendit dans le hennissement: ‚Voici un trône (une selle) d'or, un trône de gYu (jade)'. Le nom de ce cheval est Valâha, ‚roi des chevaux'. Et avec lui toutes les Ḍâkinîs arrivèrent, les corps courbés sous le cheval. Elles entourèrent en grand nombre Padmasambhava. Alors tout le monde put voir, qu'il alla à leur rencontre (à travers l'air): ‚Maintenant je m'en irai, mon roi et ma reine et vous autres adhérents, persistez tous dans la justice. Je veux aller dans le pays vers le coucher du soleil, pour convertir les Râkshasîs (en tibétain: Srin-mo). Je veux assujettir les sorcières à la doctrine du Buddha: donne la vie éternelle à qui a l'amour. Je vous garderai à jamais. Maintenant je m'en vais.' Ainsi parla-t-il et sauta vite sur le cheval. Le cheval ayant volé une aune vers le ciel, le roi et sa suite le suivirent et pleurèrent à haute voix. Alors Padmasambhava se tourna: ‚Restez fidèles à la religion, comme si vous étiez vis-à-vis de la mort et de maladies. Si vous aspirez à la paix éternelle, vouez-vous sérieusement à la religion. Mais maintenant il ne vous est pas permis de me suivre. Vous me retrouverez .... On me cherchera sans fin.' Ainsi parla-t-il et il s'envola. Le roi et sa suite étaient comme des poissons sur le sable.... Lorsqu'ils regardèrent, en suivant le saint, ils le virent grand comme un corbeau, lorsqu'ils regardèrent encore, comme une rousserolle, la troisième fois il égala une mouche, ensuite il devint

Fig. 43. Le dieu jaune, Gaṇapati, Vighneçvara ou Gaṇeça.

En tibétain: Ts'ogs-bdag (ser-po), Ts'ogs-kyi bdag-po; en mongol: Totkhar-oun khaghan.

Il danse sur un rat vomissant un joyau; ses emblèmes sont: une hache (paraçu), un trident (triçûla), une rave et une coupe de fruits.

trouble et vague, grand comme un œuf de pou (!). Et lorsqu'ils regardèrent encore une fois, ils ne le virent plus.

«Mais lorsque le roi et sa suite regardèrent le lendemain matin, ils virent par une force divine que Padmasambhava, arrivé dans le pays des Râkshasîs, était assis dans l'ombre d'un arbre *Calosanthes*. Ils virent aussi le cheval divin debout à côté de lui, couvert de poussière d'or. Les Râkshasîs étaient impuissants à ses pieds et s'abandonnaient à la religion.»

Le couvent de bSam-yas est, je le répète, le premier du Tibet. S'il est permis de désigner le buddhisme primitif de ce pays à partir de Sroṅ-tsan-sgam-po comme la première secte du pays (rNyig-ma-pa), nous pouvons dire que dès lors une organisation plus solide eut lieu, qui a provoqué ensuite la formation de nouvelles sectes. Mentionnons p. e. la secte des U-rgyan-pas (adhérents d'U-rgyan, c'est-à-dire de Padmasambhava) qui existe de nos jours encore dans l'Himâlaya et au Tibet oriental. En tout cas ces vieilles sectes fournissent aussi aux réformés les exorcistes (en tibétain: č'os-skyoṅ, en sanscrit: dharmapâla), qui s'occupent de magie et disent la bonne aventure, étant possédés en état extatique par de basses divinités qui ont fait le vœu (en tibétain: dam-čan) de propager la religion et de dompter les démons de leurs districts. Il est intéressant que Padmasambhava ait voué à bSamyas un culte singulier ainsi qu'à Mâra (Ts'ema-ra), dans lequel ce démon malin, qui tient registre de vie et de mort, prophétise.

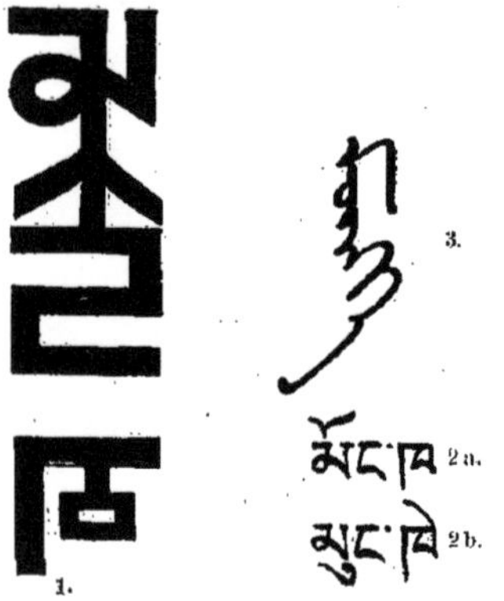

Fig. 44.

Le mot «meungkè» («éternel», servant aussi de nom propre)

1. en écriture carrée de ʼP'ags-pa: MOṄ-K'A; 2a. le même mot en écriture tibétaine: MOṄ-K'A, qui servit de modèle pour 1; 2b. MUṄ-K'E (c'est l'orthographe tibétaine du nom de Meungkè Khaghan; 3. la même expression (meungkè) dans l'écriture basée sur l'écriture uigurienne, qui est encore en usage.

D'après J. J. Schmidt, Bulletin de la Classe des Sciences historiques de l'Académie Impériale de Saint-Pétersbourg, IV, nº 81, nº 9, 130 sv.

Mandârava, fille du roi Indrabhûti d'Udyâna et l'une des femmes de Padmasambhava, a reçu de même son culte. Elle possède aujourd'hui encore un temple au Tibet.[42]

Parmi les premiers traducteurs (en tibétain: lo-tsa-ba) nommons le Tibétain Ka-ba dpal-brtsegs[43] (fig. 37), qui a vécu probablement dans le premier tiers du 9e siècle. Outre d'autres œuvres, il a traduit, à ce que l'on raconte, les œuvres de Vasubandhu en tibétain. Il passe du reste pour l'une des naissances antérieures du nommé lČaṅ-skya Khoutouktou de Péking.

Dès le temps de K'ri-sroṅ-lde-btsan on peut donner au buddhisme du Tibet le nom de lamaïsme. Le mot de «*lama*» (en tibétain: bLa-ma, «superior») est un titre d'honneur pour des moines complètement ordonnés, quoiqu'il indique au fond un rang plus élevé. La désignation de lamaïsme se restreint à la forme de la religion telle que nous la trouvons au Tibet et en Mongolie et qui perd désormais le contact avec les autres adhérents de la doctrine du Buddha.

Fig. 45. Le tantricien g,Yuṅ-ston rDo-rje dpal (Vajraçrî) conjure le dieu Mahâkâla.
En tibétain: mGon-po, «à un visage», Žal gčig.
La description de l'image v. p. 68.

Le deuxième successeur de K'ri-sroṅ-lde-btsan, gLaṅ-dar-ma[44], était ennemi de la religion du Buddha. Il outragea l'épouse incarnée de Sroṅ-tsan-sgam-po, qui avait apporté la première image du Buddha au Tibet, en la nommant une Yâkshinî. «C'était par suite de cette image fatale, que les souverains du Tibet avaient la vie courte, que le pays était affligé de maladies, qu'il y avait des famines et des guerres.» Les savants indiens s'enfuirent du Tibet, les moines indigènes furent forcés de rompre leur vœu et d'avoir ménage; les livres buddhiques furent jetés à l'eau ou brûlés, les temples du Buddha à Lha-sa, d'Akshobhya à Ra-mo-ĉ'e et le temple de bSam-yas furent fermés et entourés de remparts de limon, parce qu'il n'osait pas les détruire, craignant les dieux tutélaires de ces temples. Un saint le tua par une flèche par ordre de Çrîdevî, la déesse protectrice du pays. gLaṅ-dar-ma est le dernier roi du Tibet; le gouvernement passa entre les mains de plusieurs princes moins puissants, jusqu'à ce que les lamas s'emparèrent partout du gouvernement.

བུ་སྟོན་ཐམས་ཅད་མཁྱེན་པ

Fig. 46. Bu-ston, historiographe et représentant du Kâlacakra.

Quant à la couleur de ses vêtements etc., je n'ai pas de dates; mais ils sont sans doute rouges; le bonnet et le pallium rouge vif, le vêtement de dessous rouge foncé.

Après la mort de gLaṅ-dar-ma, quelques princes tibétains essayèrent de nouveau d'appeler des Paṇḍits indiens au Tibet. Le plus célèbre de ceux qui se rendirent à cette invitation, était Jo-bo A-tî-sha (Atîça) ou Dîpaṅkaraçrîjñana (fig. 38).[45] Appelé par les ambassadeurs d'un roi tibétain de mÑa-ris chargés de riches présents dans le «pays de la glace», il y vint en 1042 après J.-C. du couvent de Vikramaçîlâ, qui était alors un des sièges principaux du buddhisme aux Indes. Il vint d'abord au couvent de mT'o-gliṅ à mÑa-ris, où il enseigna au roi les Sûtras et les Tantras. Il était l'un des représentants principaux du système de Kâlacakra. De là il se rendit au Tibet central, où il a composé un grand nombre d'ouvrages, parmi eux le «Lam-sgron», la «lampe du (juste) chemin». Dans un grand synode sous le successeur du roi qui l'avait appelé, auquel ont pris part tous les religieux du Tibet, il a constitué de nouveau la religion; on dit qu'il a introduit entre autre la forme actuelle du calendrier et la division en périodes de soixante ans. Ce calendrier (en tibétain: Rab-'byuṅ) est, dit-on, originaire du royaume de Žambha-la. En 1055 il mourut à l'âge de 73 ans. Il est le fondateur de la secte de bKa-gdams-pa, dont son disciple Brom-ston a composé les règles.

Dans des tableaux, Atîça forme une triade avec Nâgârjuna et Tsoṅ-k'a-pa; ces trois passent même directement pour des «incarnations du Buddha»: Nâgârjuna est le fondateur du Mahâyâna, Atîça est l'organisateur du buddhisme au Tibet et Tsoṅ-k'a-pa en est le réformateur. Quant à ce dernier, nous le connaîtrons plus tard.

Un des personnages les plus intéressants de la monasticité de l'ancien Tibet, c'est le saint Mi-la ou, avec son nom et avec son titre plus complets, rJe-btsun Mi-la-ras-pa[46], Grub-pai dbaṅ-p'yug Mila, né en 1038 et mort en 1122 à Č'u-bar près de Na-lam, sur la frontière du Tibet et du Népâl. Nous avons deux œuvres volumineuses qui traitent de lui, une biographie écrite en prose et le livre des «cent mille chants de Mi-la-ras-pa» qui est composé à demi en prose, à demi en vers et qui jouit d'une popularité extraordinaire.

Mi-la (fig. 39) était un moine ambulant, qui parcourait le Tibet entier,

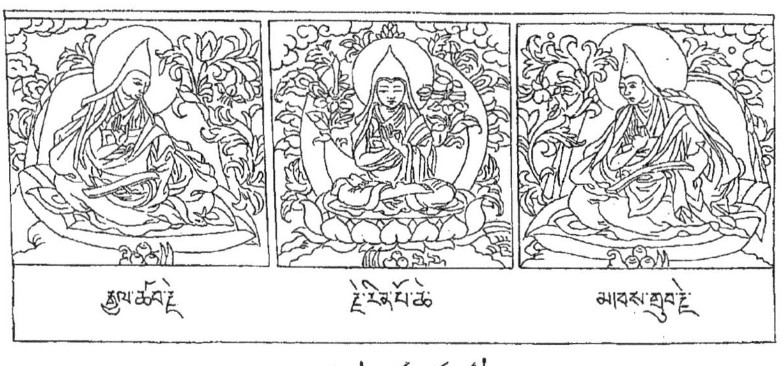

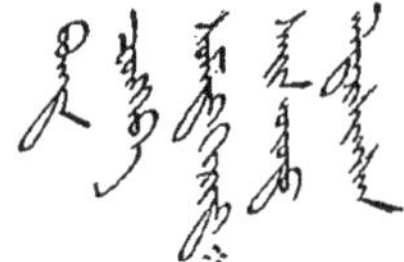

Fig. 47. Le réformateur du lamaïsme, fondateur de la secte des «vertueux» de l'Église jaune qui domine maintenant, et ses disciples rGyal-ts'ab-rje et mK'as-grub-rje.

En tibétain: rJe-rin-po-č'e (c'est ce qui correspond à l'inscription) bLo-bzaṅ-grags-pa, en sanscrit Âryamahâratna Sumatikirti, nommé bTsoṅ-k'a-pa, en mongol: Bogda Tsonkaba; Soumati kiridi; Saïn oyoton aldaršiksan; prononciation vulgaire: Bogdo Zoungkhawa.

Dans des tableaux, tous les trois portent des dessous rouge foncé, des pallium rouge vif et des bonnets jaunes. Tsoṅ-k'a-pa tient dans chaque main, en Dharmacakramudrá, un lotus; celui de droite porte une épée, l'autre un livre: ce sont les emblèmes de Mañjughosha. Les disciples tiennent des livres. Devant eux des bijoux: symboles de la haute valeur de leurs doctrines.

faisait des merveilles, convertissait ceux qui avaient une autre foi et édifiait le peuple par ses improvisations. Voilà aussi le contenu du livre de légendes nommé en dernier lieu, qui contient une série de petites histoires, qui sont arrivées au saint dans ses voyages. Ce récit se termine toujours par les vers de Mi-la. Malheureusement il n'existe pas jusqu'ici de traduction de ce livre également précieux pour l'étude de la vie du peuple du Tibet qu'en fait de sa poésie. Tout ce que nous avons, c'est un petit fragment, que nous devons au missionnaire Jæschke et que je ne puis m'empêcher de reproduire, en suivant sa traduction allemande.

Mi-la s'est retiré dans un antre au-dessus de la vallée de Rag-ma, quand ses auditeurs lui présentent leurs hommages; ils l'abordent, et il leur répond:

Voici Byaṅ-č'ub rdsoṅ, ma demeure solitaire,
en haut la neige des glaciers de Mahâdéva,
en bas un nombre immense d'adorateurs vertueux.
Au fond de hautes montagnes ferment l'horizon
semblables à un brillant voile blanc.
Devant moi des forêts épaisses,
de larges gazons et de beaux prés;
sur les fleurs riches en odeur
le sirrr-sirrr des sextupèdes (abeilles);
au bord de l'étang un héron fier
tourne le cou et regarde au loin.
Dans le feuillage épais des arbres verts
le chœur des oiseaux sonores se fait ouir;
les rameaux agités par le souffle parfumé
balancent doucement en des rythmes gracieux.
Dans le haut des branches visibles tout autour
des singes sautillants folâtrent vivement;
sur les molles prairies en parure d'été
le bétail broutant se promène aisément.
J'entends des bergers les doux chalumeaux.
Les commerçants sujets à la joie mondaine
Apportent leurs marchandises par-ci et par-là.
Voyant tout cela de mon haut manoir,
Tout ce qui se présente me paraît sans vie.
Les jouissances du monde, elles me sont un mirage;
la vie qu'on vit là-bas: vaine tromperie d'un rêve.
J'ai vivement pitié de ces pauvres imprudents.
J'assouvis ma faim de l'éther sans borne,
Je m'abandonne paisible à mes contemplations.
De diverses pensées, en méditant, me viennent.
L'existence dans l'univers et le saṃsâra
me paraissent vains et vides — o grande merveille!

Par une autre note concernant cette œuvre nous savons qu'une épisode du livre contient une attaque des démons, dont il est question aussi dans la légende du Buddha. Dans ce passage c'est de même la chanson improvisée de Mi-la, qui le fait vaincre.

Pour le reste, nous savons seulement qu'il était disciple de Mar-pa et qu'il succéda à son maître: il fut le chef de la secte de bKa-brgyud-pa, qu'il avait fondée, secte qui s'est bientôt séparée de l'ancien buddhisme tibétain. Il a construit un temple au lieu de naissance de son maître à Lho-brag, au sud de Yar-luṅ. On dit qu'il s'y trouve une statue de Las-kyi rdo-rje, sous forme de Vajradhara. En outre nous connaissons une légende burlesque se rapportant à un combat qu'il a livré à un magicien de la religion «Bon» au pied des montagnes de Te-se au Tibet mineur. Volant sur un rayon de soleil vers le sommet de la montagne, il y a précipité, d'après cette légende, le magicien (adhérent de la religion primitive du Tibet) vaincu à plusieurs reprises, qui fit sur son tambour une course à travers l'air. On montre encore le gouffre qui s'est formé à cette occasion.

Moi, Mi-la-ras-pa partout connu,
vieil homme, qui nu se couche sur la dure,
de sagesse et de souvenir (d'existence antérieure)
je suis né.
Mes lèvres chantent une petite chanson;
car la nature entière, qui se présente à mes yeux
m'est un livre.
Le bâton de fer que tient ma main
m'accompagne à travers l'océan de la vie.

Voilà à-peu-près tout ce que nous savons de cet homme intéressant!

---

3. LES CONVERTISSEURS DES MONGOLS ET L'ÉGLISE JAUNE.

Grâce à des bénédictions antérieures nous voyons ici le lama, véritable objet de l'adoration, et le Khagan, maître de dons religieux, tout comme le soleil et la lune, s'ils se lèvent ensemble au pur ciel bleu.
J. J. Schmidt, Ssanang Ssetsen.

La fondation d'une Église solidement organisée, qui, durant des siècles, a même joué un rôle très efficace dans l'histoire politique de la Haute-Asie: voilà l'œuvre des Mongols.

La fondation du couvent de Sa-skya, à 50 milles anglais au nord du Mount Everest, par dKon-mčʿog rgyal-po, prince de race royale, après 1070 après J.-C., fut très importante dans la suite pour le développement du bud-dhisme par l'activité de ses supérieurs, qui, à côté de leur dignité ecclésiastique, aspiraient avec succès à l'autorité politique. Ce succès s'explique d'autant plus facilement, que la position de supérieur dans le couvent de Sa-skya était devenue héréditaire dans la famille de dKon-mčʿog — le mariage était permis dans la première période du lamaïsme sous certaines restrictions.

Le plus remarquable des descendants du fondateur c'était Kun-dga rgyal-mtsʿan[47], nommé Sa-skya-mahâ-paṇḍita (en tibétain: paṇ-čʿen), né en 1181 (fig. 40), et il est caractéristique pour l'ambition dans sa famille, qu'il fut élevé, suivant le rapport d'un historiographe tibétain, d'après deux méthodes, la méthode ecclésiastique et la mondaine. Vanté comme phénomène de sagesse et de savoir — on dit qu'il a appris dès sa première jeunesse l'écriture de Lan-tsʿa et de Vartula, le sanscrit et le Bru-ža —, enseigné par son oncle, «il aspirait à la suprême Bodhi». Déguisé en moine par Çâkyaçrî de Kâshmîr, il parvint à la Bodhi par l'assistance du Bodhisatva Mañjughosha, dont il est censé être l'incarnation et on rapporte qu'il a gagné une influence absolue sur les souverains mondains du Tibet. On raconte en outre qu'à l'âge de trente-trois ans il fut appelé à la cour des empereurs de Mongolie, rejetons de Tchingghis, et qu'il a exécuté ce voyage dans trois années. Son maître lui avait prophétisé un jour, qu'il y avait un peuple à «Hor» (Mongolie) qui portait des bonnets de la forme d'un autour et des souliers en forme de groin de cochon

Fig. 48. Le dieu des morts, Dharmarâja.

En tibétain: Č'os-rgyal ou Č'os-kyi rgyal-po; en mongol: nom-oun khan, Èrlik khân.

Dans dGa-ldan: Dam-č'en gŠin-rje č'os-kyi rgyal-po, «le roi de la religion qui observe le grand vœu (de protéger le buddhisme et dGa-ldan), Yama (gŠin-rje) et sa sœur Yamî». Il tient dans la main droite la massue dbyug-gu (Sanscrit: Kapâlakhaṭvâṅga), d'où lui vient son nom de «dbyug-gu 'dsin» (massue faite d'un squelette); sur la poitrine il porte une roue, symbole du buddhisme. Sur les images Yama et Yami sont bleu, le taureau est bleu clair ou gris clair, le cadavre blanc. La tête de Yami est parfois d'un bleu plus clair que le corps. Les deux figures ont des couronnes faites de crânes et le troisième «œil de la sagesse». Outre la massue, Yama a le lasso (pâça, en tibétain: Žags-pa) et le trident (triçûla); Yami a la coupe faite d'un crâne.

De la collection du Prince Oukhtomsky.

et qu'il serait chargé de le convertir. Il reconnut ces signes caractéristiques aux costumes des ambassadeurs qui le conduisaient à la cour impériale mongole. Il y guérit l'empereur de la lèpre par la Siṃhanâdadhâraṇî. Après son retour il mourut très âgé en 1252. Il est connu aussi comme écrivain et passe pour une des incarnations antérieures des grands-lamas de bKra-šis-lhun-po.

Le convertissement de la cour impériale de Mongolie et l'introduction du buddhisme tibétain chez les Mongols étaient cependant réservés au neveu de Sa-skya-paṇ-č'en, 'P'ags-pa bLo-gros rgyal-mts'an[48] (fig. 41). Il fut appelé en 1261 en Chine par l'empereur Khoubilaï. A la cour de l'empereur une dispute avait pris naissance, pour savoir, qui aurait le pas sur l'autre. Par l'intermédiaire de l'épouse de l'empereur on convint de fixer que, tant que 'P'ags-pa conférerait les ordres à l'empereur, il aurait une place plus élevée que l'empereur; mais que dans des affaires d'État tous les deux seraient assis sur des chaises gestatoires de même hauteur. Cette proposition ne trouvant plus de résistance de la part de Khoubilaï, il reçut du grand-lama la Hevajra-vaçitâ (sacre du dieu Hevajra ou [en tibétain:] Kyai rdo-rje).

||འཇམ་དཀར་ཡལ་ན་མོ||

Fig. 49. Le Mañjughosha blanc.

Appelé: 'Jam dkar au lieu de 'Jam-dbyaṅs dkar-po.

Forme du Bodhisatva Mañjuçrî. Il a été incarné en Tsoṅ-k'a-pa, qui porte aussi ses attributs: deux fleurs de lotus, l'une avec «l'épée de la science», l'autre avec un livre sur le réceptacle.

L'historiographe mongol Ssanang Ssetsen raconte, qu'au premier jour 'P'ags-pa n'a pas réussi à répondre aux questions du Khaghan.

«Il ne comprit pas une seule de ses paroles. C'est pourquoi il demanda au Khaghan la permission de continuer l'entretien le lendemain. La cause de cette ignorance était que le texte (en sanscrit: Sûtra) des Tantras de Hevajra, qui avait appartenu auparavant à Sa-skya paṇḍita, se trouvait alors entre les mains du Khaghan et que 'P'ags-pa n'avait pas vu le livre.»

Dans la nuit pleine de soucis que le saint eut ensuite, un vieillard sous la forme d'un Brâhmaṇa lui apparut, les cheveux blancs joints sur le sommet, un sifflet fait d'une cuisse d'homme à la main (fig. 42); il lui ordonna d'arranger sa lampe et lui apporta une cassette avec un livre, le texte du Hevajratantra. Le saint ayant gravé le contenu dans sa mémoire, il rapporta la cassette avec le livre à sa place. C'était le dieu tutélaire Mahâkâla. Le lendemain 'P'ags-pa était à même de conférer les ordres au Khaghan, qui lui donna de riches présents et le titre de «roi de la doctrine dans les trois pays, le saint lama».

Une autre version de l'histoire du saint raconte que son père a conjuré avant sa naissance Gaṇapati. Il vit la figure du fils de Mahâkâla à tête d'éléphant (fig. 43) qui le prit avec sa trompe, l'emmena sur le mont Meru et lui montra tous les pays du Tibet avec les mots: «Ton rejeton assujettira tous ces pays.»

Fig. 50. Le fondateur du cloître de Se-ra.

En tibétain: mK'as-grub Byams-č'en č'os-rje (Maitreyadharmasvâmi); en mongol: Yèkè asarangghoui Bsamtsan tsordji.

Sur les tableaux le vêtement de dessous est rouge cerise à bordures rouges et manches ouvertes; le vêtement de dessus rouge vif à parements verts; le manteau enveloppant est jaune avec parements bleu clair, le bonnet est noir, les cinq Dhyânibuddhas sur les feuilles, son bouton et ses franges sont en or; le coussin est bleu clair et brodé d'or, le nimbe vert clair bordé d'or, la couronne de rayons est rose à bords et à rayons d'or.

Il est remarquable que d'après les légendes c'est justement Mahâkâla (Çiva) et sa suite qui effectuent le convertissement des Mongols.

La tâche principale, dont le grand-khân Khoubilaï chargeait 'P'ags-pa, c'était de créer une écriture pour les Mongols. Il exauça ce désir, en inventant, d'après le modèle de l'écriture tibétaine, une écriture très anguleuse, qui d'après lui reçut le nom de 'P'ags-pa, mais qu'on appelle aussi 'K'or-yig et qu'il disposa de haut en bas. Mais elle fut trop incommode, surtout lorsqu'il s'agissait de coucher par écrit des textes plus étendus, p. e. les traductions volumineuses des textes saints que l'empereur voulait faire faire (fig. 44). On revint donc à un essai antérieur de Sa-skya paṇḍita, d'adapter l'écriture des Uigures (en tibétain: Yugur ouYogur) au mongol, et ce n'est que sous les successeurs de Khoubilaï, sous Euldjèïtu, que Č'os-kyi 'od-zer ou Č'os-sku' od-zer (en mongol: Nomoun ghèrèl) réussit à créer une écriture mongole sur cette base.

Il faut rappeler que l'expédition russe du Turfan a eu entre autres ce résultat mémorable que dans les temples du Turfan on a trouvé des documents buddhiques en langue turque et dans un alphabet dérivé de l'écriture syriaque. Il faut encore faire attention à ce que parmi ces documents il y en avait quelques-uns qui étaient pourvus de commentaires sanscrits. Maintenant nous savons, d'où les Mongols ont tiré les noms sanscrits de dieux, de pays et de rois, tandis que les Tibétains traduisent ordinairement les noms indiens littéralement.

Il faut rappeler en outre qu'on a attribué à Sa-skya paṇḍita la connaissance de la langue Bru-ža, langue qui nous est parfaitement inconnue jusqu'à présent et qui joue un rôle surtout dans la légende de Padmasambhava.

On rapporte enfin que Khoubilaï est convenu avec le grand-lama de faire faire une nouvelle revision et une traduction des écritures saintes. Parmi les savants qui s'en occupèrent pendant de longues années et qui se sont chargés même enfin de l'impression, il y a eu, dit-on, à côté de religieux versés dans le sanscrit, le tibétain et le chinois, aussi quelques-uns qui savaient l'uigurien.

སྤྱན་རས་གཟིགས

Fig. 51. Le Bodhisatva Avalokiteçvara, une forme du Bodhisatva Padmapâṇi.

En tibétain: sPyan-ras-gzigs; en mongol: Nidubèr udzèktši (Ariabalo).

Habituellement la forme incarnée en Dalaï Lama est désignée comme ayant quatre mains, une tête et étant assise. Deux mains sont croisées sur la poitrine pour prier, l'une tient le rosaire, l'autre la fleur de lotus. Ici elle tient encore la roue, la flèche et l'arc.

Sur les tableaux la couleur principale est d'habitude le blanc. Les têtes ont les couleurs suivantes: les trois du bas: vert (à droite), blanc (au milieu), bleu (à gauche). La deuxième rangée: bleu (à droite), rouge (au milieu), jaune (à gauche). La troisième rangée: vert (à droite), jaune (au milieu), bleu (à gauche). Au dessus se trouve une tête bleue (maligne) et plus haut un Amitâbha rouge. Le châle mince qui couvre le haut du corps est rouge jaunâtre; le vêtement qui couvre le dos est vert, le long vêtement de dessous est rouge foncé.

De la collection du Prince Oukhtomsky.

Mentionnons encore le grand représentant de l'école des Tantras, g,Yuṅ-ston rDo-rje dpal (Vajraçrî, maître de la Svastika), né en 1284, qui a vécu de même à la cour des empereurs mongols (fig. 45).[49] Après y avoir exercé pendant quelque temps les fonctions d'inspecteur des cérémonies religieuses, il retourna au Tibet, se maria suivant le désir de sa mère et attendit la naissance d'un fils. Ensuite il retourna au couvent. Il était avant tout habile à conjurer les «dieux terribles» et il est mort à l'âge de 92 ans.

Ajoutons ici une explication de la fig. 45, qui se trouve à la page 59.

Au-dessus de Mahâkâla, le moine Zur-dbaṅ Byams-pa seṅ-ge est assis

Fig. 52. La déesse Devî (Çrîdevî).

En tibétain: (dPal-ldan) Lha-mo; en mongol: Ükin (Okin) tègri.

Elle chevauche sur un mulet qui a une peau humaine pour housse. Dans sa main droite elle tient une épée, dans la gauche une coupe faite d'un crâne. On la désigne ici comme Ri-ma-ti (d'habitude -te); c'est la traduction du nom Pârvatî «la déesse des montagnes», un autre nom que porte cette forme, quand elle est mieux caractérisée.

entouré d'une auréole ronde. En haut, dans l'air, on voit Bhairava (en tibétain: 'Jigs-byed žal-gčig p'yag-gnyis-pa yum bčas) avec une tête et deux mains, accompagné de sa Çakti, debout sur un taureau; en bas, dans le coin droit, une autre forme de Mahâkâla (en tibétain: mGon-po legs-ldan) est représentée. Les couleurs de l'image sont: pour rDo-rje dpal, le teint est blanc (couleur de chair), le vêtement de dessous est rouge foncé, le pallium rouge vif, le poignard magique (p'ur-bu), qu'il tient dans la main droite, est orné d'une rosette verte; l'auréole est gris verdâtre. La tête de Mahâkâla est bleu foncé, avec des cheveux rouges et hérissés. Le teint du corps de Mahâkâla (en bas) est noir, le vêtement de dessous est rouge, son habit à manches est noir, le cadavre est blanc. Le maître de rDo-rje dpal (au-dessus de Mahâkâla) porte un habit monacal d'un rouge ardent et un bonnet jaune. L'auréole est verte à bords roses. Bhairava avec la Çakti est rouge cerise; il est armé d'une massue blanche; sa parure est blanche aussi. Le taureau est rose, le cadavre bleu clair. Les

Fig. 53. Un lama de haut rang.

Le bronze est dit représenter un des Paṇ-č'en de bKra-šis-lhun-po. Comme on connait les attributs de ces saints jusqu'à Paṇ-č'en bLo-bzaṅ dpal-ldan ye-šes (mort en 1779) et qu'ils ne correspondent pas à la cloche et au foudre sur fleurs de lotus donnés ici, il faut que le bronze, s'il est bien nommé, représente l'un des trois derniers, cf. note 54. Le bonnet — les bronzes en ont habituellement en soie — manque.

Sur une image ancienne au Museum für Völkerkunde à Berlin qui représente le cercle magique du dieu Yamântaka (maṇḍala, en tibétain: dkyil-'k'or) Tsoṅ-k'a-pa est représenté en haut avec ses élèves comme sur la fig. 47. À gauche et au bas de l'image est Çâkya'od (ainsi désigné c.-à-d. Çâkyaprabha) et à droite Yon-tan'od (Guṇaprabha). Le premier a les mêmes attributs que la fig. 53, mais sa sébile est bleue (pâtra, en tibétain: lhuṅ-bzed) dans la main gauche, et il a un grand béret jaune. Ces attributs manquent à notre bronze.

De la collection du Prince Oukhtomsky.

moines sur le devant ont des vêtements de dessous rouges et des habits et des bonnets jaunes. Le tableau donne une bonne idée du fixement d'un dieu et de tous les objets sacrés (coupes de crânes, encensoir etc.)

Il faut compter aussi Bu-ston[50] (fig. 46), célèbre historiographe, parmi les maîtres de rDo-rje dpal, quoiqu'il doive avoir été du même âge que celui-ci, car on rapporte que Bu-ston est né en 1288 après J.-C. Son titre complet est: T'ams-čad mk'yen-po (en sanscrit: Sarvajña, «qui sait tout») Bu-ston, son lieu de naissance est mT'o-p'ug près de bKra-šis-lhun-po. Il était un représentant du système de Kâlacakra et l'auteur de plusieurs ouvrages historiques très précieux, entre autres du Č'os-'byuṅ. C'est lui encore qui a collectionné le premier toutes les traductions tibétaines, qui sont connues aujourd'hui sous les noms de bKa-'gyur (Kanjour) et bsTan-'gyur (Tanjour).

La dynastie mongole des Juan en Chine ayant été renversée en 1368 après J.-C., la dynastie Ming prit les rênes du gouvernement. C'est ce qui eut pour les Mongols d'abord la conséquence qu'ils furent chassés de nouveau dans leurs steppes, qu'ils perdirent leur unité et qu'ils se déchirèrent mutuellement dans

Fig. 54. Le Dalaï Lama de la troisième incarnation, mK'as-grub bSod-nams rgya-mts'o.

Désigné par une inscription sur le devant du bronze sous les feuilles de lotus. 1543—1589. Vieux bronze, qui donne le portrait du convertisseur des Mongols.

De la collection du Prince Oukhtomsky.

des démélés sans fin. La religion du Buddha fut par suite tellement affaiblie qu'elle disparut peu à peu et que le peuple s'abandonna de nouveau à l'ancien chamanisme.

Cependant la dynastie des Ming en Chine n'était point hostile au buddhisme, elle changea seulement de méthode pour ce qui est de sa position politique envers le Tibet, en renonçant au principe de la dynastie mongole de se servir d'un seul dignitaire ecclésiastique, du Sa-skya Lama, pour dompter le pays. Elle faisait usage plutôt du principe de diviser pour régner, en rendant honneur aussi aux chefs des autres couvents, et s'assura de la sorte le rôle de médiateur et de maître. La fondation du couvent de 'Bri-guṅ, dont les chefs entrèrent en conflit ouvert avec ceux de Sa-skya, conflit qui entraîna même des guerres sanglantes, était un triste signe de la dépravation qui s'était emparée des fils du Buddha. D'ailleurs leur discipline religieuse était parfaitement ébranlée, la prédominance des Tantras avec leurs usages de Çakti, le mariage des prêtres etc. n'étaient que le masque de tous les excès possibles.

Fig. 55. Le Dharmapâla Beg-tse ou lČam-sraṅ (lČam-sriṅ).

En mongol: Èghètši dègû (dû).

Sur les tableaux sa peau est rouge; le cheval qu'il renverse est bleu; la cuirasse couleur d'or, le drapeau rouge à mèches vertes. L'épée a un pommeau noir en forme d'écrevisse (la tête de l'écrevisse est sous la main). La main gauche devrait porter un arc suspendu et les doigts tenir un cœur rouge qu'il porte à la bouche.

De la collection du Prince Oukhtomsky.

C'est contre cette dépravation que se dirigea la réformation du Lama de sKu-'bum, qui cherchait à rétablir l'ancienne discipline buddhique et qui est devenue la base de l'Église actuelle.

Ce moine célèbre, qui est vénéré de nos jours en Mongolie presque autant que le fondateur de la religion lui-même et auquel on rapporte directement la prophétie de Çâkyamuni, dont nous avons parlé à la page 31, est né vers 1355 après J.-C. près du Lac Bleu en Am-do, là où se trouve maintenant le couvent de sKu-'bum, dans la vallée de bTsoṅ-k'a, «vallée des oignons», d'où lui vient aussi le nom le plus usité d'homme de bTsoṅ-k'a, Tsoṅ-k'a-pa (ou bTsoṅ-k'a-pa) (fig. 47). Son nom de moine est rJe-rin-po-č'e bLo-bzaṅ-

Fig. 56. Deux formes du dieu protecteur à six mains Mahâkâla shaḍbâhunâtha.

En tibétain: mGon-po p'yag-drug-pa; en mongol: djirghoughan ghartaï Ma-hâ-ka-la.

a. Cette forme s'appelle en tibétain habituellement mGon dkar yid-bži nor-bu, «le dieu protecteur blanc avec le bijou Cintâmaṇi» (le bijou qui réalise tous les vœux); en mongol: Tsaghan itèghèl Makhakala. Couleur du corps: blanc.

b. Cette forme a été recommandée aux Mongols par le troisième rGyal-ba. Couleur du corps: bleu foncé. Le Gaṇapati foulé aux pieds est blanc.

Attributs de a: le couteau Gri-gug, le tambour Ḍamaru, le bijou Cintâmaṇi, un trident, un crochet, la coupe de crâne. b comme a, mais au lieu du bijou Cintâmaṇi, il a un rosaire de crânes, au lieu du crochet le lasso (pâça).

grags-pa, en sanscrit: Âryamahâratna Sumatikîrti. La maison où il est né était ombragée d'un bel arbre de santal, sur les feuilles duquel on voyait distinctement l'image de Buddha Siṃhanâda. Suivant d'autres rapports, cet arbre miraculeux, qui existe encore, est né des cheveux que le jeune religieux se coupait. On le vénère toujours et ses feuilles et son écorce attirent de nombreux pélerins qui de toutes les parties du Tibet et de la Mongolie se rendent à sKu-'bum. C'est un arbre de santal blanc (Syringa villosa); les figures sur les feuilles ne sont pas, d'après Huc et Gabet, des représentations du Buddha, mais des caractères d'écriture reconnaissables. Le nom du couvent est dérivé, dit-on, de ces «cent mille» (en tibétain: 'bum) images (en ibétain: sku).[51] Je passe les visites surnaturelles de dieux, que Tsoṅ-k'a-pa est dit avoir eues dès sa jeunesse, de Vajrapâṇi p. e., des Ḍâkinîs, de Bodhisatvas (Mañjuçrî et d'autres) et de moines saints (Atîça, Bu-ston, Saraha,

Fig. 57. Représentation du palais d'un grand-lama tibétain.

D'après un dessin indigène. Dans l'appartement supérieur du milieu est assis le saint, servi par deux moines, sous un appentis. Comme le milieu du bâtiment est appelé p'o-braṅ dmar-po, le «palais rouge», il n'est pas impossible que l'image représente le palais du Dalaï Lama, car son palais à Po-ta-la (Lha-sa) porte ce nom. Sur les toits on voit des drapeaux, dont les hampes sont ornées du trident, vieux symbole buddhique du Dharma, de la religion du Buddha. Le bâtiment avancé à côté de la grande porte s'appelle Paṇ-ḍ'en k'aṅ .... (le reste est enlevé), palais des Paṇḍitas ou du Paṇḍita. Un bâtiment qui est au dessous est appelé «sMan-bla-k'aṅ», palais de Man-la (un Buddha à qui on attribue surtout des connaissances médicales).

Prince Oukhtomsky, Voyage en Orient.

Nâgârjuna etc.); je mentionne seulement que probablement l'étude des vieux textes, dont il apprenait chaque jour seize pages, a fait naître en lui l'idée d'une réforme de la religion. Son énorme savoir lui garantit la victoire sur ses adversaires; on mentionne surtout comme son œuvre la défaite du chef du couvent de Sa-skya.

Sa renommée se répandit vite et attira un grand nombre de pélerins. Près de la capitale on fonda le couvent de dGa-ldan ou dGe-ldan, dont il devint le supérieur. L'école tantrique avait permis le mariage des prêtres; lui il le défendit aux religieux de sa secte, qu'il appelait la «secte de la vertu», dGe-lugs-pa, et dont l'insigne principal était le bonnet jaune (en tibétain: ž̌va-ser, par opposition au bonnet rouge, en tibétain: ž̌va-dmar). L'enseignement, des sermons, des disputations et des prières communes faisaient, dit-on, l'occupation unique des moines de dGe-lugs-pa. Les représentants mariés (à bonnets rouges!) de l'ancienne école des Tantras furent admis dans les couvents pour ainsi dire comme représentants des divinités fidèles au buddhisme et sous le nom de «protecteurs de la religion» (en tibétain: č'os-skyoṅ, en sanscrit: dharmapâla); car la nouvelle doctrine ne pouvait se passer tout à fait de la magie. Désormais l'Église jaune s'étendit de plus en plus et depuis quelques siècles elle a sans doute la prédominance.

Les deux couvents de dGa-ldan et de Se-ra, construits en même temps et situés tous les deux près de Lha-sa, devinrent les centres de la nouvelle école. Nous avons déjà mentionné que Tsoṅ-k'a-pa lui-même a été chef de dGa-ldan. On raconte qu'avant de mourir il a ordonné au dieu des morts de protéger l'Église. Son corps gît dans ce couvent dans un Caitya (fig. 5) d'or, enveloppé de bandes couvertes de Dhâraṇîs. Parmi les objets sacrés de ce couvent il faut nommer une vieille statue du défenseur formidable de l'Église jaune, du dieu de la mort. On trouve souvent la figure de ce dieu, donnée dans la fig. 48, sur des images qui représentent Tsoṅ-k'a-pa. On peut donc supposer que la célèbre statue de dGa-ldan est de ce type.

On dit qu'il est apparu à son élève et successeur mK'as-grub-rje (ou mK'as-grub dGe-legs-dpal-bzaṅ ou dGe-legs-dpal-ldan), qui, dans la fig. 47, est assis à gauche de lui et qui voua un véritable culte à son maître. Cet événement est souvent représenté dans l'art lamaïque: mK'as-grub est debout devant un autel, sans bonnet, offrant une coupe d'or remplie de dons à son maître qui, descendant du ciel, flotte dans l'air. Maintenant Tsoṅ-k'a-pa est au ciel Tushita (en tibétain: dGa-ldan), sous le nom de 'Jam-dpal snyiṅ-po — car il était une incarnation de Mañjuçrî (en tibétain: 'Jam-dpal) (fig. 49)[52] et y demeure à côté du Buddha Maitreya futur (en tibétain: Byams-pa). Il a nommé son successeur rGyal-ts'ab rje (fig. 47, à droite). C'est ce que le seul nom de rGyal-ts'ab (en sanscrit: Yuvarâja, «prince de la couronne, prince héritier») indique.

Un autre élève de Tsoṅ-k'a-pa, c'est Byams-č'en č'os-rje (fig. 50), nommé aussi Çâkya ye-šes (nom ecclésiastique) et mK'as-grub Byams-č'en č'os-rje[53] (titre ordinaire). Lorsque l'empereur chinois Yung-lo de la dynastie des Mings appela Tsoṅ-k'a-pa à sa cour, celui-ci y envoya son élève, qui y enseigna surtout le Kâlacakra. Retourné au Tibet, il fonda sous la direction de son maître Tsoṅ-k'a-pa le couvent de Se-ra (1417). Pour les richesses de ce monastère — on dit p. e. qu'un bâton magique (vajra) originaire de Perse s'y trouve — il apporta de la Chine des objets précieux: une image de Çâkyamuni et des seize Sthaviras (fig. 3) qui sont, d'après la description, de petites figures de santal dans des étuis; en outre «de merveilleux exemplaires du

། རྗེ་བཙུན་དམ་པ་རིན་པོ་ཆེ་ངག་དབང་བློ་བཟང་
ཆོས་ཀྱི་ཉི་མ་བསྟན་འཛིན་དབང་ཕྱུག ༎

Fig. 58. Le rJe-btsun dam-pa Târanâtha qui vit actuellement.

Son titre complet est: rJe-btsun dam-pa rin-po-č'e ṅag-dbaṅ blo-bzaṅ č'os-kyi nyi-ma bstan-'dsin dbaṅ-p'yug.

V. Prince Oukhtomsky, Voyage en Orient.

Kanjour, qu'il avait apportés de la Chine». Or, comme on a composé en effet en Chine, dans la période de Yung-lo (1410) une excellente édition du Kanjour — la bibliothèque royale de Berlin en a des copies très précieuses (36 volumes) —

il n'est pas seulement possible, mais plutôt vraisemblable, que ce Kanjour de Se-ra est le même. Quelques-unes des figures données dans ce livre (p. e. fig. 49, v. «Sources des reproductions») sont empruntés au Kanjour de 1410 de la période de l'empereur Yung-lo (Berlin). Pander en a déjà donné quelques-unes (dans la «Zeitschrift für Ethnologie, 1889, 2e vol.) et c'est de là que les fig. 61 et 80 sont mêmes passées dans le livre de Waddell «Lamaism», mais

Fig. 59. Le frère de rJe-btsun dam-pa Târanâtha (Fig. 58).

P. Prince Oukhtomsky, Voyage en Orient.

sans la désignation chronologique qui leur donne pourtant une valeur extraordinaire pour l'iconographie du buddhisme, puisqu'elles sont toutes pourvues de noms. Malheureusement les volumes de la bibliothèque de Berlin contiennent bien des répétitions, de sorte qu'en tout on n'en apprend pas grand'chose.

Byams-č'en č'os-rje est allé encore une fois en Chine et y a eu de si grands succès, que son biographe peut soutenir, que la propagation actuelle de la secte de dGe-ldan-pa en Chine est son œuvre. Il mourut en Chine, à l'âge de 84 ans, en 1434.

Parmi le grand nombre de disciples qui se sont rassemblés autour de Tsoṅ-kʻa-pa, deux sont avant tout remarquables, parce que leurs réincarnations existent encore dans les deux hiérarques de l'Église jaune, dans le soi-disant Dalaï Lama[54] et le Paṇ-čʻen rin-po-čʻe: c'est dGe-ʼdun (grub) (Siddhasaṅgha), neveu de Tsoṅ-kʻa-pa, et mKʻas grub-rje, nommé déjà ci-dessus. Celui-là peut être considéré comme le premier rGyal-ba ou rGyal-dbaṅ (en sanscrit:

Fig. 60. Conseiller favori de rJe-btsun dam-pa (Fig. 58).

V. Prince Oukhtomsky, Voyage en Orient.

Jina) — c'est l'ancien titre des princes ecclésiastiques nommés plus tard Dalaï Lama — et depuis 1439 après J.-C. on le regarde comme une incarnation du Bodhisatva Padmapâṇi (fig. 51). La tradition raconte qu'il a fondé, par ordre de la déesse Lha-mo (en sanscrit: Devî) (fig. 52) le couvent de bKra-šis-lhun-po (à 29° 15′ 40″ de latitude nord, 88° 54′ 40″ de longitude orientale de Greenw.), dont mKʻas-grub-rje est censé avoir été le premier supérieur, ce même couvent qui est connu en Europe depuis longtemps comme «Teeshoo loombo» ou sous des noms semblables[55] (fig. 53).

Le couvent métropolitain de dGe-'dun rgyal-ba était rNam-rgyal č'os-sde sur le mont Potala, en dehors du quartier nord-ouest de Lha-sa.

La succession des hiérarques lamaïques est désignée ordinairement comme celle des Khoubilghans; «Khoubilghan» est une traduction du mot tibétain «sPrul-ba». Dans la personne du grand-lama de Lha-sa, le sPrul-ba du Bodhisatva Padmapâṇi ou Avalokiteçvara est incarné; dans le Paṇ-č'en de bKra-šis-lhun-po, qui le cède à rGyal-ba (Dalaï Lama) au sujet de la sainteté, c'est le sPrul-ba du Buddha Amitâbha (en tibétain: 'Od-dpag-med) qui s'incarne; nous verrons encore qu'au Tibet et en Mongolie le nombre d'incarnés est très grand. Quant à rGyal-ba cette réincarnation s'effectue de la manière suivante — pour les autres Khoubilghans d'une manière semblable, mutatis mutandis bien entendu —: dès qu'un grand-lama meurt, l'âme du Bodhisatva passe dans un enfant inconnu qui doit être né quarante-neuf jours ou davantage après que l'âme du saint a quitté son corps. Par la consultation de certains oracles on cherche l'endroit où le sPrul-ba s'est communiqué à l'âme d'un enfant. Le personnage qui fait ces enquêtes, c'est le Dharmapâla (en tibétain: Č'os-skyoṅ) de gNas-č'uṅ près de Lha-sa, qui est lui-même l'incarnation du dieu dPe-har (dPe-dkar) ou Č'os-skyoṅ. L'enfant, dans lequel on reconnaît l'incarnation du Bodhisatva, et ses parents sont amenés dans le palais du temple de Ri-rgyal p'o-braṅ, situé à l'est de Lha-sa. Aussitôt que l'enfant a quatre ans, on le mène en procession solennelle à Po-ta-la et on le fait entrer comme novice dans le couvent de rNam-rgyal. A l'âge de sept ou de huit ans il est investi comme moine (dge-sloṅ) et passe dorénavant pour le chef des deux couvents de rNam-rgyal č'os-sde et de 'Bras-spuṅs. Désormais son ascétisme et ses

Fig. 61. Scène de la vie des lamas.

V. Prince Oukhtomsky, Voyage en Orient.

Désignée par l'inscription comme zoṅ gra (?) ou groṅ (?), «coin des marchandises» ou «place des marchandises», le second mot est presque illisible. L'un achète des betteraves, l'autre un gâteau, l'un mesure des attaches de laine, un autre prend dans un sac un échantillon d'une matière solide, un autre se fait envelopper de la viande (?) dans du drap. Placée ici pour montrer l'identité du vêtement des lamas avec ceux des hiérarques révérés.

Fig. 62. Répartition du thé entre les lamas.
V. Prince Oukhtomsky, Voyage en Orient.

études sont fort sérieux. Il paraît que sous la pression du gouvernement chinois aucun Dalaï Lama ne peut plus parvenir à la majorité; en effet, le douzième rGyal-ba, ayant reçu les ordres en 1874, fut empoisonné peu de temps après par le régent.

Il est impossible d'énumérer ici tous les rGyal-bas. Quant à leur représentation conventionnelle, elle est fondée sur celle de Tsoṅ-kʿa-pa ou de ses disciples (fig. 47); leurs attributs sont cependant un peu modifiés: le premier

Fig. 63. Un Khoubilghan tibétain de sKu-'bum, qui visita la Transbaïkalie récemment.

V. Prince Oukhtomsky, Voyage en Orient.

p. e., rGyal-ba bGe-'dun rgya-mtsʿo, tient la main gauche dans le giron, dans la droite il a le lotus; le cinquième, Ṅag-dbaṅ bLo-bzaṅ rgya-mtsʿo, est représenté exactement de la même manière avec cette seule différence qu'il a un livre sur la paume de la main gauche; le septième exactement de la même manière que le précédent, sauf qu'un livre repose sur le lotus dans sa droite et que par-dessus s'élève «le glaive du savoir» (en tibétain: Šes-rab ral-gri)[56]. En outre il y a des bronzes, richement dorés en général, dont les attributs sont travaillés à part: ils représentent des bonnets de soie, des attributs en pierres ou en métal précieux (des sébiles en lapis lazuli). Mais souvent ces emblèmes se perdent et si alors la figure ne porte pas d'inscription ou que les traits du visage ne soient pas connus, la dénomination est impossible et les moines eux-mêmes se contentent de pourvoir de telles figures du nom de rJe-bLa-ma, «saint lama».

Fig. 64. Lama de haut rang.

Sur la table à droite, une image divine enveloppée, à côté le vase à eau bénite avec une queue de paon (mañgala-kalâça, tibétain bum-pa), derrière une petite coupe de crâne (kapâla, tibétain t'od-pa), devant, une cloche (ghaṇṭâ, tibétain dril-bu) et le foudre (vajra, tibétain rdo-rje); sur la table à gauche, une statuette chinoise de la déesse Kuan-yin et une pendule européenne.

V. Prince Oukhtomsky, Voyage en Orient.

Quant à l'image du troisième rGyal-ba, que présente notre figure 54, l'inscription est heureusement si claire, le bronze lui-même est un tel chef-d'œuvre, le portrait est si net et si caractéristique que nous pourrons donner sans doute un nom à l'aide de ce bronze à d'autres figures encore.[57] Il est même douteux que le bronze ait eu du tout des attributs, abstraction faite peut-être d'un bonnet de soie.

mK'as-grub bSod-nams rgya-mts'o[58], le troisième rGyal-ba et le premier qui ait eu le titre (à demi mongol) de Dalaï Lama, est le deuxième missionnaire des Mongols. Altân Khaghan, le roi puissant des Tumèdes, avait fait prisonniers en 1566 plusieurs ecclésiastiques tibétains. Grâce à l'influence de ces prêtres qui restaient à sa cour et qui lui rappelaient l'ancienne prospérité du buddhisme en Mongolie, le Khân, qui voulait se mettre à la tête de toutes les tribus mongoles, envoya des ambassadeurs au Tibet et fit inviter le rGyal-ba de Lha-sa. Mais ce n'est qu'à la deuxième invitation, en 1575, que

Fig. 65. Lama incarné (Khoubilghan).
Tenant dans la main droite un rosaire.
V. Prince Oukhtomsky, Voyage en Orient.

le grand-lama se résolut à se rendre lui-même à la cour du Khân. On voulut construire un Vihâra près du Kuku nôr; une ambassade de princes mongols alliés l'y attendit et de tous côtés accoururent des croyants, qui apportaient de riches présents.

D'après la légende, le grand-lama apparut comme véritable Padmapâṇi avec quatre bras, dont deux étaient toujours joints sur la poitrine; son cheval laissait partout des traces de pieds, qui laissaient voir les six syllabes de la Dhâraṇî de Padmapâṇi «oṃ ma-ṇi pad-me hûṃ». «Un soir, un grand nombre de dieux et de démons mongols apparurent sous des déguisements miraculeux sous la forme de chameaux, de chevaux, de souris etc., Dharmapâla Beg-tse (fig. 55) à leur tête. Mais il les conjura, de sorte qu'ils prêtèrent serment de ne pas nuire aux religieux.» Arrivé auprès d'Altan Khân, rGyal-ba lui révéla ses incarnations antérieures, entr'autres, que le Khân lui-même avait été jadis Khoubilaï. Le roi lui donna le titre «Talai bLa-ma Vajradhara» (rDo-rje'č'añ Talai bla-ma), tandis que lui, de son côté, conféra au roi le titre de Dharma-

Fig. 66. Lama de haut rang de bLa-brañ.
V. Prince Oukhtomsky, Voyage en Orient.

râja lHai ts'añs-pa č'en-po. Altan Khân promulga un grand nombre de lois pour la nouvelle ère buddhique qu'il voulait inaugurer. Je n'en mentionne que la défense de sacrifier des animaux à la mort d'un homme, l'introduction des jours de jeûne et de prière et la défense de tuer du bétail et de chasser du gibier aux trois jours de jeûne de chaque mois, en outre la division du clergé en une hiérarchie correspondante aux quatre classes de la noblesse mongole. On rapporte encore l'ordre intéressant, de brûler les idoles indigènes

Fig. 67. Lama savant.
V. Prince Oukhtomsky, Voyage en Orient.

dans les jurtes des Mongols, les Ongghot, «les images des morts», pour faire place à l'image «du protecteur orné des six bras de la sagesse» (fig. 56). Cela est intéressant, parce que nous pouvons observer le même procédé dans la conversion de la Mongolie par les lamas et dans le développement du brahmanisme aux Indes: les dieux et les démons populaires des Mongols, de même que les «Godlings» des Hindous aborigènes, sont identifiés à Çiva et à sa suite; car le protecteur à six bras (Mahâkâla) n'est autre que le dieu indien Çiva.

L'activité de bSod-nams rgya-mts'o en Mongolie inaugure la nouvelle propagation du lamaïsme dans le «pays de l'herbe». Après la mort d'Altan Khân il fit un second tour en Mongolie pour sacrer le successeur du roi et pour consolider les nouvelles fondations — entr'autres par une correspondance avec l'empereur de Chine, dont il s'agissait de dissiper la méfiance. Il gagna à cette occasion les mêmes titres et les mêmes honneurs dont 'P'ags-pa avait joui autrefois à la cour de Khoubilaï et retourna ensuite au Tibet. Après sa mort en 1586, il renaquit en Mongolie en la personne du petit-fils d'Altan Khân. Celui-ci lui succéda en 1587 dans sa dignité de prêtre de Lha-sa sous le nom de Yon-tan rgya-mts'o (fig. 57).

Fig. 68. Lama savant.
V. Prince Oukhtomsky, Voyage en Orient.

Lorsqu'en 1602, après son ordination, Yon-tan rgya-mts'o alla au Tibet, il nomma pour la Mongolie un représentant spécial («*prince de la couronne*», rGyal-ts'ab) en y envoyant dGe-'dun dpal-bzañ rgya-mts'o (Çrîpâda), l'incarnation de rJe-btsun Byams-pa rgya-mts'o, dont les réincarnations y continuent encore sous le nom mongol de Maïdari Khoutouktou. Un deuxième lama qui resta désormais en Mongolie et dont les incarnations y prirent place, c'est

Fig. 69. Intérieur d'une tente princière.

Montre la décoration du trône d'un grand-lama et la disposition de l'autel. — V. Prince Oukhtomsky, Voyage en Orient.

le Dharmasvâmî de sToṅ-k'or (en mongol: Doṅ-kor Khoutouktou ou Mañjouçrî Khoutouktou), que le troisième Dalaï Lama y avait déjà laissé en quittant Altan Khân. Il avait rendu de grands services à la religion lors de la mort d'Altan Khân, en calmant le peuple ému par la mort du roi. De là il se rendit à Kuku Khoton, «la ville bleue», située dans le pays des Tumèdes occidentaux, où ses incarnations continuent encore, mais où il occupe seulement le deuxième rang dans le nombre de ceux qui sont incarnés en Mongolie. Le dernier le cède au premier en importance; celui-ci réside à Ourga (en kalmouk: Eurgeu) ou Kurè (Kuriè, en tibétain: K'ure) (le couvent s'appelle en tibétain Ri-bo dge-rgyas-gliṅ) à quelque distance de la rive droite du Toughoula (Tola), sur la route de Péking à Kiakhta, à 48° 20′ de latitude nord, et il porte le titre complet de rJe-btsun-dam-pa Târanâtha; il est une incarnation de cet historiographe que nous avons cité à plusieurs reprises.

Comme successeur du rGyal-ts'ab (nommé ci-dessus), nous connaissons le second fils de l'Altan Khân des Khalkhas (qui n'est pas identique à l'Altan Khân des Tumèdes, dont nous venons de parler); celui-ci a bâti le grand couvent d'Ourga sur le Toughoula, pour la construction duquel il fit venir de Péking les ouvriers et les matériaux. Quant à ses disputes avec le prince des Dsoungars, dGa-ldan, qui entraînèrent des guerres sanglantes entre les Khalkhas et les Dsoungars, guerres qui finirent par ruiner les peuples mongols et qui, grâce à l'intervention de l'empereur chinois, mirent fin à la puissance des Dsoungars, je dois me restreindre à les mentionner brièvement, parce qu'une description détaillée nous écarterait trop loin de notre sujet.

C'est de cette époque que date le décret de l'empereur chinois, qui défend que le rJe-btsun dam-pa renaisse autre part qu'au Tibet, pour ne pas rendre dangereux les sentiments nationaux des Mongols pour leur hiérarque. Voilà pourquoi son incarnation prend toujours place dans le Tibet central ou occidental. Le rJe-btsun-dam-pa actuel est natif de Lha-sa et on le regarde comme la huitième des incarnations. Il a été élevé au couvent de 'Bras-spuṅs comme dGe-lugs-pa-bLa-ma et, âgé de cinq ans, il fut apporté de là en Mongolie par un maître, vieillard vénérable qui vient seulement de mourir à Ourga (fig. 58—60).

Remarquez encore qu'un rJe-btsun-dam-pa d'Ourga est l'auteur du petit livre «les cinq cents dieux de sNar-t'aṅ» que nous avons souvent cité et d'où nous avons tiré un assez grand nombre de nos gravures (p. e. fig. 3, 4, 43, 47, cf. «Sources des reproductions» p. 216 sv.).

Du reste, le gouvernement chinois, en proclamant l'édit mentionné au sujet de Târanâtha, n'a pas fait d'innovation, il s'est appuyé plutôt sur un usage ancien.

«Un groupe spécial et le groupe le plus élevé du clergé» dit Pozdněev, «ce sont chez les Khalkhas ceux qu'on nomme Khoubilghans, c'est-à-dire les incarnations d'un lama qui s'est rendu célèbre par son activité en faveur du buddhisme.

«On fait même remonter l'existence de Khoubilghans chez les Khalkhas jusqu'aux temps des premiers commencements du buddhisme en ce pays. Il est certain que dès le temps où le rJe-btsun dam-pa Khoutouktou s'incarna chez

Fig. 70. Temple en Transbaïkalie à l'époque de la représentation du Tsam (cf. fig. 141 et 148).

En tibétain: Č'am, «mascarade».

Par ce spectacle on veut prouver aux ennemis du buddhisme par les danses des dieux (ce sont les formes les plus terribles) la présence de ces derniers sur la terre. Le centre est formé par la cabane placée au milieu de la cour du cloître; elle renferme le «Sor» qu'un masque de corbeau cherche à dérober, pendant que des lamas, déguisés en squelettes, le poursuivent, etc.

F. Prince Oukhtomsky, Voyage en Orient.

les Khalkhas, le Doṅ-kor Mañjuçrî Ghèghèn y apparut venant de la Mongolie méridionale, et qu'il prit part à la construction des temples et des couvents, à l'augmentation du nombre des moines, des prédicateurs et des propagateurs du buddhisme. Dès sa mort, leur nouveau Khoubilghan fut amené du Tibet chez les Khalkhas et depuis ce temps les Doṅ-kor Khoutouktous régénérés vivent en Mongolie, jusqu'à nos jours.

«Dans la suite les empereurs Mandjous, qui depuis 1644 occupaient le trône impérial de la Chine, favorisèrent la propagation du système de la transmigration et de la division des incarnés en différents degrés, en donnant des distinctions à quelques chefs de couvents et justement à ceux qui avaient rendu des services à la dynastie Mandjoue. Ces honneurs de la part de l'empereur produisaient sur les Mongols l'effet d'un charme; le personnage récompensé était à leurs yeux à l'apogée de la hiérarchie et dès sa mort on faisait des enquêtes sur son incarnation. Nous en voyons un exemple dans les Khoubilghans du Tšin suzuktu Lama, qui habitaient près de l'Aïmak Saïn Noyan.

«La première apparition du Tšin suzuktu Lama chez les Khalkhas eut lieu en 1756 et dans les circonstances suivantes.

«L'année 1756 fut signalée, on le sait, par une révolte dans la Mongolie septentrionale et occidentale, occasionnée par Amoursana, roi des Dsoungars. Pour calmer les esprits des Dsoungars excités, l'empereur Kien-luṅ publia dans le neuvième mois de la vingtième année de son règne un décret par lequel il ordonna d'envoyer le lama Khalkhaïque Noyon tsortši dans le pays des rebelles pour calmer le peuple selon l'esprit de la religion buddhique et pour lire les saintes prières buddhiques. Lorsque l'ambassadeur arriva chez les Dsoungars et qu'il voulut lire ses sermons, le lama principal du roi Tšouloum Bandjour[59], loin de lui résister, exhorta au contraire tout l'Aïmak d'Amoursana à assister au sermon du Tšin suzuktu de Khalkha.

«Pour récompenser ces services l'empereur fit présent à Tšouloum Bandjour d'un habit d'honneur, l'assura par une lettre de sa main de sa haute considération, lui conféra le titre de *Tšin suzuktu nomoun Khân*, c'est-à-dire «prince vraiment dévot de la sainte doctrine» et lui envoya un cachet d'or, sur lequel ce titre était gravé. Le lama signalé de la sorte commença désormais à renaître et maintenant sa cinquième incarnation vit chez les Khalkhas.

«Mais les lamas eux-mêmes contribuaient encore davantage à l'augmentation des Khoubilghans, puisque pour eux l'apparition d'un Khoubilghan dans un couvent doublait ou triplait les revenus du couvent et jetait les fondements d'une richesse durable de leur classe. En effet, un couvent qui a un Khoubilghan entre ses murs attire plus d'adorateurs, grâce non seulement aux objets sacrés appartenant au Khoural (en tibétain: Ts'ogs, société), mais encore aux saints eux-mêmes qui résident dans le couvent. Les uns y viennent pour recevoir la bénédiction de l'incarné, les autres pour consulter sa connaissance transcendentale du futur, d'autres encore pour se faire guérir par lui. Comme les lamas aspirent à posséder encore plus de Khoubilghans, ils ne se contentent pas d'en créer dans le nombre de ceux qui propagent le buddhisme ou

Fig. 71. Porte d'un temple en Transbaïkalie.

Le supérieur du temple est assis devant la porte; autour de lui sont les lamas musiciens. — V. Prince Oukhtomsky, Voyage en Orient.

qui ont le mérite d'avoir augmenté la puissance du clergé, ils élèvent même à ce rang de simples moines lamas.

«Un membre quelconque du bas clergé, un Tsordji (en tibétain: Č'os-rje, correspondant à peu près à notre vicaire), Širètu (en tibétain: K'ri-pa,

རྗེ་ལྕང་སྐྱ་རོལ་པའི་རྡོ་རྗེ

Fig. 72. Figure en bronze d'un grand-lama.

Peut être lČaṅ-skya rol-pai rdo-rje; le bonnet manque, il était vraisemblablement en soie; manque aussi un récipient dans la main gauche, cf. fig. 73.

De la collection du Prince Oukhtomsky.

lama professeur), Šan-dsot-ba (en tibétain: P'yag-mdsad-pa, garde des sceaux) ou Gebkui (en tibétain: dGe-bskos, prévôt, lama inspecteur), un vieillard prudent, savant ou connu seulement pour sa bonté, jouit de l'amour et de la vénération générale et dès qu'il est mort, les lamas se mettent à chercher son Khoubilghan. Dans sa première incarnation, il est vrai, un tel Khoubilghan n'est pas encore l'objet d'un culte, mais s'il vient à traverser deux ou trois générations, le nom de l'aïeul devient le centre de différents récits légendaires.

Des lamas instruits poursuivent son histoire jusque dans des temps reculés; ils découvrent p. e. que dans une incarnation antérieure il a été, disons le disciple favori de Tsoṅ-k'a-pa, ils retrouvent même sa préexistence indienne — et la renommée du Khoubilghan est sûre. Sur le peuple, le mot «Khoubilghan»

Fig. 73. lČaṅ-skya rol-pai rdo-rje (en mongol: Bogda Yišis Bstan Sgron).

Ses attributs sont ceux de Tsoṅ-k'a-pa, fig. 47 au milieu. De plus il a un récipient dans la main gauche. Le trône a des motifs hindous anciens: des personnages montés sur des chèvres placées sur des lions, qui reposent sur des éléphants, tiennent le haut du dossier. Au dessus on voit Makaras (en tibétain: C'u-srin) avec des bijoux. Le milieu est formé par Garuda (en tibétain: K'yuṅ) et des Nâgas (en tibétain: kLu). Les couleurs sont: le dessous rouge pourpre bordé de jaune (bord des manches, bordures); pallium rouge vif piqué d'or, bonnet jaune.

produit un effet incroyable. Un Khoubilghan est un être dont la sainteté est le résultat d'existences antérieures, être élevé au-dessus de la grande masse et d'un rang surnaturel; serait-il donc possible de refuser l'adoration à un tel saint? Leur nombre est à présent de 118 chez les Khalkhas; la Mongolie méridionale en a encore davantage, quoiqu'il soit bien difficile d'avoir des informations certaines et exactes sur le nombre et le nom des Khoubilghans et les couvents où ils résident.»[60]

Tandis que le gouvernement chinois exerce maintenant un contrôle rigoureux sur l'élection du Dalaï Lama, il ne se mêle guère de la recherche de nouveaux Khoubilghans chez les Mongols, surtout pour ce qui est de ceux qu'on appelle Šabourouṅs, c'est-à-dire des Khoubilghans qui n'ont eu que deux ou trois incarnations. Les voyages des grands-lamas à la cour n'ont plus lieu,

Fig. 74. Le nommé Paṇḍita mK'an-po, le défunt lama principal des Bouriaites.
V. Prince Oukhtomsky, Voyage en Orient.

quoiqu'au fond chaque rJe-btsun-dam-pa soit obligé de se présenter à Péking, dès qu'il est investi; la cour refuse maintenant les tentatives de se présenter disant que le saint était encore trop jeune. Il est possible que des motifs pécuniaires aient joué là une certaine influence à côté de raisons politiques, car un tel voyage cause des frais considérables à la cour.

Quatorze «Buddhas vivants» sont prévus à Péking comme charges permanentes; mais un seul réside actuellement dans la capitale, car les autres, qui doivent tous être renés au Tibet, ne reçoivent pour le voyage à Péking ni la permission, ni l'argent nécessaire. Le plus important d'entre eux, le lČaṅ-skya Khoutouktu[61], qui est chargé des fonctions d'aumônier général, a été envoyé au Tibet pour continuer ses études il y a douze ans, et y est mort.

Fig. 75. Lama Bouriaite.

Il tient dans la main droite le tambour ḍamaru (en tibétain: čaṅ-te), dans la main gauche la cloche ghaṇṭâ (en tibétain: dril-bu).

V. Prince Oukhtomsky, Voyage en Orient.

L'une de ses incarnations antérieures c'est le célèbre lČaṅ-skya rol-pai rdo-rje[62] (fig. 72 et 73), qui a été chargé par l'empereur Kien-luṅ (1736—1795) de faire faire une revision de toutes les traductions mongoles du Kanjour et de faire traduire en mongol aussi le Tanjour. Quant au premier, il fut nouvellement revu, dit-on, sur la base d'une ancienne traduction et imprimé; du Tanjour il existe un manuscrit, mais il n'a jamais été imprimé. Toutefois cette activité énorme de traducteur l'a engagé à éditer de nombreux ouvrages de linguistique, parmi eux des grammaires, des collections de termes techniques des systèmes buddhiques, des dictionnaires etc., qui sont de la plus grande impor-

Fig. 76. Un riche Bouriaite.
V. Prince Oukhtomsky, Voyage en Orient.

tance pour nos études, quoique nous ne connaissions jusqu'ici que très peu de chose de la riche littérature citée en dernier lieu.

Les progrès du lamaïsme dans la Sibérie orientale datent du milieu du dix-septième siècle. Les Bouriaites furent gagnés peu à peu par les lamas qui s'établirent chez eux comme médecins. La dépendence des petits centres religieux vis-à-vis du rJe-btsun dam-pa fut anéantie par les magistratures russes qui nommèrent un mK'an-po qui fut proclamé chef ecclésiastique des Bouriaites (fig. 74—76). Il passe pour une incarnation et habite le couvent près du lac

Fig. 77. Lamas saints et déesse de l'ombrelle blanche (en tibétain: gDugs-dkar-mo).

Représentations sous la forme primitive, encore usitée chez les lamaïstes de la frontière du gouvernement de Yenniseisk. Au Musée de Minousinsk.

V. Prince Oukhtomsky, Voyage en Orient.

des oies. En attendant un Khoubilghan est apparu dans le temple de Tsougolsk sur l'Onon en Transbaïkalie.[65] Il est originaire de la Mongolie chinoise et, bien qu'il ne soit pas reconnu, passe pour plus saint que le mK'an-po mentionné. C'est un garçon d'à peu près douze ans. Un portrait intéressant de lui se trouve dans la collection du Prince Oukhtomsky.

CHAPITRE TROISIÈME.

LES DIVINITÉS.

1. LES DIVINITÉS TUTÉLAIRES (EN TIBÉTAIN: YI-DAM).

Tant que la délivrance des six espèces d'êtres vivants est accomplie par Vajrasatva, représentant de tous les Buddhas, je m'incline et je glorifie le fondement de la vérité (dharmadhâtu); la Çrîvajraḍâkinî, personnification des cinq sciences (prajñâ) des trois corps, qui est entourée de la troupe des Ḍâkinis, je la glorifie, en m'inclinant pour le salut des créatures. Tant que Vajraḍâkinî brise les chaînes par sa toute-science, et s'adonne à ce qui s'appelle le monde, je la glorifie en m'inclinant.

Abhidhânottaratantra.

Chaque lama se choisit une divinité tutélaire bien définie (yi-dam); il lui voue un culte spécial et il est défendu de lui demander son nom. Il s'y prépare par des actes religieux (la solitude, la méditation et l'ascétisme) et alors la divinité désirée lui apparaît, dit-on, sous forme bénigne, peut-être sous une forme inconnue au culte général. On peut choisir un Yi-dam (en sanscrit: ishṭa-devatâ) pour toute la vie ou pour une seule entreprise, on peut même en choisir plusieurs à la fois. Il y a des Yi-dams qui, dès l'enfance, accompagnent le lama comme patrons et qui de temps en temps, pendant des états contemplatifs du protégé, lui communiquent des révélations.

Les Yi-dams les plus efficaces sont ceux qui agissent unis à leur énergie féminine (en sanscrit: çakti, en tibétain: nus-ma, mais plus souvent: yum); ils s'appellent ordinairement «vajra» (en tibétain: rdo-rje). Ces dernières divinités reconnues généralement comme Yi-dams, se composent de deux groupes, dont l'un comprend les Buddhas méditatifs, tandis que l'autre renferme des divinités qui sont dans la phase de Buddhas et qui sont des manifestations de Buddhas ou de Bodhisatvas pour un acte de salut déterminé.[64]

Le premier groupe se compose des cinq Buddhas de méditation (en sanscrit: pañca dhyânibuddhâ, en tibétain: rgyal-ba rig-lña, en mongol: taboun idzaghourtou bourkhan) qui correspondent aux cinq Buddhas humains (Mânushibuddhas) de l'époque actuelle.

Fig. 78. Vajradhara.
En tibétain: rDo-rje'č'añ.
Image en bois précieuse, ornée de perles, de la collection du Prince Oukhtomsky.

Les Mânushibuddhas de l'époque actuelle (Kalpa, en tibétain: bskal-pa, en mongol: galab) sont Krakucchanda, Kanakamuni, Kâçyapa, Çâkyamuni et Maitreya, qui est sur le point de naître. Les Dhyânibuddhas correspondants sont: Vairocana, Akshobhya, Ratnasambhava, Amitâbha, Amoghasiddhi ou

Amoghasiddha. A eux correspondent cinq Bodhisatvas de méditation (Dhyânibodhisatvas) dont je ne veux nommer que les deux premiers, à savoir Samantabhadra (en tibétain: Kun-tu bzaṅ-po, en mongol: khamougha saïn), Dhyânibodhisatva de Vairocana, et Vajrasatva, celui d'Akshobhya.

Ces deux derniers sont regardés comme divinités de premier rang. Tandis que dans les premiers temps du lamaïsme on voyait dans Samantabhadra la plus haute intelligence, c'est aujourd'hui Vajrasatva, qu'on regarde aussi comme Âdibuddha (en tibétain: mČ'og-gi daṅ-poi saṅs-rgyas), qui domine. Quant aux détails du rapport des deux Buddhas entre eux, il faudrait une histoire exacte et détaillée des différentes sectes pour parvenir à un résultat médiocrement satisfaisant. Ce que je vais dire ici, n'est qu'une esquisse, juste ce qui

Fig. 79. rDo-rje las.

sera nécessaire pour l'explication des gravures; je veux éviter de m'étendre longuement sur ces matières abstraites et rebutantes.

Avant de donner des notes iconographiques sur ce groupe, il faut parler encore d'une seconde série de Buddhas mystiques, qui sont aussi représentés avec des Çaktis. Ce sont des manifestations de Buddhas et de Bodhisatvas en vue de buts déterminés, des empiètements sur l'ordre universel p. e. pour protéger la religion dans un pays qui lui est hostile ou contre des invasions hostiles comme celle de l'islâm etc. Elle démontrent avec évidence le caractère absolument çivaïque de toute la manière de voir, quand bien même l'imagination inculte de certains fanatiques s'aventure jusqu'à vouloir expliquer cette représentation par la vie de Gautama au harem. Mais nous voyons ici apparaître de nouveau cette singularité propre à l'Inde de compléter l'image et les idées à l'aide de l'imagination, cette tendance d'aplanir, de niveler et de systématiser jusqu'à l'absurde.

C'est peut-être l'art plastique qui nous éclairera sur cette matière et qui montrera que justement les monuments des Indes ont donné lieu à des interprétations toujours nouvelles. Il est remarquable que le Tantra de Kâlacakra mentionne dans ce contexte Asañga, ce médiateur par excellence qui termina l'œuvre commencée par Nâgârjuna et Âryadeva. Nous avons retrouvé Âryadeva parmi les «serviteurs de Çiva», les Çivatoṇṭar ou Çivanâyaṉmâr des Indes méridionales, et il est intéressant d'observer que quelques-uns de nos Buddhas mystiques ont cette pose qui, dans le style des Purânes du çivaïsme, est l'expression pour une «création»: la danse (en tibétain: gar-byed-pa, sanscrit: naṭ) et peut donc être rapproché du surnom indien de Çiva Taṇḍavaṉ, «le danseur».[65] J'appuie sur ces rapports, pour faire remarquer que tout ce groupe

||རྡོ་རྗེ་ཆོས་ལ་ན་མོ||

Fig. 80. rDo-rje_č'os.

des Çaktis est inséparable de l'histoire du hindouisme, sans que je veuille prendre sur moi d'attribuer des doctrines déterminées à des maîtres déterminés. J'ai cependant appelé déjà plus haut l'attention sur certains éléments vishṇutistes.

Au nombre de ces dernières formes mystiques de Buddhas et de Bodhisatvas il faut compter: Samvara (Çambara), Kâlacakra, Hevajra, Mahâmâyâ, Buddhakapâla et Yamântaka. Ce dernier, qui est une manifestation de Mañjuçrî, appartient au groupe de ces divinités çivaïques qui sont désignées ordinairement comme les «huit dieux terribles» à cause du zèle et de l'énergie avec lesquels ils persécutent les ennemis de la religion buddhique. Ceux d'entre eux qui ont le rang de Buddhas, appartiennent à la classe des Yi-dams et ont toujours une Çakti (en tibétain ordinairement: Yum, tandis que la représentation du dieu lui-même s'appelle Yab); ce sont: Yamântaka, Yama, Hayagrîva, Mahâkâla et Kubera ou Vaiçravaṇa, que nous connaissons depuis la première période du buddhisme. Les autres n'ont que le rang de Bodhisatvas et s'appellent en général Dharmapâla (en tibétain: č'os-skyoṅ, mongol: nom-oun sakighoulsoun).

Avant de traiter séparément des différentes divinités, il faut mentionner que Vajrasatva et les Dhyânibuddhas sont représentés ordinairement assis, tenant la Çakti (ou la Ḍâkinî) dans le giron. Tandis que, représentés comme simples Buddhas et sans Çakti, ils offrent le type parfait d'une figure de Buddha, dès qu'ils ont la Çakti ils sont couronnés et portent des ornements, un long habit et le court vêtement des figures de Bodhisatvas sur les reins, c'est-à-dire le costume royal de l'Inde ancienne et non le vêtement religieux. A cause de leurs couronnes, on les appelle en mongol le plus souvent titimtu bourkhan, «Buddhas couronnés». Leur chef Vajrasatva seul (en tibétain: rDo-rje-sems-dpa) est couronné et représenté avec le costume de Bodhisatva, même s'il n'est pas accompagné de Çakti. Comme attributs, il tient le foudre (vajra, en tibétain: rdo-rje, en mongol: otšir) dans la main droite et la cloche (ghaṇṭâ, en tibétain: dril-bu, en mongol: khongkho) dans la gauche. Il tient le foudre droit devant sa poitrine, tandis qu'il appuie la cloche avec la main gauche sur la hanche. Sous cette forme qui prouve son origine du dieux Çakra des Hindous, il est le président des Dhyânibuddhas. Sur des tableaux on le représente en blanc. Comme Vajradhara (en tibétain: rDo-rje 'č'aṅ) il est une divinité primordiale, du plus haut rang, le maître des secrets (Guhyapati, en tibétain: gSaṅ-bai bdag-po) (fig. 78). Sous cette forme il porte ses deux attributs en croix devant la poitrine et est représenté en bleu. Il est connu encore sous d'autres formes: comme Karmavajra (en tibétain: rDo-rje las) et comme Dharmavajra (en tibétain: rDo-rje č'os) (fig. 79, 80).

La fig. 81 montre comment Vajrasatva, les Vajraḍâkinîs et les Dhyânibuddhas avec leurs Çaktis sont représentés en tant que symboles de l'idée de la méthode et de la cognition (en tibétain: t'abs daṅ šes-rab, en sanscrit: prajñâ et upâya). Chacun des Dhyânibuddhas tient sa Çakti (Ḍâkinî) dans ses bras croisés derrière son dos; ceux-ci portent ordinairement la cloche et le foudre comme emblèmes; mais il y a des exceptions. La Çakti tient dans la main gauche la coupe faite d'un crâne (Kapâla, en tibétain: t'od-pa ou t'od-k'rag) et dans la droite en l'air un foudre. Cependant il y a des variantes par rapport à ce dernier attribut:

1° Vairocana, en tibétain: rNam-snaṅ, rNam-par snaṅ-mdsad, en mongol: Maši ghèigulun dzokiaktši. Il tient dans une main comme attribut la roue (cakra, en tibétain: 'k'or-lo, en mongol: kurdu[n]) et dans l'autre la cloche. La Çakti enlace les hanches du Yab dans ses jambes et tient dans la main gauche le crâne, dans la main droite le couteau kartrî (en tibétain: gri-gug) ou la roue. Sur certaines images Vairocana est blanc.

2° Akshobhya, en tibétain: Mi-bskyod-pa, en mongol: Akšobi, Akṣobhi (et traduit) Ulu kudèluktši. Il tient le foudre et la cloche, la Yum tient le crâne et le foudre. Il est teint en bleu (fig. 81).

3° Ratnasambhava, en tibétain: Rin-(po-č'e)'byuṅ, en mongol: Èrdèni-in oron. Il tient dans la main droite la cloche, dans la main gauche un bijou;

la Çakti a dans la gauche le crâne, dans la droite le couteau Gri-gug ou encore un bijou. Ratnasambhava est jaune.

4° Amitâbha, en tibétain: 'Od-dpag-med ou sNañ-ba-t'a-yes, en mongol: Tsaglaši ughèï ghèrèltu. Il tient le foudre et la cloche, la Çakti le crâne et le couteau Gri-gug ou une roue. Amitâbha est coloré en rouge.

5° Amoghasiddha (Amoghasiddhi), en tibétain: Don-grub, Don-yod-grub-pa. Il tient la cloche et le foudre, souvent au lieu de cette dernière un glaive; la Çakti a le crâne et le foudre quadruple (viçvavajra, en tibétain: sna-ts'ogs rdo-rje) ou le couteau Gri-gug. Il est vert.

Vajrasatva, en tibétain: rDo-rje sems-dpa, tient le foudre et la cloche comme lorsqu'il est représenté seul sans Yum. C'est lui, dont les cinq Yi-dams précédents sont sortis. Il sont mis en rapport aussi avec les points cardinaux, mais l'ordre et la disposition des figures varie selon les sectes. Au commencement du Padma-t'an-yig p. e. on ne mentionne que cinq Yi-dams outre Vajrasatva, et Akshobhya n'est pas de ce nombre; ils sont distribués dans l'ordre suivant:

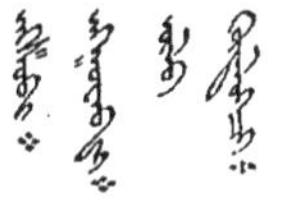

Fig. 81. Dhyânibuddha Akshobhya. En tibétain: Mi-bskyod-pa. Avec sa Çakti (yum bčas).

«Dans l'est le Dhyânibuddha Vajrasatva était assis sur un lotus blanc, au sud Ratnasambhava sur une fleur jaune, à l'occident Amitâbha sur une fleur rouge et au nord, dans la direction du Tibet, Amoghasiddha sur une fleur bleu-verdâtre; mais au milieu de tous et plus élevé que les quatre autres, Vairocana était assis sur un lotus bleu.»

Outre les Dhyânibuddhas et leur chef il y a une forme très connue du Bodhisatva Mañjuçrî, muni de plusieurs mains, le «Mañjuvajra» (en tibétain: 'Jam-rdor).

Ce groupe est parfaitement semblable aux autres, abstraction faite de ce que Mañjuvajra et sa Çakti ont chacun trois visages et six mains avec les attributs suivants: le glaive, le lotus, la flèche, l'arc et deux foudres pour le Bodhisatva de même que pour sa Çakti. Dans cette forme Mañjuçrî est généralement rouge, le visage du milieu est rouge, celui de gauche bleu foncé, celui de droite est blanc; la Çakti est colorée de la même manière, mais le rouge est un peu plus clair.[66]

J'ai déjà fait remarquer au premier chapitre que dans la période de Gandhâra, qu'il faut regarder comme la première époque d'une riche mythologie du buddhisme du nord, il y a lieu d'observer les premiers commencements d'une division des dieux tutélaires en formes bénignes et terribles (krodha, en tibétain: 'k'ro-bo, en mongol: kilingtu, et çânta, en tibétain: ži-ba, en mongol: amourlingghoui).

Dans le lamaïsme le type bénin des Buddhas et des Bodhisatvas est clair par lui-même et je peux me dispenser d'une explication detaillée. Mais quant aux dieux tutélaires, nous les voyons toujours sous la forme irritée (comme ʾkʿro-bo) ou même terrible (bhairava, en tibétain: drag-po, drag-njams-pa-čan). L'ancien type des dieux irrités (Mahâkrodha p. e. est représenté de cette manière), ce sont les cheveux hérissés, les yeux gonflés (y compris l'œil sur le front), la langue tirée, les dents serrées, en outre le corps trapu avec de gros membres et des ongles longs ou plutôt des griffes aux pieds et aux mains.

Parmi les Yi-dams il y a une série de figures qui ont l'air fougueux c'est-à-dire ils ont le visage décomposé, le troisième œil et pourtant les bras

Fig. 82. Les «bijoux» des divinités tantriques.

Entre la couronne et la ceinture: le petit tambour ḍamaru (en tibétain: čaṅ-te), la cloche ghaṇṭâ (en tibétain: dril-bu), le foudre vajra (en tibétain: rdo-rje), la coupe de crâne kapâla (en tibétain: tʿod-pa), le couteau kartrikâ (en tibétain: gri-gug), et le bâton kʿaṭvâṅga ou kapâlakʿaṭvâṅga, un bâton blanc avec un foudre droit pour pointe, au dessous un crâne blanc (skam-po dkar-po), une vieille tête rouge (rnyiṅ-pa rid-po dmar-po), une jeune tête bleue (rlon-pa gsar-ba sṅon-po), au dessous le foudre quadruple (sna-tsʿogs rdo-rje) et un vase avec boisson d'immortalité (bum-pa). Le bâton est dit avoir été inventé par Padmasambhava (Fig. 34).

et les jambes longs. Ce sont toutes des divinités tantriques supposées en extase et qui tiennent le milieu entre les dieux terribles proprement dits et les dieux bénins.

Avant de les décrire, il faut faire mention de leurs attributs principaux qu'ils ont, du reste, en commun avec les dieux tutélaires nommés drag-po.

Ce sont les «six parures», une couronne pourvue de crânes humains au lieu de feuilles, de pendeloques et de roubans, en outre des bracelets, des anneaux pour les pieds, de deux formes, et une ceinture (fig. 82). A cela s'ajoute souvent une guirlande croisée sur la poitrine, présentant au milieu une roue: le symbole du buddhisme. Chez certaines divinités tantriques nous voyons un grand serpent qui enlace la poitrine du dieu et qui cherche à mordre dans la roue: c'est un symbole des ennemis du buddhisme. Ce dernier objet de parure est toujours teint en blanc, car il est en os, ce qui est le cas du reste aussi pour les autres parures des dieux tantriques.

Dans les figures suivantes de Yi-dams dans la position de Vajra, ils ne sont plus représentés assis, mais plutôt marchant, les uns à gauche, les autres à droite, d'autres dansant.

La figure la plus compliquée et la plus terrible d'entre les Yi-dams, et peut-être dans toute la mythologie lamaïque, c'est Vajrabhairava[67], Vajrabhayañkara (en tibétain: rDo-rje 'Jigs-byed, en mongol: Ayolghaktši) ou

Fig. 83. Le Yi-dam Çrîvajrabhairava, Vajrabhairava, Bhairava, Yamântaka, Yamâri.
Une forme du Bodhisatva Mañjuçrî. Cf. fig. 112, 145, 146.
De la collection du Prince Oukhtomsky.

Yamântaka, Yamâri (en tibétain: gŠin-rje gšed) (fig. 83). Sous cette forme Mañjuçrî dompta Yama (en tibétain: gŠin-rje, en mongol: Èrlik), roi démoniaque de la mort qui dépeupla le Tibet. Je donne ici la façon dont il est représenté d'après le Çrîmahâvajrabhairavatantra qui se trouve au Kanjour et qui donne une instruction détaillée sur la manière dont il faut peindre le dieu. Cette indication me paraît être d'autant plus remarquable que sur des tableaux et dans des bronzes les emblèmes ne sont malheureusement pas bien reconnaissables.

Je donne le texte en traduction littérale:

«Il sera expliqué maintenant exactement la manière de peindre (son) image d'après les préceptes de Çrîvajrabhairava. Qu'on prenne une toile quelconque, la (soi-disant) toile Çûra ou celle qui porte des ‚dessins de fleurs' ou la toile ‚du fils'[68]; il faut que le peintre soit un homme de bien, pas trop réfléchi, pas porté à la colère, saint, savant, gardant ses sens, croyant et bienfaisant, sans avarice; il faut qu'il soit doué de ces vertus. La main d'un tel peintre est admise à peindre sur la toile Çûra. S'il désire atteindre Siddhi, le don du Çûra s'y fait valoir. Il faut qu'il dessine son modèle en secret, après avoir lissé la toile. Il est libre de peindre, si, en plus du peintre, un Sâdhaka est présent; mais qu'aucun autre homme, un homme du monde ne le voie! (La figure reçoit) seize pieds, trente-quatre mains, neuf têtes, (elle est) nue, de couleur noire, les pieds marchant, d'aspect plus que terrible, le linga en érection, c'est ainsi qu'il faut peindre l'image. La première tête celle d'un taureau, à côté de la corne droite trois visages: un visage bleu, un visage gris et un visage noir. Entre les deux cornes il faut peindre une figure rouge et terrible, au-dessus la figure jaune et un peu irritée de Mañjuçrî. Les mains droites (tiennent) le couteau Gri-gug, une arme aiguë, un pilon, un couteau poignard en forme de foudre, une hache, une conque marine (sanscrit: çañkha), une flèche, un crochet de fer, une pierre à fronde, la massue khaṭvâñga, une roue, un foudre, un marteau de pierre, un glaive, le tambour Ḍamaru; les mains gauches (tiennent) un crâne, une tête, un bouclier, une jambe, un lasso, un arc, (en outre) des entrailles, une cloche, une main, de la toile à suaire, un homme empalé, un poêle, un morceau de crâne, un doigt menaçant, un trident pourvu de roubans flottants, de la toile fouettée par le vent; deux mains tiennent une peau d'éléphant fraîche. Sous les pieds à droite: un homme, un taureau, un éléphant, un âne, un chameau, un chien, une brebis et un renard, sous ceux de gauche: un autour, un hibou, un corbeau, un perroquet, un faucon, un paon, une poule d'eau et un cygne. Il faut peindre Çrîvajrabhairava armé de la sorte. Au-dessous il faut peindre un cimetière; il faut qu'on y voie un homme en proie à Mâra, avec des Vetâlas, des Kshetrapâlas et des Râkshasas, qui ont l'air parfaitement terrible, il faut peindre en outre un homme suspendu à un arbre de Nyagrodha, un homme ardent (cela veut dire un cadavre) et un homme empalé sur une poutre aiguë; à côté (d'eux) des troupes entières d'oiseaux, de vautours, de chiens et de chacals, qui poussent des cris. Il faut peindre aussi des Sâdhakas, qui regardent Bhagavân, à un endroit élevé; ils sont nus, leurs cheveux en mèches, ils montrent les cinq Mudrâs, tiennent Ḍamaru, le crâne et Khaṭvâñga et sont couronnés de crânes; pour faire exaucer des vœux, ils sont venus au cimetière. Qu'on expose ce tableau mystérieux à une place déterminée, qu'on lui sacrifie Mahâmâṃsa (des bonnes odeurs), qu'on murmure (des prières) devant lui avec le rosaire de perles de conque; par des Dhâraṇîs parfaites, l'image est soigneusement conservée à trois fois par jour. En présence d'un étranger on ne la montre pas et on ne l'étale pas devant lui. Si l'on veut lire, adorer ou manger, elle reçoit des bénédictions et Mahâmâṃsa, sa nourriture caractéristique. Si l'on aspire à la plus haute Siddhi, on sacrifie

Fig. 84. Le Yi-dam bDe-mč'og.

Sanscrit Samvara. Sous forme de dPal-'k'or-lo sdom-pa. Description à la page 108.

De la collection du Prince Oukhtomsky.

devant l'image trois fois par jour avec Virocana et la fumée de Rudhira. Voilà la manière dont l'image est peinte d'après le Çrîmahâvajrabhairavatantra de la plus haute forme de Mañjuçrî.» (Chapitre V.)

Il me reste à ajouter que dans la description la Çakti (Yum) n'est pas mentionnée. On reconnaît dans l'image, de quelle manière elle fut représentée; ses attributs sont: à gauche le crâne rempli de sang, à droite le Gri-gug. Dans les reproductions que je connais, on voit au-dessous des pieds droits et gauches et des animaux, sur lesquels ils sont debout, des séries de dieux hindous.

Fig. 85. Le Yi-dam Hevajra.

En tibétain: Kyo(-bạ)-rdo-rje, Kyai rdo-rje, Kyai-rdor. (Fig. 86.)

De la collection du Prince Oukhtomsky.

Je n'ai pas encore vu cependant de reproduction de Bhairava avec les figures accessoires énumérées dans l'instruction, mais je l'ai vu comme image centrale entourée de Çakti et de tous les «terribles», des huit Drag-gšed, dont nous aurons à dire quelques mots plus tard. On le rencontre très souvent comme figure accessoire, p. e. sur des portraits de lČań-skya-rol-pai rdo-rje (fig. 73).

Comme bronze il n'est pas non plus rare et il existe de véritables chefs-d'œuvre de bronzes antiques qui le représentent.

Quant aux formes des Yi-dams des Drag-gšed, nous en parlerons dans le chapitre correspondant; ceux qui se trouvent le plus fréquemment sont Vajrapâṇi «à la robe bleue», Hayagrîva, et le Yamâri rouge et noir (bleu) (fig. 45, le premier dans l'air au-dessus de g,Yuń-ston rdo-rje dpal).

Ajoutons enfin la description de deux Yi-dams du culte tantrique. Les plus importants sont: Samvara, en tibétain: bDe-mč'og (fig. 84), et Hevajra (fig. 85 et 86). Le seul nom du premier, Samvara (Çambara) indique précisément que nous avons affaire à un élément purement çivaïque. Le dernier a

Fig. 86. Le Yi-dam Kye(-ba) rdo-rje.

En sanscrit: Hevajra.

La figure du dieu et celle de sa Çakti sont en bleu sur les tableaux, de même que la tête du milieu; trois têtes à droite sont en rouge, en bleu et en blanc; trois à gauche en jaune, brun et bleu. La septième au dessus des six est rouge brun. La parure est blanche. La Çakti tient dans la main droite en l'air le couteau Gri-gug, la main gauche entoure le cou du dieu. Toutes les mains du dieu (yab) tiennent des coupes crâniennes, qui, à droite, renferment des figures d'animaux: un éléphant blanc (en tibétain: glaṅ-dkar-po), un cheval (rta), un âne (boṅ-bu), un taureau (glaṅ), un chameau (rṅa-boṅ), un homme rouge (mi dmar), un cerf (ša-ba-ra-ču), un chat (byi-la); les mains gauches tiennent dans les coupes: un dieu aquatique jaune (en tibétain: č'u-lha-ser-po), un dieu vert du vent (rluṅ-lha-ljaṅ-k'u), un dieu rouge du feu (me-lha dmar-po), un dieu lunaire blanc (zla-bai-lha-dkar-po), un dieu solaire rouge (nyi-mai-lha dmar-po), un dieu mortuaire bleu (gšin-rje-mṅon-po), une déesse dorée de la richesse (nor-'dsin-ma-gser-mo) et un dieu terrestre jaune (sa-i-lha ser-po). Sept peuvent être nommés aisément en sanscrit: ce sont: Varuṇa, Vâyu, Agni, Candra, Sûrya, Yama, Vasundharâ. Je ne connais pas l'équivalent du dernier. Hevajra devrait avoir quatre pieds, dont deux en l'air. Je ne peux m'en rendre compte sur la figure.

Un lama qui a vu ces reproductions a nommé cette figure Mahâmâyâ. Disons que ce Yi-dam danse ou est assis sur une jambe et a d'ordinaire d'autres attributs. Il a nommé Guru drag-po la fig. 85 c.-à-d. «le maître terrible»; ceci me semble être une dénomination d'embarras, que le lama a employée aussi ailleurs. Les preuves en faveur du nom donné ici sont: 1. une miniature en folio i(ka) des Tantras du Kanjour manuscrit de Berlin, 2. une miniature dans le volume d'images qui représentent les préexistences de lCaṅskya Khoutouktou, 3. les 500 dieux de sNar-t'aṅ, figure incolore, il faut le dire. La fig. 1 montre les coupes crâniennes remplies de sang mais sans figures de dieux ou d'animaux.

De la collection du Prince Oukhtomsky.

une certaine importance historique; car c'est par la Hevajra-vaçitâ, «le sacre de Hevajra», que Khoubilaï Khaghan et son épouse reçurent les sacrements de la part de 'P'ags-pa (fig. 41), lorsqu'ils se convertirent au buddhisme.

La représentation de bDe-mč'og donnée dans la fig. 84, s'incarne sous cette forme nommée dPal-'k'or-lo sdom-pa, dans le grand-lama de Péking, le lČaṅ-skya Khoutouktou (fig. 72 et 73). Le culte de bDe-mč'og a son siège principal dans la province Tsa-ri. C'est là que le véritable Mahâdeva (Çiva) demeure; des pélerins hindous s'y rendent avec prédilection «à travers Kâmarûpa, Assam et les pays des Nagâs», pour chercher leur dieu.[69]

J'ajoute la description détaillée de bDe-mč'og sous la forme de dPal-'k'or-lo sdom-pa (fig. 84).

Le dieu, ayant douze bras et quatre têtes, avance à gauche, embrassé de sa Çakti. Il porte sur sa tête quadruple une couronne faite de crânes (en tibétain: t'od-pan) et une haute coiffure, sur le devant de laquelle on voit un foudre quadrûple (en tibétain: sna-ts'ogs rdo-rje) et qui montre sur le côté gauche une demi-lune blanche. Le visage du devant est bleu, les deux figures de gauche sont vertes et rouges, dans des bronzes la quatrième figure forme le revers, celle à droite est blanche. Les mains portent les attributs suivants: à droite un morceau de peau blanche d'éléphant (en tibétain: glaṅ-lpags), qui couvre le dos, le tambour (ḍamaru, en tibétain: čaṅ-te), une hache (paraçu, en tibétain: dgra-sta), un trident (triçûla, en tibétain: k'a-ṭvaṅ-rtse-gsum) avec un drapeau, le couteau Gri-gug et enfin un foudre (vajra, en tibétain: rdo-rje); à gauche, de haut en bas, le reste de la peau d'éléphant, un k'a-ṭvañ-ga, puis une coupe faite d'un crâne (kapâla, en tibétain: t'od-pa, t'od-k'rag), le lasso (pâça, en tibétain: žags-pa), la tête coupée du dieu hindou Brahmâ avec quatre visages (en tibétain: Ts'aṅs-pa, ts'aṅs-pai sgo) et enfin, derrière le dos de la Çakti, un foudre. Le dieu est bleu, la Çakti est rouge cerise, la parure est blanche; au-dessous du pied gauche gît un cadavre de femme nue avec quatre mains et une parure blanche et le K'a-ṭvañ-ga dans l'une des mains, sous le pied droit on voit un cadavre mâle bleu, couronné, vêtu d'une ceinture de peau de tigre, ayant lui aussi quatre mains.

Les Tantras représentent une littérature immense qui explique soigneusement tout détail, du point de vue symbolique aussi bien que par rapport à l'effet salutaire qui s'y rattache. Mais rien de cette littérature énorme n'est encore traduit. Ce sera, à la vérité, un *sacrificium intellectus* que de pénétrer dans ces textes, mais toutefois ils ne sont pas plus fades et plus ennuyeux que les Brâhmaṇas qu'on a étudiés avec un zèle touchant.

On fera bien de ne pas perdre de vue, en traitant de ces types, les formes çivaïques parallèles de l'hindouisme. En effet, les Yi-dams dont nous avons parlé en dernier lieu ne sont pas autre chose que les représentations symboliques de formules qui caractérisent des phases déterminés de dieux çivaïques d'une manière absolument parallèle aux légendes des Purâṇas des Brâhmaṇas.

D'après les renseignements fournis par un certain temple on regarde Çiva ou un être de sa suite — chez les Vishnuites Vishṇu et un de ses Avatâres ou un membre de sa suite — comme une manifestation de l'âme primordiale de Brahman; une danse créée par lui est décrite et ses actes de salut sont énumérés. Il faut insérer dans cette catégorie le groupe entier des bDe-mč'og, Mahâmâyâ, Hevajra, Yamâri etc.

J. J. Schmidt, dans sa traduction de l'histoire des Mongols de Ssanang Ssetsen, a donné un bel échantillon de la façon dont ces éléments sont variés avec le motif si fréquent dans les légendes des magiciens, motif d'un Bodhisatva, qui aspire à la prajñâ parfaite et qui traverse toutes les épouvantes de la terre et des enfers, à travers tous les mirages des Ḍâkinîs, exité exclusivement par sa pitié pour les créatures, jusqu'à parvenir à la Ḍâkinî céleste et à sa bénédiction.[70]

Néanmoins il faut voir dans toute la littérature tantrique vis-à-vis du buddhisme un intrus et un parasite. Il est absolument impossible que des textes comme le Mañgalasutta et le Dhammapada et que des Tantras comme Çekaprakriyâ ou Hevajratantra soient sortis d'un même système. On a l'impression qu'une horde de vagabonds se met à son aise dans une maison bien ordonnée pendant l'absence du maître, de telle sorte que leurs produits, pour garder le décorum, doivent être acceptés et — excusés. Il faut chercher cette horde de vagabonds dans le nombre des «quatre-vingt-quatre» magiciens.[71]

Il est à remarquer que rarement les lamas — j'en ai fait souvent l'expérience — connaissent les noms de ces dernières formes, excepté Yamântaka. Les photographies p. e. qui nous ont servi de matériel ont été montrées aussi à des lamas, pour qu'ils leur donnassent un nom; presque toutes leurs dénominations sont inexactes, incertaines ou directement fausses. On rencontre généralement la vague désignation Guru drag-po, «le maître terrible». Pallas lui aussi a pu obtenir pour une telle reproduction une désignation, il est vrai, mais non pas une explication.[72] Il faut tenir compte de la division en sectes, Yamântaka p. e. est le Yi-dam spécial de l'Église jaune. Retournons à présent aux formes que nous pouvons désigner plus exactement comme faisant partie du système, quoique cette partie — je le fais remarquer encore une fois — contienne assez d'éléments étrangers.

---

2. LES BUDDHAS.

> Passatha imaṃ tâpasaṃ
> jaṭilaṃ uggatâpanaṃ,
> aparimeyye ito kappe
> Buddho loke bhavissati.
>
> Avidûrenidâna.[73]

Dans le panthéon moderne du lamaïsme la représentation du fondateur de la religion est relativement rare. La plupart des tableaux et des bronzes représentent ou bien les nombreuses transformations tantriques des Buddhas et des Bodhisatvas de méditation ou bien des divinités tutélaires çivaïques ou d'un autre origine quelconque, et le clergé énormément nombreux, les représentants visibles des saints, les saints d'ici-bas. La représentation la plus fréquente est celle de Tsoṅ-k'a-pa (fig. 47) accompagné de ses disciples favoris ou non.

Mais il va sans dire qu'il y a aussi des représentations de Gautama Buddha. Avant tout une célèbre statue de santal se trouve souvent mentionnée que l'épouse incarnée du roi Sroṅ-btsan-sgam-po a apportée à Lha-sa, et qui est peut-être une reproduction de la statue du roi Udayana que nous avons mentionnée ci-dessus.

Il y a des bronzes lamaïques d'un Buddha Gautama debout, levant la main droite (parce qu'il est en train d'enseigner) et vêtu d'un vêtement religieux plié qui couvre les deux épaules, de la même manière que cette autre image dérivée des sculptures de Gandhâra, dont nous avons parlé. Il est

Fig. 87. Le Buddha kLu-dbaṅ-rgyal-po. (Fig. 88.)
De la collection du Prince Oukhtomsky.

bien permis d'admettre que, dans ces reproductions, nous avons affaire à des variantes de l'antique statue du Buddha du premier roi buddhique, que nous venons de nommer.

Le Buddha se trouve plus souvent en groupes, entouré p. e. de ses disciples favoris Maudgalyâyana et Çâriputra, servi par les dieux hindous Brahmâ et Vishṇu ou au milieu des Sthaviras (fig. 3). Dans de tels tableaux son teint est doré, les cheveux sont bleu foncé, le vêtement est rouge vif; la sébile est de même bleu foncé. Il est peint avec les mêmes couleurs sur des images qui représentent des légendes d'un saint quelconque, sa régénération accomplie aux pieds du maître.

Il y a en outre des tableaux qui représentent successivement sa vie entière depuis la descente du ciel Tushita jusqu'au Nirvâṇa. Ordinairement ce sont deux images, dont l'une représente surtout la scène de sa naissance (fig. 7), l'autre le Mahâparinirvâṇa.

Dans des bronzes, Buddha Gautama paraît souvent en séries, ou bien avec Maitreya, le Buddha futur, ou avec Maitreya et son prédécesseur immédiat Kâçyapa ou entouré de plusieurs de ses prédécesseurs, des Bodhisatvas,

1. 2. 3. 4.

Fig. 88. Le Buddha kLu-dbaṅ-rgyal-po.

En mongol: Loû-in Khaghan (Khân).

Couleur du corps: bleu, tête en blanc, chevelure bleue, vêtements rouges, entouré (sa-parivâra, en tibétain: 'k'or [bôas]) de quatre Bodhisatvas et protégé par le roi Nâgâ Mucilinda (en tibétain: b'Taṅ-zuṅ). Les quatre sont:

1. Maitreya (en tibétain: Byams-pa, en mongol: Maïdari). Attributs: fleur de lotus à droite, vase d'or à gauche. Couleur du corps: jaune, vêtements de dessus et de dessous rouges.

2. Sarvanivaraṇavishkambhi (en tibétain: Sgrib[-pa] [rnam]-sel, en mongol: Tnitkòr tèïn arilghaktši). Attributs: Bijou Cintâmaṇi à droite, vase à ambroisie à gauche; sur d'autres images en plus: fleur de lotus à droite et soleil rouge sur le réceptacle. Couleur du corps: blanc, vêtements de dessous rouges, de dessus verts.

3. Mañjuçrî (en tibétain: 'Jam-dpal, en mongol: Mandjoušri). Attribut: fleur de lotus à gauche, ou des deux côtés fleurs de lotus, celle de droite avec une épée, celle de gauche avec un livre (fig. 49). Couleur du corps jaune. Vêtements comme 2.

4. Avalokiteçvara (en tibétain: sPyan-ras-gzigs, en mongol: Khongšim bodhisato ou Nidubòr udzèktši). Attributs: fleur de lotus à gauche; couleur du corps: blanc; vêtements comme 1.

Auréole de la figure centrale, de 2 et 3 verte, de 1 et 4 rouge vif; couronne de rayons sur la tête: figure centrale rouge pourpre et bords rouge jaune, 2 et 3 rouge jaune, 1 et 4 bleu foncé.

ou des soi-disant «Buddhas de médecine». Mais il y en a aussi des tableaux. La représentation du Buddha passant au Nirvâṇa est cependant très rare comme bronze.

Nous avons déjà mentionné que les différentes positions des mains (mudrâs) désignent primitivement des fonctions déterminées de Gautama Buddha. Selon la série à laquelle il appartient, la position des mains varie; et comme ces mudrâs se trouvent aussi chez d'autres Buddhas, la dénomination d'une figure de Buddha, qui ne porte pas de nom, qui n'est pas non plus colorée et qui enfin ne fait pas partie d'une série entière, est excessivement difficile. Tout ce qu'on peut faire, c'est de déterminer les mudrâs; la dénomination est presque impossible.

Nous avons encore dit, que, d'après le système du Mahâyâna, on attribue au Buddha trois corps (kâya). Ce sont les suivants:

1° Le Nirmâṇakâya (en tibétain: sPrul-sku). C'est le corps dans lequel le Bodhisatva passe dès qu'il est devenu Buddha; c'est avec ce corps qu'il enseigne et ce corps meurt.

2° Le Sambhogakâya (en tibétain: Loṅs-spyod-sku), corps du suprême bonheur. C'est le corps dans lequel il a la conscience de toutes ses perfections.

3° Le Dharmakâya (en tibétain: C̀ʻos-sku) ou Svabhâvakâya (en tibétain: Ṅo-bo-nyid-sku), corps abstrait et absolu du Buddha comme représen-

། མར་མེ་མཛད་ལ་ན་མོ།

Fig. 89. Le Buddha Dîpañkara.

En tibétain: Mar-me mdsad, en mongol: Dzoula dzokiaktši.

Le premier prédécesseur mystique de Gautama Buddha. Sur les tableaux il a le teint jaune.

tant du Dharma, de la religion. C'est le Dharmakâya qui anime l'image d'une divinité, si, par une cérémonie solennelle, le bronze est rempli de ses «entrailles» (des rôles couverts de Dhâraṇîs, des reliques etc.) ou que l'image est animée par les yeux qu'elle a reçus ou par l'inscription de Dhâraṇîs.

Pour la représentation du Buddha la deuxième note est importante parce que les figures couronnées de Buddhas représentent, à ce que l'on dit, le Sambhogakâya. Des bronzes ouverts, auquels on a donc pris le C̀ʻos-sku, n'ont plus de valeur rituelle.

Il me reste à mentionner une espèce spéciale de représentations du Buddha. Ce sont celles, où le Buddha intervient pour le salut d'autres créatures que des hommes. Il faut nommer ici la représentation assez fréquente du Buddha ombragé par Mucilinda (en tibétain: bTaṅ-zuṅ), roi des Nâgas, où il est glorifié comme libérateur des Nâgas, kLu-dbaṅ-rgyal-po (en mongol: Loû-in khaghan [khân]) (fig. 87, 88). Après la victoire du Buddha sur Mâra (en tibétain: bDud, en mongol: Šimnou, Šimnous) le roi des Nâgas l'abrita

Fig. 90. Lama des Casaques du Don.

Vêtu pour le culte des dieux tutélaires du lamaïsme nommés Drag-gšed; sur la tête la couronne (en tibétain: čod-pan, en mongol: titim) où sont représentés les cinq Dhyânibuddhas sur les cinq parties de la couronne. Le personnage représenté ici s'appelle Mikoulinov.

V. Prince Oukhtomsky, Voyage en Orient.

contre la froideur.[74] — La figure 3 donne le type de Gautama Buddha le plus usité dans le lamaïsme.

Souvent on trouve dans des tableaux la représentation des prédécesseurs de Gautama Buddha, qui sont désignés ordinairement comme les «sept Tathâgatas» (en tibétain: De-bžin-gšegs-pa, en mongol: Tèguntšilèn irèksèn). Ce sont les suivants: Vipaçyî (en tibétain: rNam-gzigs, en mongol: Babaši, sanscrit corrompu), Çikhî (en tibétain: gTsug-tor-čan, en mongol: Šiki, sanscrit corrompu), Viçvabhû (en tibétain: T'ams-čad-skyob, en mongol: Bisbabou, sanscrit corrompu), Krakucchanda (en tibétain: 'K'or-ba 'dsig, en mongol: Kèrkèsundi, Gargasoundi, Ortšilanghi èbdèktši), Kanakamuni (en tibétain: gSer-t'ub, en mongol: Ganagamouni, Altan tšidaktši), Kâçyapa (en tibétain: 'Od-sruṅ, en mongol: Gašib, Kašib, Gèrèl sakiktši), Çâkyamuni (en tibétain: Çâkya t'ub-pa, en mongol: Šakiamouni, Šigèmuni). A partir de Krakucchanda, les quatre derniers Tathâgatas et le Buddha futur Maitreya (en tibétain: Byams-pa, en mongol: Maïdari) appartiennent à la période actuelle du monde. Ce sont les derniers d'une série de vingt-quatre prédécesseurs de Gautama Buddha,

Fig. 91. Le Dhyânibuddha Amitâyus.

En tibétain: Ts'e-dpag-med.

En Dharmacakramudrâ. Fait partie d'une série de Buddhas.

dont le premier a été Dîpañkara (en tibétain: Mar-me mdsad, en mongol: Dibangkara, Dzoula dzokiaktši) (fig. 89).[75] Ce Dîpañkara joue un grand rôle dans le lamaïsme, tandis que ses successeurs jusqu'à Vipaçyî sont moins connus. Dîpañkara forme avec Çâkyamuni et Maitreya une triade bien vénérée, que les Mongols appellent, à en croire Pallas, ghourban tsaghan bourkhan, «les trois Buddhas blancs».

Ces prédécesseurs de Gautama font partie des plus vieilles parties de l'iconographie buddhique. Les arbres, sous lesquels ils sont parvenus à la connaissance, sont déjà représentés sur la porte du mur de Barâhat, dont nous avons parlé plus haut, et ils y sont même pourvus d'inscriptions. A ce que je vois, les arbres de Bodhi de VIPASI (Vipassî, expression pâlie pour Vipaçyî), KOṆÂGAMANA (Koṇâgamana est le nom pâli de Kanakamuni), KAKUTSAṂDHA

(Kakusandha, forme pâlie pour Krakucchanda), KASAPA (Kassapa, pâli pour Kâçyapa) et enfin celui de SAKAMUNI sont prouvés par des inscriptions. Ils sont aussi représentés sur la porte d'est du grand Stûpa de Sâñchî, mais là ils ne sont pas pourvus d'inscriptions. Les représentations des Buddhas manquent, comme nous avons vu, dans l'ancien art indien; mais elles paraissent sans aucun doute dans la période de Gandhâra.[76] Sur un relief originaire de Muhammad Nâri j'ai eu l'occasion de prouver le premier l'existence des figures debout des sept derniers Buddhas et de Maitreya.

Fig. 92. Le Dhyânibuddha Amitâyus.

Entre Mañjuçrî (avec l'épée au dessus du lotus) et Vajrapâṇi (sous sa forme bénigne, çânta) avec le foudre levé au dessus du lotus. Le lama qui a désigné ce bronze n'a pu dénommer que la figure du milieu.

De la collection du Prince Oukhtomsky.

Dans l'art indien postérieur elles sont fréquentes. Je ne mentionne ici que les tableaux dans les temples d'Ajaṇṭâ, où dans la grotte XXII elles sont désignées par des noms. Les quatre premières (Vipaçyî à Krakucchanda) y sont noires, Kanakamuni est gris, les dernières, y compris Maitreya, qui est assis à l'européenne et au milieu, sont jaunes d'or. Mais les positions des mains ne s'accordent pas avec celles de l'image lamaïque, que nous avons donnée dans la fig. 4, le Dharmacakramudrâ et le Dhyânamudrâ y alternent plutôt; Maitreya est représenté avec le premier. Les couleurs officielles du lamaïsme me sont malheureusement inconnues. Une image que je connais donne de Vipaçyî à Kâçyapa les couleurs suivantes: blanc, jaune, jaune, brun, blanc, jaune. Mais je doute qu'elles soient correctes.

Puisque les Buddhas sont innombrables, il y a encore des groupes plus grands. Les «mille Buddhas» en font partie; leur mention seule suffit à notre but.[77]

Nous avons déjà parlé dans le chapitre précédent des Buddhas de méditation (Dhyânibuddhas). Ici il ne reste qu'à ajouter, qu'ils sont représentés eux aussi comme Buddhas, ayant généralement les deux mains au giron en Dhyânamudrâ, et qu'ils ont les couleurs citées et des vêtements rouges. Ils diffèrent essen-

Fig. 93. Bhaishajyaguru ou sMan-bla (Man-la), le Buddha de la médecine.

En mongol: Ototši.

Couleur du corps: bleu; la main gauche tient la sébile (pâtra), la droite une fleur (quelquefois un fruit, une myrobalane, haritaki, en tibétain: a-ru-ra).

V. Prince Oukhtomsky, Voyage en Orient.

tiellement des autres Buddhas parce qu'ils n'ont pas de Bodhisatvas au sens ordinaire, mais qu'ils émanent plutôt leurs Bodhisatvas comme fils spirituels. Le Bodhisatva Avalokiteçvara naît p. e. de rayons sortant de la tête d'Amitâbha etc.

Si je ne me trompe, Rhys Davids a fait remarquer le premier le caractère iranien de ce groupe de Buddhas. Les Dhyânibuddhas correspondent aux Fravashis (Fervers) iraniens, qui dans la religion de Zarathushtra sont les préexistences célestes des êtres nés sur la terre. Le caractère iranien de tout ce groupe, sur lequel de Groot surtout a appuyé, est le plus évident dans le Dhyânibuddha de Çâkyamuni et dans son paradis (Sukhâvatî, en tibétain: bDe-ba-čan).[78]

Avant d'entrer dans les détails, je veux encore dire que la représentation des Dhyânibuddhas sous la forme de Buddhas, en longues séries, se trouve, dans le lamaïsme, le plus souvent sur les couronnes (en tibétain: čod-pan;

Fig. 94. Un des suivants de Bhaishajyaguru (fig. 93).
De la collection du Prince Oukhtomsky. (Vieille porcelaine craquelée.)

en mongol: titim; la traduction ordinaire du sanscrit: mukuṭa) que le lama exerçant le culte porte quand il sacrifie aux dieux terribles («drag-gšed» prononcé en mongol «dokšit») (fig. 90). Car chaque Dhyânibuddha a un Drag-gšed qui lui est soumis.

Dans l'art buddhique postérieur des Indes, les Dhyânibuddhas sont le plus souvent représentés accompagnés de Bodhisatvas, p. e. dans les grottes d'Elurâ à Tîn Ṭhâl.[79] Dans l'art de Gandhâra ils ne sont pas encore constatés; mais puisque Sergius d'Oldenbourg a réussi à découvrir le Bodhisatva d'Amitâbha, à savoir Avalokiteçvara (fig. 12) ou Padmapâṇi, il n'est pas impossible que nous rencontrions aussi son père spirituel Amitâbha.

Le Dhyânibuddha Amitâbha est une des divinités les plus populaires de tout le buddhisme du nord; en Chine et au Japon sa figure est de beaucoup la plus répandue. Son paradis Sukhâvatî situé à l'ouest est un véritable ciel de joies où tout le monde désire renaître. Les textes — je ne nomme que le

Fig. 95. Un des suivants de Bhaishajyaguru (fig. 93); peut-être Rin-č'en-zla-ba (Ratnacandra).

De la collection du Prince Oukhtomsky. (Vieille porcelaine dorée.)

Sukhâvatîvyûha — dépeignent ce paradis avec le plus grand enthousiasme et partout, au Japon et dans les pays du lamaïsme, il y a des tableaux magnifiques qui le représentent. Il y en a même des modèles excellemment construits avec des figures.[80]

Une légende de source chinoise que Schott a traduite et qui mérite d'être tirée de l'oubli, décrit le mieux le bonheur de renaître au paradis d'Amitâbha.

«Du temps de la dynastie Suṅ (1086—93 après J.-C.) une vieille femme pieuse et ses deux domestiques ne vivaient que pour ‚le pays du bonheur' (Sukhâvatî). Un jour l'une de ces jeunes filles dit à sa camarade: ‚Cette nuit je passerai au paradis d'Amita.' Dans cette même nuit un parfum balsamique remplit la maison et la fille mourut sans avoir été malade auparavant. Le lendemain, celle qui survivait dit à la dame: ‚Hier la morte m'apparut dans

Fig. 96. Un des suivants de Bhaishajyaguru (fig. 93), peut-être mT'an-legs yoṅs-grags-dpal.

De la collection du Prince Oukhtomsky. (Vieille porcelaine dorée.)

un rêve et me dit: ‚Grâce aux exhortations perpétuelles de notre maîtresse j'ai gagné ce paradis et mon bonheur dépasse toute description.' La dame répondit: ‚Si elle m'apparaît à moi aussi, je croirai ce que tu me dis.' Dans la nuit suivante la morte lui apparut en effet et la salua avec respect. ‚Parviendrai-je', lui demanda la dame, ‚moi aussi un jour dans le pays du bonheur?' ‚Oui', répondit-elle, ‚tu n'as besoin qu'à suivre ta servante.' En rêve, la dame suivit sa servante et vit bientôt un lac immense couvert d'innombrables lotus rouges et blancs en différents états, les uns en fleurs, les autres fanés. Elle demanda ce que ces fleurs signifiaient? La fille répondit: ‚Ce sont des âmes humaines dont, sur terre, les pensées étaient dirigées vers l'endroit du bonheur. Le premier désir du paradis d'Amita fait naître une fleur dans le lac céleste et elle grandit et embellit de jour en jour, tant que la justice de la personne qu'elle représente, fait des progrès; en cas contraire elle perd sa splendeur et se flétrit.' La dame demanda le nom d'une fleur brillante qui était toute enveloppée de splendeur et qui rayonnait merveilleusement. Sa servante dit: ‚C'est Yangkie.' Puis elle demanda le nom d'une autre fleur et eut la réponse: ‚C'est Mahu.' La dame continua: ‚Où est-ce que je renaîtrai moi?' Alors l'âme bienheureuse la conduisit plus loin et lui montra une hauteur qui rayonnait d'or et d'azur. ‚Voici', dit-elle, ‚ta demeure future. Tu seras une des premières au rang des bienheureux.' Lorsque la dame s'éveilla, elle demanda Yangkie et Mahu. La première était déjà morte, la seconde était encore parmi les vivants. C'est ainsi que la dame apprit qu'une âme qui avance en sainteté et qui persévère, demeure déjà au pays du bonheur, quand même son corps séjourne encore dans ce monde périssable.»[81]

Amitâbha Buddha a, dans ses trois corps, les formes suivantes: dans le Dharmakâya il s'appelle Amitâbha, en tibétain sNaṅ-ba-mtʻa-yes, dans le Nirmâṇakâya de même, mais en tibétain 'Od-dpag-med (autre traduction du nom «ayant de la lumière immense»), dans le Sambhogakâya il s'appelle Amitâyus, en tibétain Tsʻe-dpag-med, en mongol Ayouši, «ayant la vie sans borne». Sous cette dernière forme il est le dispensateur de longues vies et se rapproche du dernier groupe des représentations de Buddhas, des sMan-bLas (Buddhas de médecine) qu'il nous reste encore à mentionner.

Pour son fils spirituel Avalokiteçvara, le Bodhisatva, qui s'incorpore dans le Dalaï Lama, tandis que Amitâbha renaît dans le Paṇ-čʻen, nous dirons dans le chapitre qui traite des Bodhisatvas ce qui est absolument nécessaire. Il est le patron de l'Église, le sauveur κατ' ἐξοχήν.

La représentation d'Amitâbha le montre ordinairement comme Buddha en Dhyânamudrâ, avec le teint rouge et en habit religieux rouge foncé; dans les mains jointes au giron il tient une sébile bleue. Mais il se trouve aussi en Dharmacakramudrâ (fig. 91). Comme Amitâyus, dispensateur de longues vies, il est assis de la même manière, mais au lieu de la sébile il tient un vase d'or à ambroisie, d'où sort parfois un petit arbre; il est couronné et porte de longs cheveux bleus qui descendent jusqu'aux épaules et des ornements d'or; le long châle tient lieu d'habit et sur les reins il est vêtu d'un drap rouge foncé; la couleur du corps est rouge, ordinairement rouge vif (fig. 92).

Bhaishajyaguru (Vaiḍûryaprabhârâja), en tibétain: sMan-gyi bla Veḍu-ryai 'od-kyi rgyal-po ou brièvement: sMan-bla, est le nom d'une représentation de Buddhas qui, comme celle d'Amitâbha n'appartient pas seulement au lamaïsme, mais qui est vénérée avec le même respect en Chine et au Japon qu'au Tibet et en Mongolie. Lui, Amitâbha et Gautama forment une triade fort populaire.

Nous le trouvons souvent figuré avec ses huit compagnons ou, comme Pozdněev les appelle, ses Khoubilghans, série de figures de Buddhas, dont

Çâkyamuni est alors le chef. Il est le dieu de la médecine et est vénéré, comme Waddell le rapporte, «presque comme un fétiche», les croyants frottant les parties de sa figure, où ils ont eux même des douleurs. Son culte semble être très ancien, puisqu'il se trouve aussi, nous l'avons vu, en Chine et au Japon, mais son origine est encore inexplicable. La fig. 93 donne la représentation la plus vulgaire et les fig. 94, 95, 96 font voir trois de ses compagnons. Les noms de deux de ces compagnons sont peut-être connus. Mais en général justement ces figures isolées de Buddhas de l'entourage de sMan-bla, sont de ces nombreuses figures lamaïques dont la dénomination est absolument impossible faute de dates.

---

3. LES BODHISATVAS.

> Satvânukampayâ hi bodhisatvo manushyaloko upapadyate, na devabhûta evaṃ dharmacakraṃ pravartayati.
>
> Lalitavistara.

Les représentations des Bodhisatvas sont, sous certains rapports, les figures les plus difficiles de toute la mythologie du buddhisme du nord. Nous en trouvons les plus vulgaires sous des formes simples et compliquées.

Les formes simples — qui sont en même temps les premières — les présentent debout ou assis, avec deux mains, couronnés, avec de riches ornements, le long vêtement de dessous et le châle par dessus; les attributs qu'ils portent sont des lotus, parfois avec un symbole (Cintâmaṇi, un livre, un glaive, un soleil, une roue etc.) sur le réceptacle, ou des flacons. Quelquefois ils sont déterminés par un Stûpa ou la représentation d'un Buddha, fixés à la couronne.

Tandis que quelques-uns de ces attributs ont été réservés exclusivement à une personne déterminée et ne donnent pas lieu à confusion, d'autres varient et ne sont point si décisifs qu'on le désirerait. Les séries suivies nous donnent aussi dans ce cas une certaine sûreté pour la dénomination; quelques-uns sont seulement déterminables, s'ils font partie d'une de ces séries, d'autres ne se trouvent qu'en séries. Une autre source de confusions sont des surnoms communs qui, au surplus, ont été confondus entre eux par la traduction en tibétain ou en chinois, de manière que les lamas ne sont pas même sûrs de leur affaire en fait de la dénomination des formes à deux bras et qu'ils font des fautes évidentes. Pour citer tout de suite un exemple le surnom de «Mahâkaruṇika» («le grand miséricordieux») donne lieu à confondre Maitreya et Padmapâṇi (Avalokiteçvara) sous sa forme à deux bras; car Maitreya ne se trouve pas autrement qu'avec deux bras. D'autres fautes sont causées par la confusion entre les syllabes Byam(s) et 'Jam, dont la première sert à traduire le nom de Maitreya, l'autre celui de Mañjuçrî et qui sont presque également prononcées en tibétain, à peu près comme Djam. Dans ce dernier cas Maitreya aura généralement le dessous; car Mañjuçrî est plus fréquent et plus vulgaire que Maitreya, sur des tableaux au moins.

Les représentations compliquées des Bodhisatvas, supposé qu'elles offrent plusieurs mains et qu'elles soient pourvues d'attributs caractéristiques, sont au contraire exemptes de doutes. Quoique ces dernières formes soient plus fréquentes que les formes à deux bras, celles-ci ne manquent pourtant pas absolument dans le lamaïsme, tandis que l'art indien antérieur et surtout l'époque de Gandhâra ne connaît pas du tout d'autres formes. Si nous voulons donc faire

Fig. 97. Le **Bodhisatva Maitreya.**
Représenté comme Buddha, assis à l'européenne.
De la collection du Prince Oukhtomsky.

usage d'images lamaïques pour déterminer les nombreuses représentations de Bodhisatvas de l'époque de Gandhâra et des anciennes formes indiennes qui s'y rattachent immédiatement, il faut nous imposer une grande réserve et, au fond, il faudrait nous restreindre à comparer des séries bien déterminables (des triades, des pentades ou des groupes encore plus grands); mais en tout cas il n'est pas permis de négliger la tradition japonaise, qui paraît presque être meilleure.

Il me semble que de telles séries ont été divisées en faux ordre, pour pouvoir déterminer les différentes figures dans les livres d'images des lamas; d'autre part il saute aux yeux que le nombre des Bodhisatvas, infini en théorie, a été augmenté pour des raisons qui reposent sur le développement de l'art buddhique.

Fig. 98. Le Bodhisatva Maitreya.

En tibétain: Byam(s)-pa; en mongol: Maïdari.

Attributs: deux lotus et une roue (à droite), un vase à eau bénite (à gauche, mais invisible), il est assis sur un trône, à l'européenne. Le dossier est richement orné, en haut on voit l'oiseau Garuda (en tibétain: K'yuṅ) et des Nâgas (en tibétain: kLu); Garuda tue un grand Nâga. Pour les détails du trône cf. fig. 73.

De la collection du Prince Oukhtomsky.

Si p. e. nous voyons le groupe des Buddhas de médecine avec Gautama Buddha comme président accompagnés de deux génies semblables à des Bodhisatvas ou à des Devas, qui sont désignés sous les noms de «soleil» et de «lune», cela nous donne une indication, comment il faut imaginer l'origine de noms de Bodhisatvas comme Sûryagarbha (en tibétain: Nyi-mai snyiṅ-po) ou Mahâ-

Fig. 99. Le Bodhisatva Maitreya.

Désigné en Mongolie par des lamas pour être Byams-pa (Maitreya).

De la collection du Prince Oukhtomsky.

meghagarbha (en tibétain: sPrin-č'en snyiṅ-po) «germe du soleil», «germe du grand nuage» etc. Du point de vue européen il s'agit en ce cas de simples personnifications dans le sens antique, semblables en principe aux divinités locales de la fin de la période antique qui sont ajoutées dans les représentations comme témoins d'un fait ou d'un acte quelconque.

Fig. 100. Le Bodhisatva Maitreya.
Désigné sous ce nom en Mongolie.
De la collection du Prince Oukhtomsky. (Grand bronze orné de turquoises.)

Dans le nombre immense de Bodhisatvas — presque chaque livre du Mahâyâna commence par en énumérer une longue série — nous ne traiterons que les plus fréquents.

Le seul Bodhisatva que connaisse aussi l'Église du Sud (Ceylon, Birma, Siam, Cambodje) et en même temps le premier dont la figure ait pris des formes déterminées, c'est le Bodhisatva de Gautama Buddha, Maitreya (en pâli: Metteyya, en tibétain: Byam(s)-pa, en mongol: Maïdari). Dans le lamaïsme il est représenté aussi bien comme Bodhisatva dans le costume et avec la parure etc. décrits plus haut, que comme Buddha. Les tableaux et les bronzes qui le représentent dans la pose caractéristique pour lui seul ne sont pas soumis à un doute. Souvent il est assis à l'européenne les pieds pendant (en tibétain: Byamszugs, «pose de Maitreya») (fig. 97, 98).

Fig. 101. Le Bodhisatva Maitreya.
En tibétain: Byam(s)-pa; en mongol: Maïdari.
Le stûpa qui se trouve devant les cheveux relevés sur la tête n'est pas très visible sur l'image.

Ces deux figures sont typiques et ne contiennent rien qui puisse donner lieu à des confusions ou à des erreurs. Le magnifique bronze doré et orné de bijoux (fig. 98) le représente comme Bodhisatva avec les attributs caractéristiques: les mains sont en Dharmacakramudrâ, et des mains sortent les tiges de deux grands lotus, dont l'un porte une roue (cakra, en tibétain: 'k'or-lo), l'autre un vase à eau bénite (mañgalakalâça, en tibétain: bum-pa). La fig. 97, où il est représenté comme Buddha, montre de même les mains en Dharmacakramudrâ.

Mais c'est ici déjà que nous trouvons un attribut qui lui est commun avec Padmapâṇi: c'est le vase à eau bénite. Mais ici il n'y a pas d'erreur possible, quoique dans les bronzes antiques, dans lesquels il paraît debout et portant seulement le flacon dans la gauche, ce vase ne puisse plus être regardé comme décisif.

Les figures qui ne représentent le Bodhisatva qu'avec le lotus sont beaucoup plus difficiles à déterminer. Dans cette représentation il ressemble aux formes les plus anciennes de Padmapâṇi; la seule différence décisive paraît être que celui-ci porte ordinairement l'image d'Amitâbha dans la coiffure. En outre, si Maitreya est debout, il a le long châle légèrement mis autour de la ceinture comme une écharpe (fig. 99). Mais la fig. 100, qui le montre debout avec deux lotus et le long vêtement de dessus arrangé à la façon ordinaire, prouve que cela n'est pas non plus décisif. C'est ici l'absence de tout autre attribut (p. e. d'une figure du Buddha dans la couronne etc.) qui seule le caractérise.

S'il se trouve dans un même groupe avec d'autres Bodhisatvas, comme dans la fig. 88, il semble porter une couronne plus petite que ceux avec lesquels il pourrait être confondu. Dans le cas de la figure 88 nous avons affaire à une pentade unie, dont nous connaissons les noms, — et juste dans ces groupes les Bodhisatvas ne sont guère caractérisés par des attributs plus ou moins exacts; toujours est-il qu'il porte dans la main gauche son ancien attribut, le flacon.

Fig. 102. Trois Bodhisatvas.

Les figures à droite et à gauche sont sûrement Mañjuçrî (lotus avec épée) et Vajrapâṇi (lotus avec foudre); la figure centrale est plutôt Padmapâṇi que Maitreya. Le nom original est 'Jam gon (sic!), c.-à-d. sans doute Byam(s)mgon; car la même main a ajouté en lettres russes: Maïdari (en mongol: Maitreya). Sur le sol sont des Nâgas dans de l'eau d'où sortent les fleurs de lotus sur lesquelles sont debout les Bodhisatvas.

De la collection du Prince Oukhtomsky. (Bronze.)

La fig. 101, tout en offrant deux singularités qui pourraient admettre d'autres dénominations, est caractéristique, du moins pour des images lamaïques. Nous voyons Maitreya debout, le châle tressé en écharpe, autour des hanches, les mains en Dharmacakramudrâ avec un lotus, les cheveux longs tressés sur le sommet et ornés d'un Stûpa.

Ce Stûpa se rapporte à une légende.[82]

Le vieux Kâçyapa, un des élèves principaux de Gautama, d'après une autre version le Buddha Kâçyapa, prédécesseur de Gautama, gît, sans se putréfier, dans le mont Kukkuṭapâda (ou Gurupâda) près de Gayâ. Lorsque Maitreya, le Buddha futur, aura quitté sa maison, il ira à la montagne, l'ouvrira par un miracle et il recevra de la part de Kâçyapa les vêtements du Buddha. Un feu miraculeux consumera alors le corps non putréfié de Kâçyapa de telle

Fig. 103. Le Bodhisatva Padmapâṇi (Avalokiteçvara).

Caractérisé par les attributs du flacon (main droite) et du lotus (main gauche), la peau de gazelle sur l'épaule gauche, et par la petite figure du Buddha Amitâbha dans les cheveux. Un lama qui a pu ne pas voir cette figure dans les cheveux, a nommé le tout Târâ (en tibétain: sGrol-ma).

De la collection du Prince Oukhtomsky.

sorte que ni ossements ni cendres ne resteront. A l'endroit où, d'après Hiouen-Thsang, cet événement s'est déjà passé, un Stûpa s'élève sur la hauteur de la montagne.

Il est possible que le Stûpa dans la coiffure de Maitreya se rapporte à cette légende, dont Spiegel et Schiefner surtout ont fait remarquer les éléments iraniens.

Il faut se rappeler qu'à Gandhâra les représentations de Bodhisatvas présentent souvent au-dessus de leurs riches coiffures un bijou vertical qu'on a pris peut-être pour la figure d'un Stûpa. Abstraction faite de Maitreya je n'ai pas encore vu des Bodhisatvas authentiquement déterminés avec le Stûpa dans la coiffure; pourtant il est remarquable que dans le buddhisme japonais c'est un signe caractéristique du Bodhisatva Mahâsthânaprâpta.

Mais un autre attribut montre encore une analogie avec Padmapâṇi: c'est la peau de gazelle qui tombe de l'épaule gauche. J'y insiste parce que, tous les autres attributs (l'écharpe, le stûpa) et enfin la dénomination authentique faisant défaut, cette peau de gazelle seule désignerait le Bodhisatva comme Padmapâṇi.

Fig. 104. Siṃhanâda.
En tibétain: Seṅ-ge sgra.
Une forme du Bodhisatva Padmapâṇi.
De la collection du Prince Oukhtomsky.

Le peu de notes données suffit pour faire comprendre de combien de manières différentes la plupart des attributs peuvent être interprétés et combien il est difficile de dénommer certaines figures avec une sûreté absolue.

Dans des tableaux Maitreya est ordinairement blanc, le long châle ou la partie supérieure du drap jeté sur les reins est verte, le reste de ce drap est rouge foncé. Cependant j'ai vu des images de Maitreya de teint doré; c'est encore une singularité qui lui est commune avec Padmapâṇi.

Dans le groupe de la figure 102, Maitreya est désigné uniquement par la peau de gazelle. Sans la dénomination donnée en Mongolie, qui me semble presque douteuse, on désignerait la figure pour être Padmapâṇi; on y est d'autant plus porté, que les figures accessoires, les Bodhisatvas Mañjuçrî (à droite) et

Vajrapâṇi (à gauche), forment avec Padmapâṇi une triade très populaire. Mais je crois que dans cette triade Mañjuçrî tient toujours le milieu.

Nous ferons bien de passer maintenant à ce Bodhisatva qui, comme nous avons vu, peut être confondu le plus facilement avec Maitreya: c'est le Dhyânibodhisatva de Çâkyamunibuddha (Gautama), fils spirituel du Dhyânibodhisatva Amitâbha Padmapâṇi ou Avalokiteçvara, Âryâvalokiteçvara (en tibétain: P'yag-na padma [rarement] ou 'P'ags-pa sPyan-ras-gzigs [-dbaṅ-p'yug], en mongol: Khongšim bodhisato ou Nidubèr udzèktši ou (corruption d'Âryâvalokiteçvara) Ariabalo. Nous avons déjà mentionné qu'il est le spiritus rector de l'Église lamaïque représenté par le Dalaï Lama.[83]

Nous connaissons déjà quelques attributs qui le désignent. Parmi eux il faut attribuer le lotus, un vase à eau et probablement la peau de gazelle aussi à Maitreya, tandis que la représentation d'une figure de Buddha (Amitâbha) dans la coiffure n'appartient qu'à Padmapâṇi (Avalokiteçvara). Les Tibétains et les Mongols donnent pour le nom d'Avalokiteçvara une traduction qui ne s'accorde guère avec la signification du mot hindou: «celui qui voit par les yeux»; mais le mot sanscrit, supposé que sa forme soit correcte, ne peut être autrement traduit que par «le maître, qui est regardé ou qui fut regardé» et on pourrait croire que le petit Amitabha assis dans la coiffure, a eu une influence sur cette désignation, dont le sens n'a plus été compris plus tard.

Quoi qu'il en soit, en tout cas la petite figure de Buddha est décisive pour lui surtout pour ce qui est de la forme assez rare du Bodhisatva à deux mains (fig. 103). Un autre attribut qu'il porte souvent dans la main droite, tandis que la main gauche tient le lotus (padma) ou le flacon (kalâça), c'est le rosaire (mâlâ, en tibétain: p'reṅ-ba). Surtout la forme à quatre mains: assise, deux mains jointes devant la poitrine, tient dans la seconde main droite étendue le rosaire, dans la main gauche correspondante le lotus. Cette forme s'incarne dans le Dalaï Lama et est appelée pour cela en tibétain: rGyal-ba rGya-mts'o, ce qui est le titre du grand-lama. Mais avant de traiter des nombreuses formes à plusieurs mains, il faut nous occuper encore d'une forme à deux mains qui est exceptionnellement intéressante.

Un des surnoms de Gautama Buddha qui se trouve déjà dans les textes pâlis, c'est le nom de Sîhanâda (en sanscrit: Siṃhanâda), «à la voix de lion»: nom qui fait partie des éléments buddhiques contenus dans la célèbre histoire naturelle «Physiologus», qui a joui d'une renommée excessive dans le moyen âge européen. Il s'y trouve le récit du lion qui par son mugissement éveille à la vie ses petits nés sans vie et il est comparé au sauveur qui est resté trois jours dans le tombeau avant que l'appel de son père céleste ne le rappelât à la vie.[84]

Si je mentionne ici le développement de ce symbole dans la légende européenne et dans l'art ecclésiastique du moyen âge, je ne le fais que pour rappeler l'immense propagation de ces éléments buddhiques et pour nous rapprocher de ce monde étranger en observant que nos ancêtres, sans le savoir il est vrai, ont déjà eu quelques points de contact avec lui. Je n'ai nullement l'intention de construire une relation immédiate entre la légende européenne et les formes que nous rencontrons ici. Le lamaïsme aussi bien que «Physiologus»

Fig. 105. Amoghapâça.

En tibétain: Don-žags.

Sous forme du grand pandit de Kâçmira (Amoghavajra?); attributs: rosaire, lasso, trident, livre, lotus, vase à eau. Dans les tableaux vraisemblablement blanc. Son entourage (parivâra, en tibétain: ʾk'or) se compose de: Târâ (en tibétain: sGrol-ma) sous sa forme verte (çyâmâ) avec lotus; Sudhanakumâra (en tibétain: Nor-bzaṅ gžon-nu) couleur d'or, avec un livre, en posture de suppliant (añjali) à droite de la figure centrale; à gauche: Hayagrîva (en tibétain: rTa-mgrin) de couleur rouge vif avec cheveux couleur d'or ébouriffés; comme attribut un bâton, sur les reins une peau de tigre; Bhrikuṭi (en tibétain: K'ro-gnyer-ĉan-ma), à couleur d'or, vêtement rouge, à quatre mains avec trident, cruche (Kamaṇḍalu) et rosaire et les cheveux ramenés sur le sommet de la tête à la manière des ascètes.

a plutôt puisé dans la source commune de l'ancien buddhisme. Nous trouvons la désignation de Siṃhanâda dans le buddhisme du nord comme surnom du Dhyânibuddha Amitâbha, père spirituel de Padmapâṇi, nous la rencontrons comme nom d'un Buddha dans la liste des «mille Buddhas» de cette époque du monde, nous apprenons en outre qu'elle désigne deux formes accessoires du Bodhisatva Padmapâṇi et du Bodhisatva Mañjuçrî.

Fig. 106. Amoghapâça.

Une forme d'Avalokiteçvara (Padmapâṇi).

Les figures des côtés sont incertaines, peut-être sont-elles Târâ et Bhrikuṭi; le livre est la Prajñaparamitâ. La figure principale, une variante de la figure 105, est identique à l'Âmoghapâça Lokeçvara reproduit par James Burgess dans l'Archæological Survey of India nº 9 (1879), App. A, p. 106, table XXV, 16.

De la collection du Prince Oukhtomsky.

Sous forme de Siṃhanâda (en tibétain: Señ-ge sgra), le Bodhisatva Padmapâṇi est assis en travers sur un lion accroupi: forme qui se prépare déjà dans les sculptures de Gandhâra; car nous y avons rencontré une déesse, faisant de la musique, qui est représentée de la même manière (fig. 17). Le Sâdhanamâlâtantra, qui contient une collection concise de tantras concernant les Bodhisatvas, les Târâs et d'autres dieux, indique aussi quelques Sâdhanas («moyens de citer, de conjurer une divinité») de Siṃhanâda; dans l'un d'eux, après avoir dit dans l'introduction comment il faut se suggérer l'arrivée du Bodhisatva, il continue: il faut imaginer voir «un lion blanc; ensuite il faut s'imaginer soi-même sous forme de Siṃhanâdalokeçvara, né du signe ‚hrîḥ' qui se trouve sur une lune (= réceptacle de lotus); que dans son imagination

Fig. 107. Le déesse Vijayâ.

En tibétain: rNam-rgyal-ma.

Avec son titre complet: Ushṇishavijayâ (en tibétain: gTsug-tor-rnam-par-rgyal-ma). Au lieu d'Amitâbha elle tient quelquefois dans une main droite une table d'or avec la syllabe Hriḥ empruntée à une Dhâraṇî. Description au chap. 4 (sur les déesses).

De la collection du Prince Oukhtomsky. (Vieux bronze.)

il soit blanc, qu'il porte la boucle de pénitence d'Amitâbha et la couronne, qu'il ait trois yeux, deux bras, le costume d'un ascète (c'est-à-dire une peau de tigre sur les reins), la pose gracieuse d'un grand-roi, un glaive sur le lotus qu'il porte dans la main gauche, qu'il tienne dans la main droite un trident blanc entouré d'un serpent blanc, dans la gauche une coupe blanche faite d'un crâne, remplie de différentes fleurs odorantes et qui vomit les cinq Tathâgatas (Buddhas); c'est ainsi qu'il faut imaginer le Bodhisatva formé miraculeusement.»[85]

Cette description s'accorde essentiellement avec notre bronze (fig. 104), avec cette seule différence qu'il faut imaginer le glaive derrière la coupe crânienne sur une branche de lotus à part. Un autre signe caractéristique pour cette forme du Bodhisatva c'est une demi-lune blanche dans la haute coiffure (en sanscrit: jaṭâ, en tibétain: lčaṅ-lo). On dit que le Siṃhanâdasâdhana est très efficace contre la lèpre — car Siṃhanâda a le surnom de «sarva vyâdhiharî», «qui ôte toute maladie» — et une des premières cures que firent les lamas

||འཇམ་དཔལ་སྒྲ་སེང་ལ་ན་མོ||

Fig. 108. Siṃhanâda-Mañjuçrî.

En tibétain: 'Jam-dpal sgra soṅ (smra-bai seṅ-ge).

après avoir fait la connaissance des Mongols, c'était la guérison d'un roi lépreux au moyen du Siṃhanâdasâdhana.[86] A ce qu'il paraît, la guérison de maladies a été d'une certaine influence sur le premier succès du lamaïsme en Mongolie; aujourd'hui encore elle est la base de la propagande lamaïque chez les Bouriaites et les Tongous païens.

Les attributs de cette forme de Padmapâṇi sont apparemment çivaïques et James Burgess qui, si je ne me trompe, a émis le premier l'idée qu'Avalokiteçvara est identique à Çiva sous une forme modifiée, a sans doute raison pour la forme en question. Une représentation détaillée de tout ce que le lamaïsme et le çivaïsme ont de commun, du développement analogue de ces deux phases des religions indiennes — voilà un problème important, qui cependant ne peut pas encore être résolu à présent.

Une autre forme d'Avalokiteçvara qui est encore pourvue d'attributs çivaïques, c'est Amoghapâça (fig. 105 et 106). La première figure le montre avec la peau de tigre sur les reins, avec huit bras et le rosaire (akshamâlâ), le lasso (pâça) dans deux mains droites et avec le trident, le vase, des lotus et un livre dans les mains gauches. Il est entouré de quatre compagnons (pañcâtmaka), Târâ et Sudhanakumâra à droite, Hayagrîva et Bhṛikuṭî (avec quatre mains) à gauche. Le bronze (fig. 106) présente de légères variantes; malheureusement je ne suis pas à même de déterminer avec une certitude absolue les figures accessoires.

Waddell, dans son livre cité plus haut, énumère une série de formes tantriques d'Avalokiteçvara, dont la plupart présentent le type parfait des figures

༄། །འཇམ་དཔལ་ཡེ་ཤེས་སེམས་དཔའ་ལ་ན་མོ།

Fig. 109. 'Jam-dpal ye-šes sems-dpa.

Une forme de Mañjuçrî Jñânasatva.

de Yi-dams et dont les reproductions se trouvent dans les «cinq cents dieux de sNar-t'añ». On y voit des formes polycéphales bleues et rouges du Bodhisatva. J'en mentionne surtout deux, l'une à cause de son nom de Padma gar-dbañ, car ce surnom de «gar-dbañ», «maître de la danse», correspond exactement à «Nâṭeça», nom bien connu de Çiva, et l'autre, nommé Halâhala, qui joue de même un rôle parmi les formes de Çiva.[87]

La forme la plus fréquente du Bodhisatva est celle de la fig. 51 qui présente «onze têtes», en tibétain: sPyan-ras-gzigs bču-gčig žal dPal-moi lugs, sous la forme de dPal-mo[88]: Avalokiteçvara ekadaçamukha. J'ai donné déjà une description détaillée; il me reste à ajouter qu'il se trouve aussi, outre avec le teint blanc, en couleur d'or.

La légende à laquelle se rapporte cette représentation est connue depuis longtemps. Lorsque le Bodhisatva eut travaillé longtemps et avec un zèle immense au salut de tous les êtres et qu'il crut y avoir réussi, mais que peu de temps après il vit remplis de nouveau les enfers, la douleur fendit sa tête. Avec les morceaux son père spirituel Amitâbha, le Dhyânibuddha, forma dix têtes, en haut une tête sous la forme terrible dans laquelle il intervient à l'avenir, et là-dessus sa propre tête comme onzième.[89]

Dans les fig. 21 et 22 le lecteur trouve d'antiques formes japonaises très intéressantes, auquelles correspondent immédiatement des formes analogues lamaïques. La forme lugubre du «grand miséricordieux» (Mahâkaruṇika) est remarquable avant toutes les autres, parce que ce type se trouve déjà à Gandhâra, sans que nous puissions soutenir cependant avec une sûreté absolue que ce type représente déjà Avalokiteçvara.

Le Bodhisatva vénéré le plus à côté d'Avalokiteçvara, dont le culte est probablement aussi ancien que celui d'Avalokiteçvara et qui semble dater des premiers temps de l'école du Mahâyâna, c'est le Bodhisatva Mañjuçrî (en tibétain: 'Jam-dpal; en mongol [dans la transcription!]: Mandjoušri, mais prononcé vulgairement: Mandsouširi).[90] D'après la légende, deux maîtres hindous consultés par l'empereur Miṅ-ti sur le développement prospère du buddhisme en Chine, ont déjà dirigé l'attention de l'empereur sur l'activité de Mañjuçrî sur la montagne «à cinq sommets», dans la province de Shan-si (Chine septentrionale). Ce Bodhisatva a donc presque l'air d'être un personnage historique.

Parmi ses incarnations il faut nommer: T'on-mi Sambhoṭa, envoyé dans les Indes par le roi Sroṅ-btsan-sgam-po, le roi K'ri-sroṅ-bde-tsan, protecteur de Padmasambhava, l'empereur de Chine et plusieurs lamas de haut rang.

Tous les personnages reçoivent, dans l'iconographie de l'Église, les emblèmes de Mañjuçrî: deux lotus, dont l'un porte le glaive (en tibétain: šes-rab-ral-gri), l'autre le livre Prajñâparamitâ. Ces attributs qui désignent toujours distinctement le Bodhisatva — il n'y a qu'une seule confusion possible avec une rare figure de Bodhisatva (Khagarbha), dont nous aurons encore à parler — sont arrangés de différentes manières dans les différentes formes du Bodhisatva; nous connaissons déjà quelques représentations du Bodhisatva, qui forment une triade populaire avec Avalokiteçvara et Vajrapâṇi (bénin: çânta) (fig. 49, 88).

Dans ce qui suit, je donne un extrait d'une traduction d'un chapitre du livre Pad-ma-t'an-yig, qui se rapporte à Mañjuçrî. Il est intéressant, d'abord parce qu'il dépeint très bien le style, dans lequel des émanations de Bodhisatvas sont décrites dans les textes, et ensuite parce qu'il montre de quelle manière une légende est adoptée et traitée par les différentes sectes. Car l'introduction du chef de la secte d'U-rgyan-pa dans le conte, ne regarde au fond point la légende qui, chez les Mongols surtout, a adopté un caractère cosmogonique.

Padmasambhava se rend (fol. 102a, 6e ligne de l'impression xylographique de son livre de légendes dans la récension de Darjiling) «devant la figure d'Ârya Mañjuçrî» qui demeurait sur le sommet du mont Te-šan, sur la rive du «Sîtasara», au sud de la «montagne à cinq sommets» (Ri-bo tse-lṅa, traduction

Fig. 110. Mañjughosha.

En tibétain: ᾿Jam-dbyaṅs.

Une forme du Bodhisatva Mañjuçri. Sur les tableaux le lion est blanc avec une crinière d'or, une queue et des touffes de poils aux genoux; la peau du Bodhisatva est jaune (pîtavarna), le vêtement de dessous rouge, le châle vert, le lotus sous le lion blanc avec un réceptacle blanc.

De la collection du Prince Oukhtomsky. (Vieux bronze sombre.)

tibétaine, du reste, de l'expression chinoise de Ṅu-tai-šan, en sanscrit: Pañcaçîrshaparvata, en mongol: taboun udjugurtu aghoula) en Chine.[91] Comme celui-ci avait eu l'intention de gagner les provinces de l'empire chinois à la religion (dharma) en suivant le Buddha, qui avait tourné quatre fois la roue de la doctrine en Chine, il était allé en Chine et avait tourné la roue de la doctrine, en expliquant la bénédiction du bon et la punition du méchant. Et pourtant tout le monde dans le pays ne parlait que des blasphèmes. Alors le Buddha s'était demandé, dans ses pensées: s'il était impossible d'introduire la doctrine en sa pleine vérité (paramârthasatya dharma, en tibétain: don-dam bden-pai č'os), il voulait méditer sur un moyen de convertir le peuple de Chine par la doctrine de la vérité subjective (kun-rdsob bden-pai č'os ou rtsis) et il retourna à la montagne de Gṛidhrakûṭa (en tibétain: bya-rkod-p'uṅ-poi ri, en mongol: khadjir tsoktsalaksan aghoula) dans les Indes.

Sur le sommet de la montagne de Chine qui est appellée la «montagne à cinq sommets» il y avait un Caitya quintuple (en tibétain: mČ'od-rten, en mongol: Soubourghan), brillant en cinq couleurs. Un arbre de Jambu sortit du fondement. En ce temps-là un rayon d'or jaillit du front de Bhagavân et disparut dans l'arbre de Jambu sur le sommet de la montagne à cinq sommets et en même temps une grande gongrone se forma dans l'arbre. C'est de cette gongrone que sortit la tige d'un lotus et de l'intérieur de cette fleur naquit le prince des savants, Âryamañjuçrî. Son teint était comme le chauvre jaune; il avait une figure et deux mains; dans la main droite il brandit le glaive du savoir, dans la gauche il porta un livre sur la fleur d'Utpala; il était pourvu du grand et du petit signe de beauté (lakshaṇa, en tibétain: mts'an, et anuvyañjana, en tibétain: dpe-byad); il était orné de toute parure et il répandit une splendeur excessive. Il naquit sans mère qui l'eût mis au monde, sans père qui l'eût engendré pour n'être soumis ni à la macule du sein maternel ni aux péchés de la circulation. Une tortue d'or, entourée des cinq couleurs de l'arc-en-ciel fut visible à son front sur une feuille bleue; elle alla à la profondeur du lac de Sîtasara. C'est là que jaillit une source blanche; la source se transforma en un couple de tortues blanches. De leur copulation naquit une tortue ornée des cinq qualités. A ce temps un rayon blanc sortit du corps du saint dans le pays des dieux et toucha la déesse Vijayâ (rNam-rgyal-ma) (fig. 107). Elle courut vite à Ârya Mañjuçrî et, après avoir professé sa prière, Ârya Mañjuçrî prit la tortue dans la paume de la main et prononça sept tantras comme base (mûla) de la tortue, qui commencent par les mots: «Voici la grande tortue d'or» etc. C'est ainsi qu'il proclama 21000 calculs de la vie, 21000 de la mort, 21000 pour des mariages, 21000 pour la géomantique, donc 84000 «portes» du calcul.

A cette époque tous les êtres se mirent à étudier les commencements de la mantique. Mais lorsque la doctrine profonde donnée par le Buddha se «déclina vers le soir», Mañjuçrì réfléchit: «Puisque toutes ces créatures, quoiqu'elles soient pieuses, ne veulent plus entendre l'explication de la doctrine profonde du Buddha, mais qu'ils ont envie d'entendre les calculs subjectifs expliqués par moi-même, c'est maintenant le moment de ne pas cacher ces calculs et de ne pas propager la vraie doctrine.»

Il déposa donc tous les 84000 calculs scientifiques dans un trésor à l'est de la montagne à cinq sommets après les avoir enfermés dans un étui à charnière fait de cuivre (en tibétain: ga,u, en sanscrit parfois: karaṇḍa). Mais toutes sortes de dommages en résultèrent pour tous les êtres. La vie devint brève; les maladies augmentèrent, la pauvreté s'étendit, le bétail creva sur le pâturage, la récolte périt sur les champs, des maladies contagieuses et d'autres malheurs se propagèrent. Alors le Bodhisatva Avalokiteçvara vit tout cela du sommet de la «montagne brillante», où il demeurait et pour cela il se rendit chez le Guru d'Udyâna, Padmasambhava, et parla de la sorte: «Moi-même j'ai

Fig. 111. 'Jam-dpal nag-po, le Mañjuçrî noir (bleu sombre).
Le lotus dans la main gauche est entortillé comme un ruban.
De la collection du Prince Oukhtomsky.

détruit trois fois la circulation (en sanscrit: saṃsâra, en tibétain: 'k'or-ba, en mongol: ortšilang) et quand je réfléchis un peu seulement et que je regardai de Ri-bo-ta-la (Po-ta-la) et que tout était comme auparavant, des larmes coulèrent de mes yeux; je les fis jaillir au loin avec le doigt et quand je prononçai un vœu pour le salut des êtres (satva, en tibétain: 'gro-ba), elles se transformèrent en deux filles sous forme magique dans le pays des dieux. Elles furent nommées Gaṅ-č'uṅ (dans le texte ,la petite Gañgâ', ce qui signifie probablement Gañgà et Yammà). Elles parvinrent à ,un riche bonheur'; toi, tu es le quatrième et le plus noble enfant qui s'ajoute à ces trois. Rapporte aux hommes tombés dans le malheur les trésors cachés et va les instruire, en prenant la forme de Brahmâ. Enseigne aux hommes ce savoir, à cause des enfers.» Ainsi parla-t-il et retourna à Ri-bo-ta-la. Ensuite Padmasambhava adopta la forme du fils des dieux, Brahmâ, avec quatre têtes; il se rendit vers

Mañjuçrî et parla: «O Mañjuçrî, quoique ces formules magiques ne possèdent pas la vérité du Paramârthadharma, pourtant la vérité du savoir subjectif est profitable aux êtres vivants; prononce la parole, pour que les trésors entassés soient rendus.» Après qu'il eut prié de la sorte, Mañjuçrî le promit. Alors les dieux s'assemblèrent: la déesse Vijayâ, le roi serpent (Nâgarâja, en tibétain: kLui rgyal-po) et Takshaka (en tibétain: 'Jog-po) dans sept métamorphoses magiques. Puis Ârya Mañjuçrî leur donna toute magie et la publia. Ils érigèrent une tente indigo, préparèrent un siège et rendirent accessibles les 84000 commencements des calculs. —

Suivent dans l'original quelques pages avec des titres de livres, à l'énumération desquels je renonce ici pour des raisons facilement compréhensibles. Chacun des dieux nous régale d'une partie de cette littérature.[92] Padmasambhava demande quelque chose que le Bodhisatva voulait faire sans cela, rien que pour mettre en relief l'importance de sa secte.

Ce qui est avant tout remarquable dans le conte, qui introduit Padmasambhava (fig. 34 et 35) d'une manière peu habile, c'est que celui-ci doit prononcer cette prière sous la forme de Brahmâ avec quatre têtes. C'est ce qui vérifie l'hypothèse de James Burgess, que Mañjuçrî s'est chargé ici des fonctions du dieu hindou Brahmâ. Aussi est-il l'Içvara ou le Vîra de la déesse Sarasvatî (en tibétain: Ṅag-gi lha-mo) qui, dans l'hindouisme, est l'épouse de Brahmâ.

Nous rencontrons Mañjuçrî le plus souvent sur des calendriers et des tableaux magiques, assis, avec deux mains, pourvu d'inscriptions, avec les couleurs indiquées, le glaive à la main. Padmapâṇi est assis à sa droite, aussi avec deux mains seulement, le lotus dans la main droite, blanc, avec le langouti rouge foncé; à sa gauche nous voyons le Vajrapâṇi bénin, le foudre dans la droite, avec le teint bleu foncé et le vêtement jaune orange. Le premier jour de l'an est sacré à Mañjuçrî.

Sur la «montagne à cinq sommets» (en sanscrit: Pañcaçîrshaparvata, en tibétain: Ri-bo-rtse-lṅa) Mañjuçrî se trouve en cinq couleurs, ayant sur chaque sommet un temple qui le représente aux nombreux pélerins, qui y viennent surtout de la Mongolie, dans une autre couleur, blanc, jaune, rouge, bleu et vert. On dit que sur chaque sommet croît une fleur de la couleur correspondante du Bodhisatva et que les pélerins emportent ces fleurs, qui ont une grande force médicale. Malheureusement je ne peux dire quelles sont ces fleurs; mais toutefois il est remarquable qu'en lepcha la pâquerette s'appelle jam-byóṅ ríp, où jam-byóṅ représente une dérivation de 'Jam-dbyaṅs, en sanscrit: Mañjughosha (forme déterminée de Mañjuçrî).

Il faut nommer encore les quelques formes suivantes de Mañjuçrî:

'Jam-dpal sgra (ou smra) seṅ, Siṃhanâda-Mañjuçrî (fig. 108). Cette forme est identique à la représentation ordinaire, avec la seule différence que lui et sa Çakti Sarasvatî sont assis en travers sur un lion accroupi. Son surnom «à la voix de lion» lui est commun avec Avalokiteçvara, mais cette épithète est exprimée autrement, apparemment pour distinguer les deux Bodhisatvas. Les couleurs sont les mêmes que celles indiquées ci-dessus.

La fig. 109 montre une autre forme avec quatre mains. De ses emblèmes l'arc dans la seconde main gauche, et une flèche dans la seconde main droite sont nouveaux. Les couleurs sont les mêmes.

Fig. 112. Yamântaka, Yamâri, Çrîvajrabhairava, une manifestation du Bodhisatva Mañjuçrî.
Cf. fig. 83, 145, 146.
De la collection du Prince Oukhtomsky.

La fig. 49 montre une forme blanche du Bodhisatva, qui sous cette forme est nommé ordinairement Mañjughosha, en tibétain: 'Jams-dbyaṅs. La main droite porte un lotus sur lequel s'élève le glaive. La fig. 110 offre encore une autre forme du Bodhisatva: Mañjughosha est assis en travers sur un lion, à sa droite un moine priant, à gauche peut-être Padmasambhava.

La forme noire ou bleu foncé de Mañjuçrî, même quand elle n'est pas colorée, est pourtant désignée toujours par le troisième œil sur le front. Il y a une forme qui, pour le reste, est parfaitement conforme à la figure à deux bras que nous venons de décrire, et une autre forme agenouillée que nous montre la fig. 111. Parfois Akshobhya apparaît dans la couronne, comme chez Padmapâṇi Amitâbha.

Une forme populaire est souvent citée dans les Tantras, c'est Dharmadhâtu vâgîçvara (en tibétain: Č'os-dbyiṅs-gsuṅs-dbaṅ). Dans cette manifestation il est pareil à la fig. 109, sauf qu'il a trois figures et, comme emblèmes, en huit mains le glaive levé, la flèche, le foudre et le livre (prajñaparamitâ), l'arc et la cloche. Deux mains forment, devant la poitrine, une Mudrâ, qui est différente de la Dharmacakramudrâ en ce qu'aussi la paume de la main gauche est tournée en dehors.[93]

Fig. 113.
Bodhisatva Khagarbha ou Âkâçagarbha.

En tibétain: Nam-mk'ai snyiṅ-po, en mongol: Oktarghoui-in djirukèn.

Fig. 114.
Bodhisatva Samantabhadra.

En tibétain: Kun-tu-bzaṅ-po, en mongol: Khamougha saïn.

Nous avons déjà mentionné la forme tantrique sous le nom de Mañjuvajra (en tibétain: 'Jam-pai rdo-rje) et nous avons vu de même que la forme terrible la plus compliquée du lamaïsme, le Yi-dam Vajrabhairava, Çrîvajrabhairava ou quel que soit son nom, n'est qu'une manifestation de ce Bodhisatva (fig. 83 et 112).

Mais pourtant la forme primitive de ce Bodhisatva n'est probablement pas autre chose qu'un jeune homme royal, qui dans la main gauche tient un lotus seul[94], ou un lotus et un livre là-dessus; sous cette forme il est vert. Il est possible qu'il se trouve sous cette forme parmi les sculptures de Gandhâra, mais ce n'est pas encore sûr. Quelque distinctement que son type soit développé dans le lamaïsme, dans les monuments antiques de l'art buddhique dans l'Inde (p. e. Tîn Ṭhâl, Elurâ), il est d'autant plus difficile à constater avec une sûreté absolue. Nous ne savons non plus, quand il a reçu le glaive (kṛipâṇa, en tibétain: ral-gri) comme attribut. Il semble que cet emblème se rapporte à l'introduction du buddhisme au Népâl. Il y est regardé comme fondateur de la culture et on raconte surtout qu'il a desséché la vallée.

Une représentation isolée du Bodhisatva Vajrapâṇi (en tibétain: P'yag-na rdo-rje, P'yag-rdor, et [rarement] Lag-na rdo-rje), «le porteur du foudre», n'existe pas, à ce que je sache. Mais il est réuni souvent en une triade avec Padmapâṇi et Mañjuçrî ou avec Amitâbha et Padmapâṇi. Le foudre est son emblème; quoique, sous cette forme, il soit toujours «bénin», çânta (en tibétain: ži-ba, en mongol: amourlingghoui), sa couleur est toujours bleu foncé; quant à son vêtement, l'habit est toujours peint en jaune orange, le dessous est rouge cerise ou rouge foncé. Sa forme irritée, sous laquelle nous le rencontrerons plus tard, est très fréquente. Nous avons déjà mentionné à l'occasion de la fig. 10, où un dieu barbu (terrible) et un autre dieu imberbe (bénin) se trouvent réunis, qu'il semble avoir été le premier, pour lequel la différence des formes bénignes et terribles s'est développée. Nous avons mentionné de même qu'il forme la base de l'Âdibuddha; cf. le chapitre sur les Yi-dams.

Les autres Bodhisatvas sont très difficiles à déterminer, puisque leurs emblèmes varient. Je n'énumère que les plus fréquents:

Âkâçagarbha ou Khagarbha (en tibétain: Nam-mk'ai snyiṅ-po) (fig. 113). La reproduction dans les «Cinq cents dieux de sNar-t'aṅ» (1) le montre, comme la figure, avec le lotus dans la main droite, sur lequel est érigé un glaive (cf. ce que j'ai dit pour Mañjuçrî); le «Panthéon de Tchangtcha Houtouktou» (2) le présente avec la main droite étendue, dans laquelle il porte une fleur couronnée d'un soleil.

Samantabhadra (en tibétain: Kun-tu bzaṅ-po), Dhyânibodhisatva du premier Buddha de notre ère, qui, dans les anciennes sectes, joue le rôle d'un Buddha primordial, est figuré dans (1) tel que la fig. 114 le montre, dans (2) avec la droite étendue qui tient le foudre, tandis que la gauche porte un lotus.

Sarvanivaraṇavishkambhî (en tibétain: sGrib-pa rnam-sel, en mongol: Tuitkèr tèïn arilghaktši) baisse, d'après (1), la droite avec le vase à ambroisie, tandis que la gauche tient un lotus couronné d'un soleil (d'après la fig. 88 il porte dans la droite un lotus avec un Cintâmaṇi), d'après (2) il tient dans la droite un lotus avec un soleil, la gauche repose vide au giron.

Kshitigarbha (en tibétain: Sai snyiṅ-po) a, d'après (1), dans la droite une grande fleur (fermée), à gauche un lotus couronné d'un bijou; d'après (2), la main gauche est baissée, la droite tient un soleil devant la poitrine.

Ces notes montrent, comment les dates sur les Bodhisatvas plus rares[95] varient. Il s'agit sans doute de confusions et il est réservé à la comparaison de sources antiques, à l'archéologie et à l'étude du panthéon japonais, qui n'est pas brouillé par les monstres tantriques, d'introduire la clarté, pourvu qu'elle soit possible.

Enfin je veux encore remarquer qu'on aime déjà dans l'art ancien et encore aujourd'hui à représenter les Bodhisatvas par des figures colossales. Les pélerins chinois parlent déjà souvent de statues colossales de Maitreya et d'Avalokiteçvara.

---

4. LES DÉESSES. LES TÂRÂS ET LES ḌÂKINÎS.

> Sarvâsâm eva mâyânâṃ
> strimâyaiva viçishyate.
>
> L'illusion qui s'appelle «femme»
> est la première et la plus féconde de toutes en
> fruits d'extase.
>
> L. de la Vallée Poussin, Bouddhisme, page 140.

Le pendant féminin de l'idée du Buddha, la «Çakti par excellence», c'est la déesse Târâ (en tibétain: sGrol-ma; en mongol: Dara èkè, vulgairement à Ourga: Dara èkhè)[96]: la «libératrice», comme les Tibétains interprètent le nom, qui signifie au fond «l'étoile». La Çakti du Bodhisatva Avalokiteçvara est la Târâ la plus connue et la plus populaire du lamaïsme et le Bodhimeur donne une légende, selon laquelle elle est née des larmes de ce Bodhisatva (cf. la variante différente, p. 139). Waddell fait remarquer que la déesse brahmanique

Fig. 115. Çrî, l'épouse de Vishṇu.
En tamile: Tirumagaḷ.
Bronze du 18e siècle (Inde du sud). Placé ici pour montrer l'identité de ce type avec celui de Târâ (fig. 116).

Lakshmî s'est incarnée en elle; c'est sans doute juste pour son type artiste. Car pour représenter la Târâ d'Avalokiteçvara on se sert de l'ancienne représentation indienne de la déesse Çrî ou Lakshmî, telle qu'elle se trouve déjà sur les monuments de la première période de l'art indien, p. e. sur la porte d'est de Sâñchî etc.[97], avec cette seule différence qu'on a laissé de côté les éléphants debout au-dessus de la déesse qui versent de l'eau sur elle. Nous avons donc un ancien type indien qui — mutatis mutandis — vit encore de nos jours dans le brahmanisme (fig. 115). Et quand même le type artiste n'est mis en relief que plus tard, dans le vishnouisme, pourtant la déesse lamaïque Târâ mérite plutôt

Fig. 116. Târâ çyâmavarṇâ, la Târâ verte.

En tibétain: sGrol-ljaṅ.

«Parée de toute sa parure, tenant à gauche une fleure de lotus bleue, à droite bénissant dans la Mudrâ Varadâ»; sous cette forme nommée aussi Varadâtârâ. Souvent elle a dans la couronne le Dhyânibuddha Amoghasiddha (Amoghasiddhamukuṭinî). Sur les tableaux le vêtement est généralement bleu avec bords rouges, le vêtement de dessus, quand il existe, est rouge vif.

De la collection du Prince Oukhtomsky. (Vieux bronze.)

d'être appelée çivaïque sous toutes ses formes, au moins par rapport à la mythologie, si nous voulons regarder la matière de ce point de vue.

Les deux formes de ces déesses — l'expression de déesse convient *de facto* à ce Bodhisatva féminin qui jouit d'un culte général et qui est accessible à tout le monde — doivent leur popularité à ce que les deux épouses du fondateur du buddhisme au Tibet, du roi tibétain Sroṅ-btsan-sgam-po, sont regardées comme des incarnations de Târâ (fig. 33, où, à côté du roi, il n'est représenté que Târâ [en tibétain: sGrol-ma, en mongol: ghètulghèktši èkè, «mère sauveur»]). D'après la tradition l'épouse de ce roi originaire du Népâl, fille du roi Aṃçuvarmâ de Népâl, était une incarnation de la «Târâ verte»,

||སྒྲོལ་མ་དཀར་མོ་ལ་ན་མོ||

Fig. 117. La Târâ blanche.

En tibétain: sGrol-ma dkar-mo ou brièvement: sGrol-dkar.

L'œil sur le front est très petit, les yeux sur les mains sont figurés par des traits. Les pieds sont couverts par les vêtements. Sur les tableaux, les vêtements de dessous sont rouge foncé, ceux de dessus rouge vif ou vert clair.

tandis que la princesse chinoise Wen-chun passe pour une incarnation de la manifestation blanche de la déesse. La couleur de cette dernière est une reproduction du teint clair de la Chinoise (Sitatârâ, en tibétain: sGrol-dkar; en mongol: Tsaghan Dara èkè), tandis que la désignation de Târâ verte (en tibétain: sGrol-ljaṅ; en mongol: noghoghan Dara èkè) semble être une traduction incorrecte de l'épithète classique du teint de l'Hindoue, «çyâmâ». Ce qui est sûr c'est que les Tantras, p. e. le Sâdhanamâlâtantra, emploient ce surnom de «çyâmâ» difficile à traduire, en ces cas où il est permis d'insérer la Târâ verte dans les images lamaïques.

On reconnaît la Târâ verte au mouvement plus vif de la pose assise: l'une des jambes est toujours appuyée sur le sol (fig. 116)[98], tandis que la Târâ blanche est assise en pose plus tranquille, que ses jambes reposent

།།འོད་ཟེར་ཅན་ལྷ་མོ།།

Fig. 118. La déesse Marîcî.

En tibétain: ʾOd-zer-čan-ma.

Une suivante de Varadâtârâ. Comme telle la forme habituelle est celle à une tête, assise sur un lotus. Elle n'a alors que figure humaine, tient à droite le foudre, à gauche un rameau de l'arbre Açoka et est jaune. La forme à trois têtes représentée a sur les tableaux les couleurs suivantes: la figure principale jaune avec vêtements de dessous rouge sombre, un manteau bleu court, un long châle vert et des bijoux d'or. Le visage à droite est rouge, la tête de cochon de gauche est gris noir. Les cochons qui trainent son char sont aussi gris noir.

།།རལ་པ་ཅིག་མ་ལྷ་མོ།།

Fig. 119. La déesse Ekajaṭâ.

En tibétain: Ral-gčig-ma.

Une suivante de Varadâtârâ; elle est alors assise, a un visage et deux mains, la droite tient le couteau Gri-gug, la gauche la coupe crânienne.

Ici elle a à droite: la flèche, le lotus et les bijoux, le lasso, l'épée; à gauche: la roue, le bâton, le trident et l'arc.

toujours sur son siège et qu'en outre elle a des yeux sur les paumes des mains et des pieds de même que sur le front, ce qui lui a valu le surnom «avec sept yeux» (fig. 117).

Quant aux figures accessoires de la Târâ verte, il faut nommer les déesses Açokakântâ ou Marîcî (en tibétain: 'Od-zer-čan-ma) — la fig. 118 en montre une forme très fréquente — à son côté droit, la déesse Mahâmayûrî (en tibétain: rMa-bya-č'en-mo), à teint jaune, facile à reconnaître par la queue de paon et la peau de buffle, et la déesse Ekajaṭâ (fig. 119), et enfin une de ses propres formes accessoires Âryajâṅgulîtârâ (en tibétain: So-sor-'brañ-ma), qui, comme la figure principale, est colorée en vert et ne diffère des représenta-

Fig. 120. Khadiravana-Târâ.

En tibétain: Señ-ldeñ-nags-sgrol-ma, en kalmouk: Sòng-ldòn modoun-i yèkè oï-in Dâra èkè.
Forme la plus répandue de la déesse.

tions ordinaires de la déesse que par ce qu'elle porte dans la main gauche le bijou Cintâmaṇi, dans la main droite, au-dessus du lotus, un petit vase. Elle a un œil sur le front et égale d'ailleurs parfaitement la fig. 116.[99]

Une autre forme fréquente c'est la Khadiravana-Târâ (fig. 120); elle est jaune et généralement accompagnée de Marîcî et d'Ekajaṭâ.[100]

Voilà les formes les plus connues et les plus simples de la Târâ, qui a plus de vingt formes différentes. Nulle part la tendance à former de nouvelles sous-espèces de cette forme principale et de créer des différents surnoms de la figure principale de nouvelles déesses n'est plus évidente; il s'y ajoute cette difficulté que les sous-espèces de Târâ et des déesses indépendantes homonymes ont en général des attributs différents. L'exemple le plus frappant c'est celui de Bhṛikuṭî, qui diffère essentiellement de la Bhṛikuṭî-Târâ. Il est impossible, cela va sans dire, et cela dépasserait le but de ces lignes, d'énumérer et de traiter de toutes ces formes, pour cette seule raison déjà que bientôt la matière explicative ferait défaut. Dans ce qui suit nous ne mentionnerons que quelques-unes de ces déesses, et, tant que c'est possible au moment, nous ajouterons quelques notes isolées sur leur caractère.

Fig. 121. Khoubilghan mongol de la déesse Târâ.

V. Prince Oukhtomsky, Voyage en Orient.

Avant de passer à ce sujet remarquons encore que les deux épouses du roi Sroṅ-btsan-sgam-po ne sont pas les seules incarnations de Târâ, mais qu'elle s'incarne de nos jours encore. La fig. 121 montre un Khoubilghan mongol de la déesse Dara èkè. L'empereur de Russie est censé de même, dès les temps d'Élisabeth et de Catherine, être une incarnation de la Târâ blanche, ce qu'il faut ramener à ce que justement au 19e siècle les Bouriaites, adhérents du lamaïsme, ont eu relations avec la capitale russe.

Des déesses parentes de Târâ et qui sont considérées quelquefois comme des manifestations particulières d'elle, sont p. e.:

Bhṛikuṭî, Bhṛikuṭi, Bhṛûkuṭi (en tibétain: K'ro-gnyer-čan-ma, en mongol: Kilingtu èkè) n'est au fond qu'une forme irritée de la déesse Târâ. Mais souvent elle paraît à côté d'Amoghapaça (Avalokiteçvara) comme déesse indépendante accompagnée de Târâ.

Les fig. 105 et 122 montrent les formes les plus usitées de la déesse. D'après la description «elle est couronnée d'une demi-lune, elle a le teint jaune, quatre bras, une boucle de pénitence (jaṭà), elle porte une couronne, elle est

Fig. 122. La déesse Bhṛikuṭî.

En tibétain: K'ro-gnyer-čan-ma, en mongol: Kilingtu èkè.

Elle tient dans ses quatre mains: une fleur de lotus (padma), un bâton (daṇḍa), un rosaire (akshasûtra, mâlâ) et un vase presque couvert par la main, avec un long-bec (kamaṇḍalu: sinon une petite cruche ronde).

affable, la main droite est en Varadamudrâ, elle porte un rosaire et à gauche un bâton et une cruche.» En outre il y a de Târâ une forme tantrique avec trois têtes et six bras, qui est nommée Bhṛikuṭi; elle marche à droite, a trois yeux et porte une ceinture faite de crânes. Elle foule un cadavre à ses pieds et tient dans ses mains (à droite) un glaive, un crochet, un bâton, à gauche un lasso, une tête coupée avec quatre figures, celle de Brahmâ, et, avec la dernière main gauche, elle conduit une coupe de crâne à la bouche, par laquelle elle tire des entrailles de la coupe. Sous cette forme terrible elle est bleu foncé.[101]

La déesse Ushṇîshavijayâ (en tibétain: gTsug-tor-rnam-par-rgyal-ma) nous l'avons déjà rencontrée plus haut; v. les fig. 107, 123, 125. Malheureusement nous avons peu de dates mythologiques sur cette déesse extraordinairement populaire. Elle est une des premières déesses du buddhisme du nord;

car parmi les feuilles de palmier, qui sont conservées depuis 609 après J.-C. au Japon, dans le couvent de Horiûzi, et qui sont les plus antiques manuscrits indiens que nous possédions sur des feuilles de palmier, il se trouve la Ushṇîshavijayâdhâraṇî. Au Japon la déesse est connue sous la même forme que les fig. 123 et 125 nous montrent.

Je veux donner au lecteur un échantillon d'un Sâdhana, c'est-à-dire d'une conjuration, d'un charme, et je choisis cette déesse, parce que le texte est court.

Après les sacrifices nécessaires et les autres préparations qui servent à effectuer la suggestion (cf. page 38), celui qui veut faire la conjuration, doit

།།གཙུག་ཏོར་རྣམ་རྒྱལ་ལ་ཡན་མོ།།

Fig. 123. La déesse Ushṇîshavijayâ.

En tibétain: gTsug-tor-rnam-par-rgyal-ma.

Pour les couleurs, cf. le texte.

«imaginer la sainte, née d'un signe de BHRUṂ, blanc comme la lune, blanche, avec trois visages, trois yeux, comme jeune femme ornée des différents objets de parure: avec huit bras et un visage jaune à droite, et un visage noir à gauche; les quatre mains droites avec le foudre quadruple (viçvavajra, en tibétain: sna-ts'ogs-rdo-rje), un Buddha sur un lotus, une flèche et en Varada-mudrâ; dans les mains gauches: l'arc, le lasso, et formant de l'index l'Abhaya-mudrâ et (portant) un vase rempli et couronné de la couronne de Vairocana (Dhyânibuddha), qui repose dans le germe secret d'un Caitya (non pas dans les reproductions!). S'il l'a atteinte de la sorte, qu'il imagine son élément dans le lotus de son cœur: qu'il regarde ensuite les cinq syllabes HÛṂ TRÂṂ HRÎḤ OṂ ÂḤ sur le sommet, le front, le cou, le nombril et les pieds et prononce alors la formule: oṃ bhruṃ svâhâ!»[102]

La forme de Târâ qui est connue sous le nom d'Ushṇishavijayâ semble être représentée d'une manière analogue à la forme de Bhṛikuṭî à quatre mains (mais assise).

Une déesse étroitement liée à celle qui précède, c'est Sitâtapatrâ aparâjitâ, en tibétain: gDugs-dkar-čan-ma. Il y a une forme avec trois figures, blanche avec un visage bleu (à droite) et un visage rouge (à gauche) sur les côtés; et une autre forme avec quatre figures, dont l'une est tournée en arrière. Les emblèmes sont: la roue, la flèche, le foudre, l'éventoir (à droite), le crochet, l'éventoir, le lasso, l'arc à gauche. Quant à sa légende, je n'en sais rien (fig. 124). Elle aussi est regardée comme une forme de Târâ; elle n'a

།།གདུགས་དཀར་ཅན་ལ་ན་མོ།།

Fig. 124. La déesse Sitâtapatrâ aparâjitâ.

En tibétain: gDugs-dkar-čan ma.

qu'un éventoir à gauche. La droite, qui est par suite libre, et, le lasso faisant défaut, une main gauche libre, forment la dharmacakramudrâ, la main gauche qui repose au giron, porte un vase (kumbha). Elle est surnommée «à huit mains» (ashṭabhuj, en tibétain: p'yag-brgyad sGrol-ma).

La déesse Parṇaçavarî (fig. 126) (en tibétain: Lo-ma-gyon-ma) est très intéressante. Son costume singulier (le tablier de feuilles) montre qu'elle est censée appartenir aux aborigènes de l'Inde. Voilà aussi pourquoi, dans ses Mantras, elle porte les noms de Pukkaçî (nom d'une tribu des aborigènes), de Piçâcî (démon sanguisuge) et Gandhârî (originaire de Gandhâra). Aussi est-elle directement appelée «sarva-Çavarâṇâṃ bhagavatî» (déesse de tous les Çavaras); il y a encore dans les Indes une tribu d'aborigènes de ce nom. Tournée à gauche, elle est agenouillée sur le genou droit; ses emblèmes sont

Fig. 125. La déesse Ushṇîshavijayâ.

En tibétain : gTsug-tor-rnam-par-rgyal-ma.

Au lieu de la figure de Buddha elle tient une petite table avec la reproduction d'un Buddha, comme c'est souvent le cas.

De la collection du Prince Oukhtomsky.

le foudre (vajra), la hache (paraçu), la flèche (çara) à droite, à gauche l'arc (dhanu), le lasso (pâça) et un buisson de fleurs (pallava-picchikâ).[103] Elle est jaune et a trois visages, dont l'un (à droite) est blanc, l'autre (à gauche) est rouge. Tout en étant irritée elle sourit: sakrodhahâsinî; une de ses formes a un ventre pendant (lambodarî). Elle semble être une figure accessoire de Târâ; mais je ne peux démontrer qu'elle soit une forme de cette déesse.

Une autre déesse au contraire est aussi une forme de Târâ, bien que les attributs et l'aspect de la déesse diffèrent gravement: c'est Kurukullâ (la forme ordinaire «Kurukulle» semble être dérivée du vocatif qui se trouve dans les Mantras), et il y a même une ancienne secte qui lui doit son nom, les Kaurukullikas.[104] Elle est une déesse de la richesse; car elle appartient à la suite du dieu de la richesse Kubera ou Vaiçravaṇa. On dit que le premier

Fig. 126. La déesse Parṇaçavarî.

En tibétain: Lo-ma-gyon-ma.

Dalaï Lama a acquis de grandes richesses avec son aide. Elle demeure dans des antres et c'est dans ces antres qu'elle défère aussi ses sacres.

Sa forme ordinaire est celle des fig. 127 et 128. Elle est représentée en pose dansante comme déesse terrible avec trois yeux; elle est toute rouge, ses vêtements de même, mais ses cheveux hérissés sont jaune d'or. Elle porte la couronne faite de crânes et les pendeloques tâḍañka; ses quatre bras sont occupés, l'un (à gauche) à tendre un arc rouge, dont, dans quelques formes, la corde se compose d'abeilles, un autre (à droite) à mettre une flèche sur l'arc; la seconde main droite brandit un crochet (añkuça), tandis que la troisième main forme la Varadamudrâ. La déesse foule le démon Râhu à ses pieds. Certaines formes la montrent avec une couronne, dans laquelle on voit le Buddha Amitâbha. Kâmadeva, le dieu de l'amour, est son époux; il s'agit donc d'une forme tantrique de la déesse hindoue Rati.

La déesse Sarasvatî (fig. 129) ou Vâc (en tibétain: Ṅag-gi lha-mo, d'Byaṅs-čan-ma, en mongol ègèšiktu èkè) est la Çakti du Bodhisatva Mañjuçrî — dans l'hindouisme cette même déesse est l'épouse de Brahmâ. Elle n'est représentée généralement qu'avec une figure et deux bras; son teint est blanc, son vêtement est coloré. Son attribut principal est le luth indien (vîṇâ), long bâton creux garni de cordes qui repose sur deux courges comme résonnance, car elle est la déesse de la langue, de la poésie, de la musique.

Son type est antique (fig. 17) et se trouve à Gandhâra et sur les monnaies de la dynastie impériale de Gupta. Je la connais aussi avec un autre luth, semblable au luth chinois, et même, comme Mañjuçrî, assise en travers

Fig. 127. La déesse Kurukulle.

En tibétain: Ku-ru-ku-le et Ku-ru-kul-le, Ku-ru-kul-li ou Rig-byed-ma.

De la collection du Prince Oukhtomsky.

sur un lion. Dans le Çrîvajrabhairavatantra elle joue un grand rôle, puisque ce Yi-dam est son Bodhisatva (dPa-bo, Çûra, Vîra) (fig. 112) et s'appelle pour cela Vâgîçvara.

Un autre groupe de déesses, qui cependant sont de même les Çaktis d'un Bodhisatva, ce sont les Ḍâkinîs (le mot est dit être la forme féminine d'une divinité tantrique du nom de Ḍâka), ce qui est traduit en tibétain par: mKa'-'gro-ma (mk'a-'gro=Ḍâka, «qui marche à travers l'air»), tandis qu'il est impossible de donner une étymologie du mot sanscrit. Le pays d'Udyâna, patrie de Padmasambhava, est leur pays classique. Celles des Ḍâkinîs «qui ont déjà quitté le monde», forment un groupe à part, tandis que les autres, qui «vivent aujourd'hui encore dans le monde», appartiennent au groupe des divinités locales. Nous croyons que ce dernier groupe est en effet composé d'anciens dieux nationaux des Tibétains.

Dans le premier groupe cinq sont surtout remarquables: Buddhaḍâkinî (en tibétain: Saṅs-rgyas mk'a-'gro), Vajraḍâkinî (en tibétain: rDo-rje mka'-'gro), Ratnaḍâkinî (en tibétain: Rin-č'en mk'a-'gro), Padmaḍâkinî (en tibétain: Pad-ma mk'a-'gro) et Karmaḍâkinî (en tibétain: Las-kyi mk'a-'gro). Elles sont représentées commes femmes dansantes nues, avec des parures faites de crânes sur la partie supérieure du corps, dans le bras gauche le Khaṭvâṅga. Dans les reproductions elles n'ont que deux mains, une tête humaine et les attributs

Fig. 128. La déesse Kurukullâ ou Kurukulle.
Dans une main gauche elle tient le lasso.

indiqués. Sur la tête elles ont des couronnes de crânes, dans la main droite elles brandissent le tambour (ḍamaru), dans la main gauche la coupe crânienne; les cheveux sont hérissés et sur la pointe du Khaṭvaṅga elles ont les emblèmes suivants dans l'ordre donné: la roue, le foudre, le bijou, le lotus, le glaive. En général Buddhaḍâkinî occupe le milieu. Leur temple principal se trouve au couvent de Ra-mo-č'e près de Lha-sa. Elles ont aussi des formes irritées et quelques-unes ne sont même fréquentes que sous ces formes irritées, ordinairement dans la suite des «dieux terribles».

Elles possèdent des connaissances surnaturelles, qu'elles communiquent à des religieux méditants sous la forme de certains sacres (abhisheka), mais elles sont faciles à irriter et alors elles s'enfuient. D'Abhayâkaragupta (fig. 32) on raconte p. e., que, lorsqu'il persista dans le charme, une fille lui apparut et s'occupa près de lui. Abhayâkaragupta, qui prit la fée pour une femme humaine, n'y fit pas attention et lorsqu'il reconnut enfin qu'il n'avait pas été loin de son but, la Ḍâkinî le punit pour son manque de discernement.

D'autres Ḍâkinîs irritées persécutent sous la forme terrible celui qui les a irritées et cherchent à le tuer. Tant qu'elles ont prêté serment de fidélité au buddhisme, elles contiennent les démons anthropophages qui leur sont sujets. Pour éprouver la patience de celui qui les cherche pour leur demander des forces surnaturelles «pour le bien de la créature», elles lui apparaissent sous la forme la plus terrible, comme vieilles femmes ou sous quelque forme démoniaque ou bestiale.[105] Na-ro mKʿa-spyod-ma, suivante, ou peut-être seulement forme spéciale de Vajravarâhî, est une Ḍâkinî célèbre et souvent représentée; elle est la patronne de l'école de Sa-skya (fig. 130).

Fig. 129. La déesse Sarasvatî.

En tibétain: dByaṅs-čan-ma, en mongol: Kölö-in ukin tègri; Çakti du Bodhisatva Mañjuçrî.

De la collection du Prince Oukhtomsky.

Cette Vajravarâhî (en tibétain: rDo-rje pʿag-mo), qui s'incarne dans plusieurs supérieures de couvents, est sans doute la plus intéressante de toutes les Ḍâkinîs. Le plus célèbre de ses Khoubilghans est au couvent de bSam-ldiṅ au lac de Yam-dok (en tibétain: Yar-brog g,yu mtsʿo). Dans ce couvent, qui appartient à la secte non-réformée de Kar-ma-pa (donc à une école de l'Église rouge), la supérieure est vénérée comme incarnation de la déesse. Elle vit d'après les règles les plus sévères; il lui est défendu de se coucher jamais, elle doit plutôt passer les nuits en méditation, mais, pendant le jour, il lui est permis de sommeiller un peu sur un fauteuil. Dans un appartement bien fermé du couvent reposent les momies de ses incarnations antérieures, et une fois dans la vie l'incarnation vivante doit faire visite à ses prédécesseurs et leur faire révérence. Il faut encore qu'en procession solennelle elle aille à Lha-sa, où elle est reçue avec de grands honneurs. On raconte qu'en 1716 un conquérant mongol vint à bSam-ldiṅ pour piller le couvent et qu'il fit dire à la supérieure de venir à sa rencontre, afin qu'il pût voir si elle avait une tête de cochon (Vajravarâhî ḍâkinî est figurée avec une tête de cochon et son Khoubilghan est représenté avec une marque de la forme d'un groin de cochon à la nuque). Elle lui répondit de ne pas essayer de voir le couvent. Lorsque pourtant le Mongol furieux approcha et qu'il détruit les murs extérieurs, il

Fig. 130. La Ḍâkinî Na-ro mK'a-spyod-ma.

Sur les tableaux elle est rouge cerise, avec parures blanches et ornements faits de crânes. Elle a trois yeux, porte Khaṭvâñga, une coupe crânienne et le couteau Kartrî (en tibétain: gri-gug); le cadavre sous le pied droit est bleu, celui sous le pied gauche rouge. Le vêtement est jaune.

De la collection du Prince Oukhtomsky.

trouva un lieu désert, où des cochons paissaient sous l'inspection d'une grande truie. Quand le danger fut passé, le désert se changea de nouveau en couvent et les cochons en moines et en religieuses sous la direction de l'honorable supérieure. Alors le Mongol converti voua de riches présents au couvent.[106]

La Ḍâkinî incarnée dans cette supérieure prend un grand nombre de formes différentes; je ne donne que deux reproductions des formes les plus usitées (fig. 131 et 132). Remarquons, ce que Köppen à déjà fait observer, que l'expression p'ag-mo, «truie», est un synonyme de yoginî ou ḍâkinî. Il est encore intéressant que les habitants du Népâl la prennent pour l'incarnation

Fig. 131. Vajravarâhî, sous forme de Brâhmaṇa Çrîdhara.

En tibétain: Bram-ze dPal-'dsin lugs-kyi rDo-rje-p'ag-mo.

Cf. sur Çrîdhara: Schiefner, Târanâtha II, 258.

Fig. 132. La P'ag-mo à deux têtes (rDo-rje): (Vajra-) Varâhî.

Attributs: Khaṭvâṅga, coupe crânienne, trident, couteau Gri-gug, tambour Ḍamaru.

de Bhavânî, épouse de Çiva. Nous avons déjà mentionné qu'une marque de la forme d'un groin de cochon à la nuque désigne le Khoubilghan.

Parmi les autres Ḍâkinîs il faut encore nommer Siṃhamukhî ou Siṃhavaktrâ avec ses suivantes Vyâghramukhî (ou -vaktrâ) et Ṛikshavaktrâ[107], qui sont représentées toujours sous la forme irritée (fig. 149); elles font partie de la suite permanente de la déesse Devî (en tibétain: Lha-mo). Nous en parlerons dans le chapitre suivant.

---

5. LES DHARMAPÂLAS, «PROTECTEURS DE LA RELIGION».

> Lorsque tous les dieux se furent engagés à protéger la doctrine (le dharma) et à obéir, il les lia par un serment.
>
> Pad-ma-t'an-yig.

Sous le nom de «protecteurs de la religion» (en sanscrit: dharmapâla, en tibétain: č'os-skyoṅ, en mongol: nom-oun sakighoulsoun) on a reçu dans le système une série de divinités hindoues qui ont juré de défendre la religion du Buddha contre les démons de leur ressort. Ce groupe comprend généralement toutes les divinités non-buddhiques au fond, qu'elles soient d'origine indienne ou qu'elles représentent des divinités locales des pays non-indiens; en particulier c'est un groupe de cinq dieux qui est désigné par le nom de dharmapâla ou č'os-skyoṅ. Puisqu'au fond ce sont des divinités locales d'origine étrangère, nous en parlerons dans le chapitre suivant.

Esquissons d'abord les divinités principales d'origine indienne.

La première forme de la notion de dharmapâla est représentée par Vajrapâṇi (en tibétain: P'yag-na rdo-rje), «le dieu avec le foudre», et nous avons vu à la page 23 sv., comment il s'est déjà développé à l'époque de Gandhâra. Ce personnage mythologique est du reste le meilleur exemple du développement de ce système, que la légende attribue à Âryâsaṅga. Tandis que sa forme bénigne paraît comme Bodhisatva, sa forme terrible est un Dharmapâla et le développement des autres divinités sera analogue. La déesse Tara p. e. sous ses différentes formes n'est sans doute pas autre chose qu'une version buddhique des formes bénignes de l'épouse de Çiva, Bhavânî, Devî ou Gaurî ou quel que soit son nom, tandis que la forme terrible de cette même déesse çivaïque paraît, sous le nom de Lha-mo (en sanscrit: Devî), au milieu des divinités tutélaires les plus efficaces.

Il en résulte, d'abord que les Dharmapâlas sont tous représentés sous forme terrible: avec des membres courts et gros, avec trois yeux, avec la tête grande et grosse, les cheveux hérissés, entourés de bien des feux flambants ou des fumées épaisses, en train de marcher et prêt à combattre, ordinairement

Fig. 133. Yamântaka, entouré de divinités tutélaires.

1—8 sont les « huit terribles », 10 Vajrapâṇi, 11 une forme de Mahâkâla « comme protecteur de la tente », 9 l'Âdibuddha Vajradhara.

en couleurs foncées, bleus ou rouges. Nous trouverons cependant quelques exceptions, que je ne manquerai pas de mentionner dans la description.

Pour en revenir à Vajrapâṇi, nous le voyons dans la fig. 133, nº 10 dans sa forme la plus simple et la plus ordinaire. Il a le type général des démons, a le teint bleu foncé, une couronne faite de crânes, un tablier de peau de tigre et brandit le foudre dans la main droite. La masse de flammes qui l'entoure est rouge avec des lignes d'or. Schlagintweit, Bouddhisme (traduit de l'anglais en français par Milloué, p. 114) raconte une légende, d'après laquelle pendant le tournoiement de l'océan, quand il s'agit de préparer la boisson d'immortalité, il était chargé par les autres dieux de garder ce

Fig. 134. Vajrapâṇi Âcârya.
En tibétain: P'yag rdor a-tsa-rya.
(Sur le bloc un coin est cassé au signe a, de sorte qu'on lit u-tsa-rya.)

produit. Lorsque le démon Râhu (en tibétain: sGra-gčan) le frustra de cette boisson, Vajrapâṇi fut contraint à un acte ignominieux et c'est de là que résulte sa haine terrible contre les démons.

Vajrapâṇi est principalement dieu de la tempête et on le supplie surtout pour la pluie. En sa qualité de dieu de la pluie, il est le protecteur des dieux serpents qui amènent la pluie (Nâgas, en tibétain: kLu) et dans une légende que Schiefner raconte, nous apprenons, que, lorsque les Nâgas parurent devant le Buddha, il fut chargé de les défendre contre les attaques de leurs ennemis mortels, des oiseaux gigantesques, du nom de Garuḍa (en tibétain: K'yuṅ).[108] Par conséquent il est entouré de Garuḍas (fig. 134); il y a même une forme du dieu, où il a des ailes de Garuḍa et où sa tête est couronnée de la tête d'un Garuḍa. C'est le «P'yag-rdor K'yuṅ-šog-čan Vajrapâṇi à ailes de Garuḍa».

J'ai essayé d'autre part de montrer que cette représentation contient — du moins du point de vue de l'art, quant aux sculptures de Gandhâra — une réminiscence de l'antique Jupiter avec l'aigle, de l'aigle et du type de Ganymède (fig. 19), de ce dernier surtout comme base de Garuḍa déchirant les Nâgas. Il est remarquable qu'aussi le dieu du tonnerre chinois-japonais a la forme de Garuḍa.[109]

Vajrapâṇi fait encore partie des Yi-dams, et la fig. 135 le montre avec sa Yum, tandis que la fig. 136 représente la même forme sans Yum. Cette

Fig. 135. Mahâcakra-Vajrapâṇi.

En tibétain: P'yag-rdor 'k'or-č'en.

Sur les tableaux, le dieu est bleu, la tête de droite blanche, celle de gauche rouge. La Çakti est bleue. Le dieu à quatre têtes (Brahmâ) sous le pied droit est jaune, celui qui est sous le pied gauche (Çiva?) est blanc.

De la collection du Prince Oukhtomsky.

dernière formation à six mains, sous laquelle il est regardé comme ennemi très dangereux des démons, s'appelle Vajrapâṇi «au vêtement bleu», Nîlâmbara-(dhara)-Vajrapâṇi (en tibétain: P'yag-rdor gos sňon-čan). Les Tantras mentionnent même trois Vajrapâṇis de cette espèce, que Gautama Buddha a convertis après sa victoire sur Mâra.

La forme avec Yum et à six mains (fig. 135) porte le nom de Mahâcakra-Vajrapâṇi (en tibétain: P'yag-rdor 'k'or-č'en).

A Lha-sa, le sommet situé au sud-ouest de Po-ta-la, connu sous le nom de «montagne de fer» (en tibétain: lČags-po-ri), lui est consacré.

Un autre Dharmapâla antique — il est connu aussi au Japon, et il en faut conclure qu'il est de la première époque —, c'est Acala (en tibétain: Mi-g,yo-ba), qui ressemble fort au dieu précédent, mais qui est toujours armé

Fig. 136. Nîlâmbara-Vajrapâṇi.

En tibétain: P'yag-rdor gos-sṅon-čan.

Sur les tableaux, le dieu est bleu, celui qui est foulé aux pieds (Çiva?) est blanc. Cette forme du dieu du tonnerre s'appelle aussi 'Byuṅ-po'dul-byed, «Convertisseur des démons».

De la collection du Prince Oukhtomsky.

d'un glaive, divinité dont nous savons très peu de chose jusqu'ici. La fig. 137 montre une forme à quatre mains et à trois têtes, armée du glaive, du lasso et du foudre, tandis que la quatrième main porte une coupe faite d'un crâne. Il s'appelle de son titre ordinaire de «grand courroucé royal», Mahâkrodharâja (en tibétain: 'K'ro-boi rgyal-po č'en-po).[110] Acala appartient aussi aux Yi-dams.

Fig. 137. Acala à quatre mains.

En tibétain: Mi-g,yo-ba p'yag-bži-pa; en mongol: Ulu kèlbèriktši.

Fig. 138. Le Drag-gšed rTa-mgrin (écrit rTa-'ghrin) (Hayagrîva).

A quatre mains; ses attributs sont: un bâton, une roue (un lasso), une fleur de lotus; dans ses cheveux ébouriffés est une tête de cheval. Quelquefois on trouve un crâne au bout du bâton.

Suivent les nommés «huit terribles» (en tibétain: Drag-gšed, «meurtriers terribles», mot que les Mongols prononcent ordinairement Dok-šit). Ce groupe, qui a son culte particulier, que Pozdněev a décrit dans son livre cité à plusieurs reprises, comprend ordinairement, sauf quelques petites variantes, les dieux suivants: rTa-mgrin, lČam-srañ, ʾJigs-byed, gŠin-rje, Lha-mo, mGon-po pʿyag-drug-pa, mGon-po dkar-po, Tsʿañs-pa, rNam-tʿos-sras (fig. 133, nos 1—8). Dans d'autres listes Tsʿañs-pa ou rTa-mgrin ou bien lČam-srañ et Tsʿañs-pa manquent et il paraît à leur place Čʿos-skyoñ rDor-legs, chef des «cinq rois», dont nous traiterons au chapitre suivant.

Entrons dans les détails des différents dieux.

Hayagrîva, dieu à la nuque de cheval (en tibétain: rTa-mgrin) (les Mongols transcrivent le nom indien Khayanggirwa et traduisent Morin èghèšiktu, «à la voix de cheval») est de même une des divinités antiques. Il produit son activité la plus efficace en réunion avec la Ḍâkinî Vajravarâhî; une légende intéressante racontée dans le Pad-ma-tʿan-yig est malheureusement trop longue pour que je puisse la donner ici. En tout il est censé être très bénin envers les hommes, mais très dangereux pour les démons qu'il effraie par son hennissement. Rappelons à cette occasion un conte curieux du Siddhi-kûr kalmouk, où un fugitif, qui passe la nuit sur un palmier, chasse des démons, qui arrivent sur des chevaux d'écorce et de papier, en faisant tomber un crâne de cheval, qu'il avait trouvé auparavant. [111]

Même quand il est conjuré, il annonce, dit-on, son arrivée par un hennissement. Padmasambhava surtout a recommandé son culte au roi Kʿri-sroñ-bde-tsan; Atîca aussi l'a conjuré; il lui est apparu tirant des flèches.

Il est connu sous différentes formes, dont la plupart le montrent avec une tête de cheval dans les cheveux ébouriffés. Ses emblèmes principaux sont un bâton de la forme d'une massue et le lasso; cependant ses formes polycéphales avec plusieurs mains présentent aussi d'autres attributs; on le reconnaît facilement aux têtes de cheval à la nuque.

Il est aussi Yi-dam et dans des tableaux il est toujours rouge ou brun; sa Çakti est toujours bleu clair.

Les Mongols le prennent pour un dieu protecteur des chevaux et il semble que pour cette raison il ait été parfois confondu avec lČam-srañ. Toutefois il est remarquable que dans la description d'un même événement, à savoir du fait que lors de la deuxième conversion de la Mongolie un dieu prit tous les démons de figure animale séjournant dans le pays, pour les présenter au convertisseur (cf. p. 82), il est remarquable, dis-je, que d'après Ssanang Ssetsen ce dieu a été Hayagrîva, tandis que la source citée ci-dessus nomme Beg-tse, c'est-à-dire lČam-srañ.

Les formes simples du dieu sont représentées dans la fig. 105, où il a deux mains et le bâton, mais où il n'a pas la tête de cheval, et dans la fig. 138, qui montre sa forme ordinaire à quatre mains. [112]

Une forme particulière de Hayagrîva c'est le «clou» (en tibétain: Pʿur-bu), dont on se sert pour les conjurations de démons: c'est au fond un poignard de bois à trois bords pourvu d'une longue écharpe, la poignée duquel montre la tête du dieu. Il y a de magnifiques poignards de bronze doré avec la tête du dieu à trois visages, et couronnée de têtes de chevaux. La collection du Prince Oukhtomsky en présente. Dans la fig. 24 j'ai donné un tel poignard de bois. La matière usagée de préférence pour ces armes c'est le bois d'Acacia catechu (Khadira).

Fig. 139. Le Dharmapâla terrible (Č'os-skyoṅ dregs-pa) lČam-sriṅ ou Beg-tse.

«Le dieu s'avance cuirassé, dans sa droite il brandit une épée d'or, avec la main gauche il porte à la bouche un cœur humain. Son pied droit écrase un cheval, son pied gauche un homme nu. La tête a le type de colère habituel (k'ro-bo, en sanscrit: krodha) et est, comme les mains, de couleur rouge ou rouge brunâtre. Un diadème de crânes est posé sur le front à trois yeux. Un serpent sort des cheveux enflammés. A partir de la ceinture pend une peau de tigre, une chaine de têtes coupées est attachée aux épaules. Une épée et un drapeau rouge sont appuyés au coude gauche qui soutient aussi un arc. A sa droite chevauche un démon casqué, cuirassé, à trois yeux et à peau brun rouge, sur un loup gris foncé. Sa main droite tient une épée, sa main gauche un lasso. A gauche chevauche sur un lion gris une femme nue bleu foncé avec un couteau dans la main droite et un P'ur-bu (fig. 24) dans la gauche. Sa tête est bleu clair.» Original-Mitteilungen aus dem Kgl. Museum für Völkerkunde, p. 113, nº 32. Peut être qu'à cause de ces suivants on l'appelle lČam-sriṅ, «frère et sœur»?

De la collection du Prince Oukhtomsky.

Le dieu de la guerre lČam-sraṅ, mieux lČam-sriṅ (en mongol: Ègètši dègû [dû], connu aussi sous le nom de Beg-tse, que nous avons déjà mentionné plusieurs fois (fig. 133, nº 2, fig. 55), est une divinité difficile à déterminer par rapport à sa signification. Non que ses fonctions soient douteuses — il est dieu de la guerre —, mais on ne sait pas sûrement, s'il est une divinité indienne et s'il est permis de le comparer à une telle divinité. On est en premier lieu tenté de penser au dieu de la guerre indien, Kârtikeya, fils de Çiva, et le nom singulier du dieu lČam-sriṅ, «frère et sœur», pourrait correspondre au surnom «Kanyâbhartar» (frère de fille) que Boehtlingk-Roth a trouvé pour Kârtikeya, pour peu que ce nom soit correct. Son autre nom est Beg-tse, «cuirasse couverte», qui se rapporte probablement à ce que sur la cuirasse il porte un vêtement flottant à manches. Ordinairement il est accompagné par deux divinités, de Srog-bdag (en mongol: Amitan-ou èdzèn) cuirassé, assis sur

Fig. 140. Yama, le dieu de l'enfer.

En tibétain: Č'os-rgyal snaṅ-sgrub.

A côté de lui à droite: Č'os-rgyal p'yi-sgrub; à gauche: Č'os-rgyal gsaṅ-sgrub ou 'Jigs-byed.

De la collection du Prince Oukhtomsky.

un loup, et de Rigs-bu-mo (en mongol: Ukin tègri, forme de Lha-mo), nue, assise sur un lion. Dans des tableaux sont ajoutés huit démons nus rouges, les «porteurs de couteau» (en tibétain: Gri-bdog, en mongol: Khoutougha barikči), qui tranchent des cadavres sur le champ de bataille, dévorent les cœurs etc. Un de ses huit démons est reproduit dans la fig. 141 n° 7 d'après la danse Tsam.[113]

Pour le reste je peux seulement ajouter sur lČam-sraṅ qu'avec sa suite il joue un grand rôle dans la danse Tsam (fig. 141) et que l'épopée Gesar lui fait vaincre et battre Beg-tse (fig. 139).

Fig. 141. Masques de la danse Tsam.

V. Prince Oukhtomsky, Voyage en Orient.

Explication de chaque figure cf. p. 174 sv.

Un autre Drag-gšed c'est le dieu des morts (en sanscrit: Yama, en tibétain: gŠin-rje, en mongol: Èrlik), de son titre d'honneur «roi de la loi» (en sanscrit: Dharmarâja, en tibétain: Č'os(-kyi) rgyal(po), en mongol: Nom-oun Khaghan ou Khân).

Il se rencontre sous deux formes, comme Č'os-rgyal p'yi-sgrub et comme Č'os-rgyal snaṅ-sgrub, ce qu'on pourrait traduire à peu près par «roi de la loi des affaires externes et internes». Ce dernier, qui forme la figure principale de la fig. 140 et marche à gauche, armé du Gri-gug et de la coupe de crâne,

Fig. 142. Yama, le dieu des morts, sans Yamî.
En tibétain: Č'os-rgyal p'yi-sgrub.
De la collection du Prince Oukhtomsky.

avec le teint bleu, est la forme du dieu de la mort qui trône aux enfers. Mais son poste de juge des enfers est aussi bien passager que le tourment des maudits: dès qu'ils ont subi leurs supplices, ils reçoivent de meilleures réincarnations, selon les bons actes qu'ils ont accomplis. Le juge même des enfers est maudit, qui, d'après une version, doit avaler toutes les vingt-quatre heures du métal fondu et nous savons (cf. p. 103) que Mañjuçrî a dompté une fois un Yama trop cruel sous la forme terrible de Yamântaka comme «mort de la mort».

Le roi de la loi «des affaires externes» a des formes différentes. Nous en avons déjà rencontré l'une, où il est accompagné de sa sœur Yamî, qui,

1 2 3 4 5 6 7

Fig. 143. Masques de la danse Tsam.

Ajoutés ici pour permettre la comparaison des masques divins avec les bronzes et les sculptures sur bois: 1. Le corbeau (en tibétain: bya-rok, en mongol: Kèriè); le corbeau veut enlever la victime. — 2. L'une des «têtes de mort» (en tibétain: T'od-skam); elles représentent les suivants de Yama, Çmaçânapati ou Citipati; les têtes de mort chassent le corbeau. — 3. Un soldat de la garde, suivant du roi hindou (Cakravarti). — 4. Yama (en tibétain: gŠin-rje ou C'os-rgyal, le dieu des morts) (fig. 142). Le masque est bleu, le vêtement aussi, les bandes blanches, rose clair, jaune. — 5. Le «Buddha gros ventre» Hva-šaṅ, pris parfois pour un Sthavira, salue les masques qui arrivent. — 6. Un des enfants qui jouent avec lui, ici un élève de Hva-šaṅ (en tibétain: ha-p'rug: Hva-šaṅ avec les enfants); cf. «Pantheon» p. 88, fig. 210. — 7. Un des Siddhas, habituellement Âcârya, appelé «maître»; ces figures, d'habitude deux, jouent le rôle de comiques. A côté sont deux lamas musiciens avec de hauts bonnets jaunes (en tibétain: žva-ser).

V. Prince Oukhtomsky, Voyage en Orient.

aux enfers, ôte les vêtements aux maudits — la grande-mère du diable dans nos contes. Nous savons que c'est Tsoṅ-kʿa-pa qui, à l'heure de la mort, a invoqué le dieu de la mort comme «protecteur de la religion» ou, à ce que l'on raconte, l'a solennellement nommé tel (fig. 48 et 133 nº 6). Yama paraît aussi seul sans sa sœur Yamî, pour l'ordinaire avec d'autres formes, debout sur le taureau, brandissant sa massue (en tibétain: dbyug-gu, en mongol: oktarghoui-in orkitsa), ayant le lasso dans la main gauche. Ce lasso est l'ancien attribut du dieu de la mort indien; c'est avec lui que le dieu même ou ses serviteurs prennent les âmes des hommes. Sous cette forme (fig. 140 et fig. 142) il

༄ དུར་ཁྲོད་བདག་པོ ༎

Fig. 144. Çmaçânapati ou Citipati.

En tibétain: Dur-kʿrod bdag-po.

Tiré d'une grande image qui représente l'évocation de dPal-'kʿor-lo sdom-pa par Lui-pa et le cercle magique (maṇḍala, en tibétain: dkyil-'kʿor) du premier. Çmaçânapati est dit avoir enseigné cette méthode à Siddha.

est blanc ou jaune. Une autre forme, qui est désignée presque généralement comme une forme accessoire de son dompteur Yamântaka, le montre seul avec la tête de taureau, tenant devant la poitrine la coupe de crâne et le couteau Gri-gug. En ce cas il est de couleur rouge et passe pour le dieu des richesses de la terre, pour dieu de la richesse en général, surtout si, au lieu du couteau Gri-gug, il tient le bijou Cintâmaṇi dans la main droite (fig. 140 en bas). Les fig. 143 et 144 montrent enfin des formes qu'il faut attribuer à Yamântaka.

Parmi la suite de Yama comme dieu des enfers et des cimetières, appelé ordinairement la «forêt froide» Çitavana (en tibétain: bSil-bai tsʿal), il faut encore mentionner quelques figures, dont deux squelettes dansants sont les

༎འཇིགས་བྱེད་ལ་ནམོ༎

Fig. 145. Bhairava à une tête.

En tibétain: ʾJigs-byed (žal-gčig).

Fig. 146. Bhairava à une tête.

En tibétain: ʾJigs-byed (žal-gčig).

De la collection du Prince Oukhtomsky.

plus singulières. Ils s'appellent Çmaçânapati ou Citipati (en tibétain: Dur-k'rod bdag-po) et sont représentés dans la danse Tsam par les deux «crânes de squelette» qui, par leurs bâtons, chassent le corbeau, qui poursuit la victime (en tibétain: zor) (fig. 143 nº 1 et 2).[114] Dans le Pad-ma-t'an-yig quatre de ces cimetières sont expressément décrits qu'on pourrait bien appeler quatre enfers arrangés d'après les quatre points cardinaux; chacun est sous la direction d'un «dieu des morts» particulier.

Dans la danse Tsam (Fig. 141) deux des compagnons du dieu de la mort qui, d'après les têtes d'animaux qu'ils portent, sont nommés taureau (en tibétain: Ma-he ou gLań-t'ug) et cerf (en tibétain: Ša-ba) jouent un rôle

།།གཤེད་དམར་ལ་ན་མོ།།

Fig. 147. Le «Yamâri rouge», Raktayamâri.

En tibétain: (gŠin-rje-) gŠed dmar.

Sur les tableaux, le dieu (yab) est rouge, la Çakti (yum) est un peu plus claire, le buffle est bleu clair, le cadavre blanc. Le châle du dieu est jaune. Il brandit le bâton à la pointe faite d'un crâne (dbyug-gu), et tous deux portent des parures blanches en os (en tibétain: rus-rgyan). Remarquable est la ceinture (en tibétain: dra-ba-p'yed), cf. Journal of the Buddhist Text Society III (1895) 3, VI.

particulier. Le dernier remplace apparemment un ancien messager de la mort à tête de cheval, que l'art indien connaît aussi bien que l'art japonais.[115]

Les masques de la danse Tsam, représentés dans la fig. 141 sont les suivants (v. aussi fig. 143):

1º Un Drag-gšed, indéterminable; cf. nº 6.

2º Ša-ba (en mongol: bougha), cerf. Compagnon de Č'os-rgyal; masque de couleur grise avec des tâches brunes. Entre la ramure se trouve le Cintâmaṇi. L'habit est de soie blanche, les bandes des manches sont brunes, jaunes et rouge de vin, le linge est jaune à bords noirs et avec des bandes jaune clair et roses en bas.

3° L'esprit de la terre (en tibétain: sgam-po dkar-po, en mongol: tsaghan èbugèn); «le vieux bonhomme blanc»; il joue le rôle d'un plaisant.

4° Un magicien à chapeau noir (en tibétain: Žva-nag).

5° Ma-he (en mongol: boukha), avec n° 2 un des serviteurs de Čʻos-rgyal. Il a un masque bleu de bœuf, en arrière avec des cheveux violet clair, sur le front le Cintâmaṇi. Le vêtement est bleu, l'extrême bande des manches est blanche, les deux suivantes sont rose clair et jaune. Dans

Fig. 148. La déesse Çrîdevî, Çrîmatî devî.

En tibétain: Lha-mo, dPal-ldan lha-mo; en mongol: Ukin (okin) tègri.

Sur les tableaux et les figures d'argile peintes en tons criards, comme on en trouve en Transbaïkalie, la déesse est bleue, sa parure blanche, la cible sur le nombril et les boucles d'oreilles sont en or, le mulet est jaune. Le sol est rouge sang avec des os blancs par dessus. Comme tablier, elle porte une peau de tigre. Makaravaktrâ qui lui tient les rênes a une tête brune, à bords blancs, mouchetés de noir; elle est bleu sombre, la Siṃhavaktrâ qui la suit a la tête blanche et le corps rouge sang.

De la collection du Prince Oukhtomsky.

la main droite il porte un bâton rouge avec un crâne en haut et un foudre en bas.

6° Un Drag-gšed, malheureusement indéterminable. «Gou-gor» «Louwaï» «Shi-doï» ou «Doungchadma»; un d'eux est possible. Les couleurs du vêtement seraient, dans cet ordre, rouge, gris, bleu clair ou vert, les bandes des manches seraient jaunes, noires et blanches. Le linge a la même couleur que l'habit. La parure — avec un miroir sur la poitrine — représente celle appelée rus-rgyan (fig. 82). Quant aux noms tibétains analogues, je ne connais pas l'orthographe complète.

7° Un des compagnons de lČam-sraṅ, dont il y a en tout huit, nommé «Di-to» (en tibétain probablement: Gri-bdog, en mongol: khoutougha-bariktši. Le masque des compagnons est rouge vif, les cheveux sont violets. Ils portent des pendeloques d'or et une ferronière avec un crâne de mort dessus. Leur vêtement est rouge vif et ils portent comme parure une plaque de métal (miroir) sur la poitrine et une roue avec des perles de bois blanches. Ils tiennent dans la main droite un long couteau

Fig. 149. Ḍâkinî Seṅ-gdoṅ-ma (Siṃhavaktrâ).
A côté, à gauche sTag-gdoṅ-ma (Vyâghravaktrâ), à droite Dom-gdoṅ-ma (Ṛikshavaktrâ); les sorcières au visage de lion, de tigre et d'ours.
De la collection du Prince Oukhtomsky.

(Grî, en mongol: Khoutougha) avec le Vajra comme poignée et dans la main gauche un P'ur-bu.

Du suivant des «huit dieux de la terreur», Yamântaka (en mongol: Èrligun-yarghatši, Èrlik tonilghan uilèduktši ou Ayolghaktši) il a été déjà traité plus haut (page 103), cf. les figures relatives 83, 112, 133 n° 1.[116]

Ici je n'ai à mentionner qu'une seule forme monocéphale à tête d'homme, debout en Yi-dam sur un buffle: c'est le «Yamâri rouge», gŠin-rje-gšed dmar ou seulement gŠed dmar, parce qu'il est coloré en rouge comme la Çakti (fig. 45 en haut et 147).

La seule déesse d'entre les huit dieux de la terreur c'est l'épouse de Yama, dans une de ses réincarnations, Çrîdevî, Çrîmatidevî, Pârvatî ou quel que soit son nom; pour l'ordinaire son nom tibétain est Lha-mo[117] («la déesse») ou dPal-ldan lha-mo. De ses nombreuses formes celle-ci est la plus fréquente. Elle est regardée comme la protectrice de Lha-sa et des deux grands-lamas incarnés (fig. 52, 133, nº 8 et 148). Étant celle des déesses qui défend le plus ardemment la doctrine du Buddha, elle a été armée par tous les dieux: Hevajra lui a donné deux dés pour déterminer la vie des hommes, Brahmâ un éventoir de plumes de paon, de Vishṇu elle a reçu deux corps lumineux comme le soleil et la lune, dont elle porte l'un sur le nombril, l'autre dans les cheveux,

༎ཡེ་ཤེས་མགོན་པོ་ལ་ནམོ༎

Fig. 150. Mahâkâla, le protecteur de la science.
En tibétain: Ye-šes mgon-po.
Attributs: l'épée, la coupe crânienne, un fruit, le trident.

Kubera, dieu de la richesse, lui a fait présent d'un lion, qu'elle porte dans l'oreille droite, Nanda (en tibétain: dGa-bo), roi serpent, lui a donné un serpent, qu'elle a suspendu à l'oreille gauche. De Vajrapâṇi elle a obtenu sa massue; d'autres dieux lui ont donné un mulet, qui porte comme selle la peau d'un démon (Yaksha, en tibétain: gNod-sbyin «qui cause du dommage»). Des serpents vénéneux servent de bride etc.

Comme reine des Râkshasas elle sévissait tellement contre ces ennemis de la religion qu'elle dût fuir; son époux tira après elle une flèche magique qui frappa la hanche du mulet. Par la puissance de Lha-mo la blessure se changea en œil.

Quoique, d'après les Tantras, elle passe pour une manifestation de la déesse Sarasvatî (fig. 17 et 129), il faut conclure de sa description que ses traits principaux sont empruntés à Kâli, épouse cruelle de Çiva.

Son mulet est mené ordinairement par deux Ḍâkinîs, dont l'une, Siṃhavaktrâ (en tibétain: Seṅ-ge gdoṅ-čan ou Seṅ-gdoṅ-ma, «à la tête de lion») la suit, pourvue d'un Gri-gug et d'une coupe de crâne, tandis que l'autre, Makaravaktrâ (en tibétain: Č'u-srin-mo), armée de la tête d'un éléphant de mer, lui tient les brides. Elle traverse un lac rempli du sang des démons qu'elle a tués (en tibétain: rak-ta rgya-mts'o).

Elle est souvent entourée de quatre autres déesses farouches, qui lui ressemblent en général; ce sont les suivantes:

Fig. 151. Mahâkâla brâhmaṇarûpa.
En tibétain: mGon-po bram-zei gzugs-pa; en mongol: Biraman duritèi Ma-hâ-ka-la.
De la collection du Prince Oukhtomsky.

1° La déesse du printemps (en tibétain: dPyid-kyi rgyal-mo) sur un mulet jaune; ses attributs sont une épée et une coupe de crâne; elle est bleue.

2° La déesse de l'été (en tibétain: dByar-gyi rgyal-mo) sur un Yak bleu clair; son emblème est la hache à crochet (en tibétain: lčags-kyu) et la coupe de crâne; elle est rouge.

3° La déesse de l'automne (en tibétain: sTon-gyi rgyal-mo). Elle chevauche sur un cerf, ses attributs sont un couteau et la coupe de crâne, autour du cou elle porte un collet de plumes de paon; elle est jaune.

4° La déesse de l'hiver (en tibétain: dGun-gyi rgyal-mo) est bleue. Elle est assise sur un chameau et porte une massue rouge et une coupe de crâne pour attributs.

1, 2, 4 sont couvertes de peaux humaines; pour le reste elles sont toutes nues et ne portent que les ornements blancs et, au-dessus du front, un crâne comme parure.

La suivante de Lha-mo, la Ḍâkinî Siṃhavaktrâ, se trouve souvent seule, sans Lha-mo, réunie en un groupe avec deux ou quatre autres Ḍâkinîs; elle paraît alors dans l'attitude dansante des Ḍâkinîs avec le Gri-gug dans la main droite, la coupe de crâne dans la main gauche et le Khaṭvâṅga dans le bras gauche (fig. 149). Siṃhavaktrâ est bleue à tête blanche et ses suivantes, Vyâghravaktrâ (en tibétain: sTag-gdoṅ-čan [ou -ma] rouge à tête de tigre, et Ṛikshavaktrâ (en tibétain: Dom-gdoṅ-čan) jaune avec une tête noire d'ours; il s'y ajoute Makaravaktrâ à teint vert et avec une tête d'éléphant de mer, et enfin une quatrième Ḍâkinî, blanche, à tête démoniaque bleue avec trois yeux, dont je ne connais pas le nom. Dans ces tableaux on voit encore souvent Padmasambhava, qui a bien réussi à conjurer les Ḍâkinîs.

Font partie en outre des huit divinités terribles deux formes du dieu Mahâkâla (en tibétain: mGon-po), nommé «le dieu tutélaire», que nous avons déjà mentionnées à la page 72. C'est le Mahâkâla blanc (en mongol: tsaghan itèghèl, en tibétain: mGon-po yid-bži nor-bu), «le dieu tutélaire blanc», «le dieu tutélaire avec le bijou Cintâmaṇi» (fig. 56, 133 n° 3), qui est un dieu de la richesse et qui, dans la fig. 133, est opposé par suite à Kubera, et le protecteur à six mains shaḍbâhunâtha Mahâkâla (en tibétain: mGon-po p'yag-drug-pa, en mongol: djighoughan ghartaï Ma-hâ-ka-la [Ma-khâ-ka-la]), qui est toujours bleu (fig. 56 et 133, n° 7).

Une autre forme du dieu est encore «le dieu tutélaire à quatre mains», mGon-po p'yag-bži-pa ou Ye-šes mgon-po, qui est de même bleu, «dieu protecteur de la sagesse» (fig. 149), que Nâgârjuna a déjà conjuré sous cette forme.

Il n'est guère nécessaire d'énumérer leurs emblèmes puisque par les descriptions données tous les détails seront clairs.

Les «Legs-ldan» sont une série particulière de Mahâkâlas. Ils ont toujours le long vêtement à manches et portent de longs bâtons rouges (fig. 45).

La fig. 133, n° 11 présente une autre forme bleue du dieu; il porte une large massue en travers sur les bras et est, sous cette forme, le dieu protecteur de la tente: Gur-gyi mgon-po.

A l'occasion du convertissement de Khoubilaï par le 'P'ags-pa de Sa-skya (cf. p. 65, 66) j'ai déjà mentionné Mahâkâla sous forme d'un vieux Brâhmaṇa (fig. 151).

Dans les Indes déjà, Mahâkâla et sa famille étaient regardés comme inspirateurs, surtout en fait de grammaire. Ils continuent à jouer ce rôle dans le lamaïsme, quand même l'historiographe mongol décrit très naturellement l'événement en question; d'ailleurs la grammaire magnifique de Pâṇini est d'après un récit du Kathâsaritsâgara elle-même une inspiration du dieu; le fondement de cette grammaire qui enseigne les formules s'appelle encore «Çivasûtra». Mais aussi la grammaire Kalâpa est inspirée par Kârtikeya, fils de Çiva. Ce motif s'est répandu bien au-delà des Indes, il se rencontre même au Japon.

C'est là que p. e. le démon de la porte de Ra-jō, porte «fantasmatique» de Kyōto, complète le vers commencé d'un poète.[118]

Le dieu de la richesse Kubera est encore parmi les «huit terribles». Comme il vaut mieux traiter de lui avec les autres Lokapâlas, auxquels il appartient, il faut donner sa description au chapitre suivant.

Nous savons déjà que parfois une forme belliqueuse de Brahmâ, le «Brahmâ blanc», Ts'ańs-pa dkar-po, fait partie des dieux terribles. Sa mythologie n'est pas connue. Il est représenté à cheval, brandissant un glaive, en long vêtement à manches (fig. 133 nº 4) et porte un bonnet blanc semblable à un turban, dans lequel on voit quelquefois une conque blanche (Turbinella rapa, en sanscrit: çañkha, en tibétain: duń). C'est ainsi p. e. que le Brahmâ blanc est représenté sur la magnifique couverture décorée du manuscrit du Kanjour à Berlin, qui date de la fin du 16e siècle (Fol. aḥ des Sutras, dernière feuille); en ce cas le dieu s'appelle Duń-t'o-čan. Dans notre image, son vêtement est blanc à bords bleu foncé, le vêtement de dessous est rouge, le drapeau est rouge à bords verts; le cheval est blanc.

Voilà les formes les plus fréquentes des dieux tutélaires. Mais il y a encore de nombreuses sous-espèces de chacun d'eux; surtout le nombre des différentes formes de Mahâkâla est infiniment grand.

---

6. LES DIVINITÉS LOCALES.

> In every nook, path, big tree, rock, spring, waterfall and lake there lurks a devil...
>
> L. A. Waddell.

Le dernier groupe des divinités du buddhisme du nord se compose d'éléments très différents. D'un côté les dieux de la mythologie hindoue avec leurs sujets démoniaques, les Râkshasas, les Yakshas, les Nâgas, les Kumbhaṇḍas, les Gandharvas etc., y jouent un rôle important émanant en partie de l'ancien buddhisme; de l'autre côté les divinités et les démons indigènes, les dieux locaux d'origine tibétaine et mongole y ont trouvé accès. Dans ce développement on découvre facilement la tendance d'identifier ou de subordonner ces divinités nationales à une divinité indienne, nous avons même pu mentionner un cas où une série de démons indigènes, les Ongghot des Mongols, a été remplacée par une divinité çivaïque.

Pour parler d'abord du premier groupe, il y a lieu d'observer, pour ainsi dire, un gîte par couches, qui marche de front avec l'histoire des religions dans les Indes; il peut arriver p. e. qu'une même divinité a deux ou même plus de deux formes, dont l'identité n'a jamais été reconnue. Ce développement est surtout remarquable dans les Parivâras («figures accessoires», en tibétain:

'k'or) d'un Buddha ou d'un Bodhisatva. D'antiques formes se sont souvent bien conservées (cf. Hayagrîva, fig. 105 et 138), tandis qu'en même temps les types principaux existent toujours; mais souvent nous y trouvons aussi de jeunes formations avec des répétitions d'une divinité p. e., qui, d'autre part, a conservé son caractère primitif.

Fig. 152. Le dieu de la richesse Vaiçravaṇa ou Kubera.
En tibétain: rNam (-t'os-) sras ou gDod-nas dbaṅ-po.
De la collection du Prince Oukhtomsky.

Les développements les plus curieux se rattachent au dieu Çakra (Sakka) ou Indra, porteur du foudre et *deus ex machina* des anciennes légendes. L'école du Mahâyâna l'a transformé en Vajrapâṇi, protecteur du Buddha; mais il resta pourtant Indra pour quelques fonctions déterminées. C'est de lui qu'est sorti un Bodhisatva Vajradhara, un Dhyânibuddha Vajrasatva, tandis que le Vajrapâṇi terrible fut désigné comme Yaksha: ce sont tous des types qui au fond ne sont pas autre chose que des transformations de l'ancien dieu de l'orage! Et néanmoins Indra Çatakratu (en tibétain: brGya-byin, en mongol:

Khormousda) a été reçu encore une fois et cela comme divinité de la mythologie brahmanique postérieure. De même, à côté de Mahâkâla un dieu nommé Rudra paraît comme dieu particulier; Brahmâ, qui a tant de ressemblance avec Mañjuçrî, se trouve encore une fois parmi les «Godlings» comme dieu hindou avec quatre têtes. Nous trouvons de la sorte tous les «trente-trois» dieux (trâyastriṃçat) comme divinités subordonnées dans le panthéon de l'Église du nord.

Fig. 153. Le dieu de la richesse Kubera ou Vaiçravaṇa au Japon.

En japonais: Bishamon.

Le Caitya qu'il tient dans la main droite, est possédé dans le lamaïsme par Lokapâla Virûpâksha, le roi des Nâgas.

V. Prince Oukhtomsky, Voyage en Orient.

On aime surtout à parler des dieux des éléments, des phénomènes du firmament et des astres, c'est-à-dire d'Agni, Varuṇa, Vasundharâ, Vâyu[119] etc.

Les «quatre grands rois» Caturmahârâjas (en tibétain: rgyal-č'en bži) ou les quatre «gardiens du monde»: lokapâlas (en tibétain: 'jig-rten skyoṅ bži) jouissent de même d'une grande popularité et ont été représentés le plus souvent. Ils sont rois de différentes troupes de démons et ont leur résidence au pied du mont Meru ou Sumeru (en tibétain: Ri-rab lhun-po) qui forme le centre du système cosmique du buddhisme. Ils sont représentés comme rois (Cakravartîs) et héros (çûras, en tibétain: dpa-bos) avec de riches armures, ordinairement avec une figure menaçante et terrible. Comme ils ont leurs places sur les quatre côtés du mont Meru, ils sont représentés dans les couvents sur le parement des murailles ou dans les coins de l'édifice qui contient les richesses du couvent.

Sur le côté méridional du mont Meru Virûḍhaka (en tibétain: 'P'yags-skyes-po; le mongol n'a qu'une transcription du nom indien) est roi des démons Kumbhâṇḍas (en tibétain: sGrul-'bum) qui y demeurent. Il porte pour l'ordinaire au lieu du casque la peau d'une tête d'éléphant, et un long glaive comme attribut. Son teint est bleu. Dans la partie septentrionale de la montagne Vaiçravaṇa ou Kubera (en tibétain: rNám-[t'os]-sras ou gDod-nas dbaṅ-po; en mongol: transcription du mot sanscrit ou du nom tibétain «Nam-saraï») règne sur les Yakshas (en tibétain: gNod-sbyin). Son emblème est un drapeau (dhvajâ, en tibétain: rgyal-mts'an, «trophée») dans la main droite, dans la main gauche un rat (nakula, en tibétain: ne,u-le) vomissant des joyaux. Il a un teint jaune d'or.

Ce dieu est le plus connu et le plus important des quatre grands rois, car il est aussi, nous l'avons vu plus haut, du nombre des huit «dieux terribles» et il a bien des formes accessoires de couleurs diverses; il est aussi Yi-dam — il s'appelle alors Dsam-bha-la — et se trouve sous plusieurs formes avec sa Çakti. Nous avons déjà mentionné qu'il est un des premiers types que nous puissions constater scientifiquement. L'ancien type du dieu que nous offre la fig. 6, où il est debout sur un démon, s'est bien conservé dans le lamaïsme; car il y a des reproductions, qui le montrent debout ou assis sur un démon bleu. Mais souvent il rappelle plutôt le type de Gandhâra (fig. 14), où le démon (Yaksha) n'appuie qu'un pied du dieu. Le sac du porteur du tribut, d'où sortent des pièces d'or, me semble être le modèle du Nakula qui vomit des bijoux et que, au lieu de cet ancien attribut, le dieu tient maintenant dans la main gauche (fig. 152).

Kubera est aussi bien connu au Japon[120] (fig. 153). Il y est du nombre des sept dieux du bonheur. Son attribut est le drapeau et un Caitya d'or, entouré de rayons.

Nous avons déjà dit qu'il est un des huit «terribles» (fig. 133, n° 5). Dans la fig. 133, en haut, il est réuni avec d'autres dieux clairs à un groupe particulier qui, par sa couleur claire, est destiné à adoucir l'impression épouventable de l'image, car il est défendu qu'une même image contienne seulement des formes terribles (bleues), défense qui a apparemment pour but de laisser encore quelque chance de grâce au pieux spectateur.

L'ouest du mont Meru est occupé par le roi des Nâgas (en tibétain: kLu), Virûpâksha (en tibétain: Mig-mi-bzaṅ, en mongol: transcription du nom indien). Son emblème est un Caitya ou un bijou sous forme de Caitya dans la main droite et un serpent dans la gauche. Son teint est rouge. Nous dirons encore quelques mots sur les serpents qui l'entourent.

Le côté oriental est au roi Dhṛitarâshṭra (en tibétain: Yul-'k'or-srun; le nom mongol n'est qu'une transcription mutilée du nom indien). Il est le roi des Gandharvas (en tibétain: Dri-za, «qui se nourrissent de l'odeur»). Il joue d'un instrument (mandoline); il porte pour l'ordinaire un haut casque avec un panache en tête et des bandes flottantes et des nœuds. Son teint est blanc.

Un groupe de dieux tutélaires qui portent le nom des «cinq Dharmapâlas» (en tibétain: Č'os-skyoṅ, en mongol: Nom-oun sakighoulsoun, «protecteurs de la doctrine») ou des «cinq corps» (en tibétain: sku-lṅa) ou des «cinq rois»[121] (en mongol: taboun khaghan) leur est coordiné et parfois même identifié avec eux, à ce qu'il semble. Leur chef qui est confondu quelquefois avec le dieu tutélaire Pe-har (dPe-har, dPe-dkar), tandis que dans une autre version il passe pour son frère, s'appelle Č'os-skyoṅ-Dharmapâla et est regardé sous le nom de Veda comme président des quatre rois démoniaques ou Lokapâlas, qui correspondent alors aux quatre autres rois. Leur culte se rattache, d'après le Pad-ma-t'aṅ-yig, à Padmasambhava (fig. 34, 35, 154), car, lorsqu'il voulait bâtir le couvent de bSam-yas, il leur a arraché le vœu qu'ils protégeraient la religion. C'est pourquoi on les appelle généralement du nom de Dam-čan («qui ont un vœu») et leur chef du nom de Dam-čan č'os-rgyal. Depuis ce temps leur chef, sous titre de Č'os-rje, s'incarne à bSam-yas comme chef marié des magiciens.

Une autre légende raconte une transplantation merveilleuse du dieu principal d'Udyâna au couvent de Bras-spuṅs près de Lha-sa. Mais on refusa au nouveau venu le séjour au couvent et il fallut par conséquent lui donner un couvent à part comme domicile, la «petite maison», gNas-č'un, à un mille anglais à peu près au sud-est de Lha-sa. Il s'y incarne dans le chef du couvent et c'est ce Č'os-skyoṅ ou Č'os-rje qui préside à l'élection du Dalaï Lama (cf. p. 78 sv.). A gNas-č'uṅ il y a en même temps l'oracle d'État, et une fois par an l'incarné Č'os-rje, dont le couvent appartient maintenant à l'Église réformée, se rend à Lha-sa, où il va voir lui seul le Dalaï Lama; les magistrats de 'Bras-spuṅs l'accueillent et le logent dans un temple déterminé, où il communique l'oracle pour l'année courante.

Le chef des cinq Dam-čan (fig. 154) a bien mérité de la propagation du buddhisme dans la Mongolie; car il est identique à gNyan-č'en t'aṅ lha, roi des Gandharvas, qui, d'une manière miraculeuse, a souhaité la bienvenue au premiers moines qui vinrent dans le pays.

Dans les tableaux les cinq dieux sont régulièrement rangés de telle sorte que leur chef est représenté au milieu, assis en travers sur un lion blanc. Il a ordinairement trois têtes, six mains et le teint blanc. La figure à droite est bleue, celle à gauche est rouge vif. On le reconnaît au grand chapeau qui dans les tableaux est rouge avec de larges bords verts et le foudre d'or sur la pointe. Autour du milieu du corps il porte un tablier de peau de tigre; son pallium est vert clair. Le dieu a trois yeux, ses yeux sont gonflés comme ceux des «dieux terribles». Ses attributs sont un glaive, une massue avec un foudre comme poignée dans deux mains droites tandis que la troisième main droite est en train de mettre une flèche sur la corde d'un arc, qu'il porte dans la première main gauche. Les deux autres mains gauches portent un couteau d'or et un bâton rouge. Devant lui on voit ordinairement le sacrifice (en sanscrit: balin) fait aux dieux terribles: un segment de crâne dans lequel se trouve le cœur, les yeux arrachés, le nez, la langue, les oreilles, les mains et

Fig. 154. Les cinq rois ou «corps».
En tibétain: sKu-lha. — En haut Padmasambhava.

les pieds d'un incrédule (en tibétain: sdig-pa) ou d'un démon. Ses quatre compagnons ou frères, tous monocéphales et avec deux mains, le suivent l'un après l'autre sur un éléphant blanc, un lion, un mulet et un cheval. Le frère assis sur l'éléphant blanc est de teint bleu; il a mis un vêtement à manches rouge vif à doublure jaune et à bord vert. Ses attributs sont: dans la main droite un couteau, dans la gauche un lasso. Le deuxième, assis sur le lion, a les mêmes couleurs pour le teint et les vêtements; il porte le bâton khakkhara à gauche et un foudre à droite. L'éléphant est bleu clair; le mulet du troisième frère a la même couleur. Lui-même il est rouge vif, son vêtement est vert clair à doublure jaune et à bord bleu foncé; son chapeau est jaune clair à bord vert; tous les autres ont des chapeaux rouges à bords verts. Son

Fig. 155. Exorciste tibétain avec ses élèves.

Prédit l'avenir pendant des extases. Il est possédé du Dam-čan et pendant l'extase sa tête enfle tellement, que son chapeau, d'ordinaire trop large, le serre. Alors, dit-on, il ressemble au dieu lui-même (fig. 154). Cet homme est venu en 1897 à St.-Pétersbourg et des médecins l'ont examiné pendant l'extase. (D'après une communication verbale du Prince Oukhtomsky.)

V. Prince Oukhtomsky, Voyage en Orient.

attribut est un crochet dans la main droite et une massue rouge dans la main gauche. Le quatrième frère enfin va sur un cheval noir; son teint est vert foncé, son vêtement est fait d'une peau de tigre. Il est armé d'une hache d'or qu'il porte dans la main droite.

Au-dessus de la figure principale, nous voyons à la fig. 154 Padmasambhava, qui a conjuré le premier les cinq rois. Il est blanc, son pallium et son bonnet sont rouge foncé, le gilet est vert.

La réception de ces dieux singuliers représente assurément un compromis des missionnaires buddhiques avec les Chamans indigènes et leurs dieux. Le Pad-ma-tʻan-yig ne laisse pas de doute que nous avons affaire à des divinités locales tibétaines, qui ont été reçues dans le système.

C'étaient là les suites de cette méthode qu'Âryâsaṅga inaugura, en recevant dans le système les divinités brahmaniques, c'est-à-dire çivaïques, dont nous avons traité au chapitre précédent. Ce développement continua, et c'est surtout Padmasambhava qui peupla le Panthéon perpétuellement de nouvelles formes de divinités locales, pourvu qu'il soit permis de s'en tenir aux légendes. Comme dans les Indes le buddhisme, aliéné au peuple par les discordes des sectes entre elles, eut besoin des dieux nationaux pour ne pas perdre toute influence, il fut forcé, dans les pays hors des Indes, à un compromis avec les dieux indigènes et avec leurs prêtres. Avec cette tolérance marche de front

Fig. 156. Dam-čan rDo-rje legs-pa ou rDor-legs.

De la collection du Prince Oukhtomsky.

la tendance à confondre les nouvelles formes avec les formes indiennes, procès qui rend encore plus difficile la critique, toutes les fois qu'il a été réalisé (cf. ce que j'ai dit à la page 167 sur lČam-sraṅ). Heureusement on n'y a pas toujours réussi, de sorte que nous pouvons encore discerner distinctement les différents éléments. C'est le cas surtout pour les anciennes écoles à bonnets rouges, qui extérieurement déjà étaient moins systématiques et ne traduisaient pas par exemple des noms etc., principe inauguré avant tout par l'Église réformée (jaune). Celle-ci a réprouvé une longue série de phases de ce développement en les désignant sous le nom d'hétérodoxes et de ce côté nous ne pouvons espérer qu'une matière incomplète, modifiée avec un puritanisme voulu.

Dam-čan rDo-rje-legs ou rDor-legs, représenté dans les fig. 156 et 157, est encore une divinité locale du Tibet. D'après le Pad-ma-tʻan-yig, ce dieu fit de grandes difficultés au saint Padmasambhava, lorsque celui-ci alla au Tibet; mais il fut vaincu par Padmasambhava et fit le vœu de propager la doctrine du Buddha.

Le dieu Dam-čan, représenté dans la fig. 158, est une autre forme de ce même rDor-legs. Il semble avoir des rapports particuliers avec les cinq rois; car il leur est souvent réuni dans une seule image. Le bouc est brun,

Fig. 157. Dam-čan rDo-rje-legs.

De la collection du Prince Oukhtomsky.

le dieu même est bleu foncé; son vêtement de dessous est rouge, le pallium est bleu grisâtre. Il brandit une massue dorée, qui se compose de trois foudres fixés à un long bâton.

En parlant des Ḍâkinîs j'ai mentionné qu'il y a aussi parmi les divinités locales une série de Ḍâkinîs. Elles chevauchent sur des bêtes: des lions, des dragons, des gazelles etc., ont le type général des déesses avec le pallium et le vêtement de dessous, la parure ordinaire (non tantrique!) et brandissent différents emblèmes, tels que le foudre, le lasso etc. Les détails nous mèneraient trop loin.

Parmi les divinités locales il faut compter aussi les basses divinités et les démons de la mythologie hindoue, qui sont sujets aux quatre Lokapâlas

Fig. 158. Dam-čan rDor-legs, sur un bélier.
De la collection du Prince Oukhtomsky.

mentionnés plus haut: les Nâgas, les Râkshasas et les Râkshasîs, les Kumbhâṇḍas, les Vetâlas etc.

Les **Nâgas** (en tibétain: kLu, en mongol: loû) sont les plus intéressantes des basses divinités. Ils sont soumis à une série de rois, sont divisés en Brâhmaṇas, Kshatriyas, Vaiçyas et Çûdras et forment des états complets, dont la richesse énorme est souvent dépeinte. Ils sont les «maîtres de la terre» κατ' ἐξοχήν (en tibétain: Sa-bdag, en sanscrit: kshitipati, en mongol: ghadzar-oun èdzèn); s'ils sont offensés, ils punissent les hommes d'aridité, de mauvaises récoltes, de maladies et d'épidémies. Nous avons déjà parlé de leur combat acharné contre l'oiseau gigantesque Garuḍa (en tibetain: K'yuṅ). La fig. 160 les montre au milieu du combat et cela d'une façon bien intéressante sous leurs formes différentes: sur le devant sous forme humaine, avec des serpents

Fig. 159. L'oiseau Garuḍa (en tibétain: K'yuṅ, en mongol: Garoudi šibaghoun) sur une Nâgî mourante (femme serpent).

A côté de lui deux formes de Vajrapâṇi irrité (en tibétain: P'yag-na-rdo-rje ou P'yag rdor); cf. ce qu'on a dit plus haut de ce dieu. Sur les tableaux, il a, comme figure de culte, une tête bleu noirâtre avec deux cornes de même couleur, la poitrine et les bras rouges, le ventre blanc et des plumes vertes à ses pieds jaunes. Les ailes sont par couches, bleu sombre, rouge et bleu sombre et ont des pennes rémiges vertes et jaunes. Les plumes de la tête sont rouge vif.

De la collection du Prince Oukhtomsky.

à la nuque (cf. p. 26 et fig. 7), au fond ils ont eux-mêmes forme de serpents et gardent des bijoux; au milieu nous voyons un Nâga sous forme de dragon ou de diable marin au moment où il saisit un Garuḍa dans ses serres. Au fond des Garuḍas volent avec des serpents dans les bras et dans les becs; ils les ont pris et les dévorent.

Le saint autour duquel les Nâgas et les Garuḍas se rassemblent pour écouter paisiblement sa doctrine, c'est le célèbre Subhûti (en tibétain:

Fig. 160. Subhûti (en tibétain: Rab-'byor), le Çrâvaka, prêche aux Nâgas (en tibétain: kLu) et aux Garuḍas (en tibétain: K'yuṅ).

Sur le devant, on voit les quatre «grands rois» (en tibétain: rgyal-č'en bži, les Lokapâlas). Au dessus de Subhûti, assis dans un nénuphar, se trouve l'élève du Buddha Maudgalyâyana (en tibétain: Mo-u-gal-gyi-bu). Au fond le jeune Subhûti se trouve devant Çâkyamunibuddha et accompagne sa mère. Plus loin encore il est assis comme ascète dans une caverne. Subhûti a dans l'image du milieu un pallium très rouge et un vêtement de dessous rouge pourpre. Sous le manteau, il porte une jacquette bleu clair. Les Lokapâlas ont les couleurs citées plus haut.

Rab-'byor)[122], à qui le Buddha a communiqué, à ce que l'on dit, la Prajñâparamitâ sur le mont Gṛidhrakûta (fig. 160). Lorsqu'il fut devenu Arhat, il reconnut ses incarnations antérieures et vit par là qu'il avait été autrefois lui-même Nâga. C'est pour cette raison que déjà avant d'être devenu Arhat, il aimait à méditer dans des forêts pleines de serpents. Parvenu à la connaissance de son existence antérieure, il alla faire des sermons aux serpents et aux Garuḍas. L'inscription du tableau a le texte suivant: «Le grand Subhûti, qui se convertit (c'est-à-dire qui se fit moine) sous les yeux de l'incomparable Muni Çâkya et qui, comme Arhat (en tibétain: dGra-bčom) était parvenu à la connaissance (de son existence

Fig. 161. Garuḍa en bois, sur un rocher dans les montagnes d'Adoun Tšolon.

antérieure), fait un sermon aux Nâgas dans la mer (qui) par une force magique des quatre grands rois (des Lokapâlas) (avait été rapprochée de lui).»

Les textes font mention d'un grand nombre de dieux serpents[123]; leur représentation est en général celle d'un roi avec une riche parure, avec un ventre de serpent et des têtes de serpents à la nuque.

Les plus fréquents sont (les huit premiers sont les huit «grands» Nâgas):

1. Nanda, Nâgarâja (en tibétain: dGa-bo kLu rgyal, en mongol: Bayaskhoulangtou loûs-oun khaghan);
2. Upananda (en tibétain: Nyer dga-bo, en mongol: Tšikhoula bayaskhoulangtou lous-oun khaghan);
3. Sâgara (en tibétain: rGya-mt'so, en mongol: Sagara dalaï);
4. Vâsuki (en tibétain: Nor-rgyas, en mongol: Vasouki);
5. Takshaka (en tibétain: 'Jog-po, en mongol: Taksaki);

6. Balavân (en tibétain: sTobs-ldan, peut-être en mongol: Djibkhoulangtou);
7. Anavatapta (en tibétain: Ma-dros-pa, en mongol: Anobata);
8. Utpala (en tibétain: Ut-pa-la, en mongol: Outbala);
9. Varuṇa (en tibétain: C̀'u-lha, Va-ru-ṇa, en mongol: Ousoun tègri);
10. Elâpatra (en tibétain: 'E-lei-'dab-ma, en mongol: Ela-in nabtši-tou);
11. Çaṅkhapâla (en tibétain: Duṅ-skyoṅ) etc.

L'ennemi mortel des serpents, Garuḍa[124], montre dans les représentations lamaïques toujours le corps gros, les bras humains pourvus d'ailes, une tête d'oiseau cornue. Il est de la suite des dieux terribles et joue, dans l'allégorie, à peu près le rôle d'un symbole de la victoire. On peut voir p. e.

Fig. 162. Ts'ogs-bdag, le protecteur (nâtha), assis sur le lion. Le prince des Gaṇas, comme exemple du type de démons.

dans les montagnes d'Adoun Tšelon en Mongolie un grand Garuḍa de bois accroupi sur un rocher; c'est sans doute un monument d'un événement historique quelconque (fig. 161). Mais le lamaïsme le connaît aussi comme oiseau à figure et à mains humaines; mais sous cette forme il n'est qu'une figure accessoire qui adore une autre figure principale.

Quand il est figure de culte, il a la forme qu'on voit dans la fig. 159: il est debout de face, les bras et les ailes étendus sur une Nâgî mourante, les serres enfoncées dans sa poitrine. Parfois il se trouve sous une forme triple, de telle façon que celui qui occupe le côté droit, est un peu tourné à gauche, celui à gauche de la figure principale tourné à droite. La figure du milieu est alors colorée (K'ra) comme je l'ai dit pour la fig. 159; la figure droite est bleu noirâtre (K'yuṅ nag-po), celle de gauche est jaune (K'yuṅ ser mig ,k'yil-ba, le Garuḍa jaune clignotant). Ou bien le Garuḍa coloré est au milieu et

Fig. 163.
Représentation d'une évocation, dans une forêt sacrée servant de cimetière.
Les cadavres animés par les Vetâlas, commencent à se soulever.

est entouré d'autres Garuḍas dans les cinq couleurs jaune, rouge, blanc, bleu noirâtre, et vert; le corps entier à l'exception des ailes a une seule couleur.

Quant aux autres démons il faut encore nommer les Râkshasas (en tibétain: Srin-po) et les Râkshasîs (Srin-mo), les Gaṇas, les Yakshas et les Vetâlas.

Les Râkshasas, les Yakshas et les Gaṇas ont partout le type des dieux terribles (membres courts et gros), la bouche grandement ouverte avec les dents saillantes, le troisième œil, et les cheveux hérissés, de sorte qu'on ne peut guère fixer un type de démons déterminé (fig. 162). Parfois ils ont même forme humaine; leur teint est dans ce cas gris pâle, l'expression est farouche et défigurée par la peur, si nous les voyons poursuivis par les «dieux terribles». Ils sont tués par ceux-ci, dépouillés après, dévorés et leur sang est bu. Un des sacrifices faits aux «dieux terribles» (fig. 154) se compose de parties des corps de ces pauvres démons. Je rappelle que la housse de peau humaine de Lha-mo (fig. 52, 148, 133 n° 8) est faite de la peau fraîche d'un Yaksha.

Les Vetâlas (en tibétain: Ro-laṅs, en mongol: Kègur kur) jouent un grand rôle dans les conjurations exécutées sur des cimetières, cf. p. 38. Le Vetâla s'établit dans des corps morts qui surgissent et se meuvent, et peut être conjuré alors.

Parmi les œuvres les plus amusantes de la littérature indienne il faut nommer une œuvre, nommée Vetâlapañcaviṃçati, «les vingt-cinq récits d'un Vetâla», où il est raconté qu'un roi, pour s'emparer de la terre entière, emporte un cadavre magique. Le Vetâla lui raconte toujours une histoire qui finit par une question. Comme le roi s'oublie toujours et répond malgré la défense de parler, le cadavre se renvole toujours au cimetière et chaque fois le roi doit aller le chercher de nouveau, jusqu'à ce qu'enfin il ne sait pas répondre à la dernière question et parvient enfin à la conjuration et à son but. Une version mongole et kalmouke de cette œuvre qui est vouée au saint Nâgârjuna (fig. 23) s'est répandue en Allemagne surtout, grâce à Jülg. Chez les Mongols c'est aujourd'hui encore un livre très populaire.

La fig. 163 est empruntée au bord d'un cercle magique et montre un conjurateur avec son disciple, protégé en arrière par un mC̓o-rten, conjurant sur un cimetière. Le disciple apporte un bijou gagné. Un Yi-dam apparaît sur le champs des morts, où nous voyons un tigre et un cadavre, déchirés tous les deux par des vautours. Une Nâgî apparaît, et apporte de la pluie. Plusieurs cadavres commencent à surgir et à marcher, parmi eux un décapité; ils sont possédés de Vetâlas.

Nous voilà au bout de notre développement. Il va sans dire que la dernière partie de la mythologie buddhique, que nous avons esquissée en peu de mots, exige encore beaucoup de travail, pour former avec ce que j'ai dit au premier chapitre une histoire unie et suivie des types du panthéon buddhique. Cette reconstruction est possible. Par bonheur pour nous les Tantras indiquent pour chaque divinité plus ou moins extraordinaire le saint qui l'a vue et conjurée le premier sous cette forme; les œuvres iconographiques lamaïques sont encore riches en notes de ce genre. Nous savons par exemple que les moines de Sa-skya (sa-lugs) ont augmenté les types de Yi-dams (yum bčas), et nous connaissons beaucoup de divinités qui appartiennent à Atîça (jo-lugs) etc. Mais toutes ces formations sont jeunes et à distinguer d'abord du panthéon. De cette manière on parviendra peu à peu, en suivant les Tantras, à une division historique. Le reste du panthéon primitif, il faudra le comparer alors au panthéon japonais et au types gagnés par l'archéologie indienne.

Quant aux formes extérieures, n'oublions pas que tout ce qui a été introduit depuis la fondation de l'Église jaune, porte le caractère d'un certain puritanisme et d'une espèce de renaissance devenue déjà baroque en quelque sorte. Néanmoins il y a des chefs-d'œuvre de premier rang, surtout parmi les portraits, les bronzes et les miniatures.

Nous ne connaissons pas encore le style de l'ancienne Église avant Tsoṅ-kʿa pa à peu près; il repose en ses produits dans les anciens couvents buddhistes du Tibet, à côté de plus d'une antique pièce indienne magnifique! Souhaitons que ces artifices ne soient pas un jour dissipés, mais qu'ils soient remis tout de suite dans les mains qu'il convient, quand un jour la «civilisation» européenne aura penétré jusqu'au Tibet.

Le panthéon lamaïque actuel était achevé avant Tsoṅ-kʿa-pa, c'est ce qui ressort des couvertures du Kanjour Yuṅ-lo (1410); il n'a été augmenté depuis ce temps que par les nouveaux hiérarques réincarnés.

Rien n'est plus intéressant que d'observer la réception de ses têtes très individuelles pour l'ordinaire dans le système hiérarchique, dans le style de l'Église. L'Européen, à qui le monde des imaginations du buddhisme, tel qu'il s'est développé dans la Haute-Asie, est étranger, sourira peut-être avec un air de pitié des théories d'incarnation et aussi d'autres manières de voir et de penser. Qu'il se rappelle cependant que ces hommes ont réussi à dompter les conquérants, les fléaux du monde, qui massacraient des villes entières et bâtirent des pyramides avec les crânes des assassinés. Qu'il se rappelle aussi ces temps où dans les pays de l'Occident, par crainte de l'invasion des Mongols, on célébrait des messes et chantait des litanies: Domine, libera nos a Tartaris!

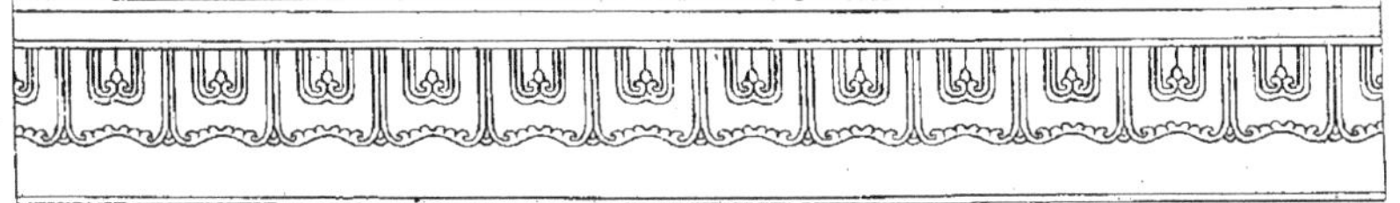

Sarvamañgalaṁ, « que tout soit béni ! »
En écriture Lants'a.

APPENDICE.

REMARQUES.

[1] Cf. Abel Rémusat, Mémoire sur les relations politiques des Princes Chrétiens avec les Empereurs Mongols (Paris 1824); Isaac Jacob Schmidt, Philol. krit. Zugabe zu den von H. Abel Rémusat bekannt gemachten Originalbriefen der Könige von Persien Argun und Öldshäitu an Philipp den Schönen (St.-Pétersbourg 1824); puis Köppen, Die Religion des Buddha II, 85 et suiv.; Pauthier, Marco Polo II, 775 et suiv.; Kovalevsky, Mongolskaja Chrestomatiya, II, 355 et suiv.; Mélanges asiatiques (St.-Pétersbourg) II, 487.

[2] Henry Yule, The Book of Ser Marco Polo (Londres 1871) II, 256. Le texte français est celui de Pauthier, Marco Polo II, 587 et suiv.

[3] Cf. Rhys Davids, Buddhism (1890), pp. 11–15.

[4] Le texte tibétain de cet ouvrage existe à Berlin au Museum für Völkerkunde. On y trouve aussi 11 volumes du texte siamois du Paṭhamasambodhi.

[5] Cf. G. Bühler, Anzeiger der k. k. Akademie der Wissenschaften (Wien 1897), p. 319 et suiv.; Oldenberg, Buddha, 3e édition et la critique de cet ouvrage par Lucian Scherman dans la Deutsche Litteratur-Zeitung 1899, nº 5, p. 177 et suiv.; Epigraphia Indica (1898), V, 1. On trouvera plus de détails dans la Orientalische Bibliographie (1898) XI, 1, p. 64, 1257–58; 2, p. 218, 4129; p. 219, 4149, 4152 etc.

[6] L'édition des Jâtakas de Fausböll a été pourvue d'un riche index par les soins de D. Andersen; qui s'occupe d'archéologie buddhique a besoin, pour déterminer des représentations non désignées des Jâtakas, d'un autre index, lequel index doit lui indiquer sous quelle forme d'être le Bodhisatva s'est réincarné. Le chatra qui dans les représentations de l'art postérieur (déjà le Lalitavistara le mentionne) couvre la figure du Bodhisatva, ou à son défaut la figure dominante de la composition qui est la sienne suffit à faire reconnaître le Bodhisatva dans la divinité, le roi, etc. La question est dès lors de savoir où il faut chercher. Il nous faut donc, rien que dans un but archéologique, un index des matières et non pas seulement des noms. Dans ce qui suit les chiffres désignent le numéro des Jâtakas dans l'édition de Fausböll:

Le Bodhisatva est réincarné: comme Mahâbrahmâ 99; 135; 544; comme dieu Sakka 31; 202; 228; 264; 291; 300; 372; 374; 386; 391; 393; 410; 417; 450; 458; 469; 470; 489; 512; 535; désigné comme roi des Devas 82; 439; comme dieu Dhamma 457; comme dieu Bhaddasâla 465; comme divinité sage 74; comme dieu de l'air 104; 369; 419; 449; comme dieu de la mer 146; 190; 296; comme dieu arbre (rukkhadevatâ) 18; 19; 38; 102; 105; 109; 113; 139; 187; 205; 209; 217; 227; 272; 283; 294; 295; 298; 307; 311; 361; 400; 412; 437; 475; 492; 520; comme dieu de l'herbe «Kusa» 121; comme dieu de la forêt 13; comme roi 194; 276; 327; 378; 415; 420; 424; 456; 459; 468; 494; comme roi de Bénarès 14; 50; 62; 100; 101; 151; 191; 225; 230; 233; 248; 262; 269; 282; 289; 302; 303; 343; 347; 349; 351; comme roi Bhallâṭiya 504; comme roi Udajya 421; roi Ghata 355; roi de Gandhâra 406; roi Susîma 411; roi de Takkasilâ 229; roi de Videha 160; roi Paduma 193; roi Mahâsudassana 95; roi Asadisa 181; roi

Jânaka 52; roi Mahâsilava 51; roi Adâsamukha 257; roi Bhojanasuddhika 260; roi Nimi 541; roi Canda 542; roi Bhûridatta 543; roi Sutasoma 537; roi Kusa 531; roi Arindama 529; roi Mahâjanaka 539; roi Sivi 499; 527; roi Mandhâtu 258; roi Makhadeva 9; roi Kaṭṭhavahana 7; roi de Kosala 67; roi qui a gagné un empire 73; 96; 126; 132; jeune roi 416; roi aux cinq armes 55; comme prince 8; 156; 240; 326; 472; comme prince Yuvañjaya 460; prince Mahosadha 110; 111; 112; 350; 364; 452; 471; 500; 508; 517; 546; prince Dîghâyu 371; 428; prince Vessantara 547; prince Alînasattu 513; prince Sutasoma 525; prince Mahiṃsâsa 6; prince Nigrodha 445; prince Dhammapâla 358; 447; prince Somanassa 595; prince Anitthigandha 507; prince Hatthipâla 509; comme ministre 25; 26; 27; 92; 158; 176; 184; 186; 215; 223; 247; 306; 320; 331; 332; 333; 336; 345; 396; 409; 462; 473; comme paṇḍit 317; 401; 402; 480; 495; 497; 498; 538; prince Râma 461; prince Ghata 454; prince Vidhura 441; 545; prince Kaṇha 440; prince Ayaghara 510; prince Suppâraka 463; prince Soṇa 532; prince Sâma 540; fils d'un prince 367; 368; 446; Purohita 34; 86; 120; 214; 216; 220; 241; 284; 290; 330; 377; 413; 479; 487; fils d'un prince 310; 522; 530; trésorier 4; 40; 45; 47; 53; 83; 84; 125; 127; juge suprême 218; courtisan 107; 108; 183; 226; maître 41; 43; 61; 64; 65; 71; 97; 119; 123; 124; 130; 150; 161; 169; 185; 200; 203; 245; 252; 287; 338; 353; 373; 453; maître de Sarabañga 423; maître de Devadatta 231; chef des sages 175; 213; homme bon et honnête 39; 46; 49; 79; 89; 199; 242; 268; 280; conseiller 195; Brâhmaṇa 80; 163; 174; 312; 354; 403; 431; 435; 477; 488; 515; ascète (pénitent) 17; 63; 66; 76; 77; 87; 94; 144; 149; 154; 162; 165; 166; 201; 207; 234; 244; 246; 250; 251; 253; 259; 273; 281; 285; 293; 299; 301; 313; 314; 319; 323; 328; 334; 337; 348; 362; 376; 380; 392; 414; 418; 425; 426; 490; 496; 511; 519; 523; 526; maître des ascètes 10; 81; 117; 180; 197; 271; 408; 436; 443; 528; pénitent Kaṇhadîpâyana 444; Lomakassapa 433; Brâhmaṇa Kâraṇḍiya 356; Brâhmaṇa Kapila 422; Brâhmaṇa Kappa 346; 405; Brâhmaṇa Sañkha 442; Brâhmaṇa Somadatta 211; disciple de Brâhmaṇa 48; 305; 467; jeune Brâhmaṇa 68; 155; 237; 432; 478; Brâhmaṇa cultivateur 389; millionnaire 131; maître de corporation (seṭṭhi) 340; 363; 382; fils d'un maître de corporation 315; marchand 1; 90; 93; 98; 103; 171; 232; 238; 324; 365; 366; 390; négociant 44; marchand de blé 249; colporteur 3; conducteur de caravanes 2; 54; 85; 256; 493; leveur de taxes 5; propriétaire 352; fils de propriétaire 398; paysan 56; 189; jardinier 70; gardien de mango 344; musicien 243; souffleur de conque 60; tambour 59; danseur de corde 212; fils de danseur de corde 116; maître d'éléphants 182; maquignon 254; médecin 69; fils de forgeron 387; tailleur de pierres 137; barbier 78; charron 466; pottier 178; forestier en chef 265; chef de brigands 279; voleur 318; mendiant 235; Caṇḍâla 179; 309; 474; père intelligent 106; enfant intelligent 261; jeune homme pudique 263; joueur de dés 91; Kinnara 485; Garuḍa 518; roi des Garuḍas 360; roi des Nâgas 506; 524; prince des Nâgas 304; éléphant 122; 267; éléphant blanc 455; 514; roi des éléphants 72; 221; 357; lion 143; 152; 153; 157; 322; 335; 397; 486; roi des lions 172; 188; Sarabha 483; Antilope (etc. Pâli: miga) 11; 15; 16; 21; 206; 482; 501; roi des antilopes 12; 359; 385; lièvre 316; cheval 23; 24; 196; 266; taureau 29; 30; 88; 286; taureau Nandivisâla 28; buffle 278; singe 208; 222; 342; roi des singes 20; 57; 177; 219; 404; 407; 516; fils du roi des singes 58; jeune sanglier 388; chien 22; chacal 148; roi des chacals 142; roi des rats 128; 129; grenouille 239; lézard 138; 141; 325; poisson 114; roi des poissons 75; 236; roi des oiseaux 115; 133; 384; oiseau sage 36; 521; oiseau Siñgila 321; oiseau Kuṇâla 341; 464; 536; paon 159; roi des paons 339; 491; coq 448; roi des coqs 383; perdrix 37; 438; pigeon 42; 274; 275; 375; 395; roi des pigeons 277; caille 33; 118; 168; 394; roi des cailles 35; perroquet 145; 198; 329; roi des perroquets 255; 429; 430; 484; 503; oie (haṃsa) 476; roi des oies 502; 533; 534; oie dorée 270; 370; 379; canard mâle 136; 431; 434; canard mâle sauvage 32; pic 210; vautour (gijjha) 164; 308; 381; 427; roi des vautours 399; corneille 204; roi des corneilles 140; 292.

[7] La légende compte 12 et dans sa plus grande étendue 125 actions du Buddha. Les premières (en tibétain: mdsad pa bĕu gnyis) sont mentionnées dans Csoma de Körös, Essay towards a dictionary Tibetan and English, p. 148 A.

[8] A. Cunningham, The Stupa of Bharhut, table XXX, 3; E. Hultzsch, Zeitschrift der Deutsch. Morgenl. Gesellschaft, vol. 40, p. 65, n° 46.

[9] Cf. Yule-Burnell, Hobson Jobson (Londres 1886) à l'art. «tope» (p. 712).

[10] Des détails là-dessus dans mon «Handbuch der buddhistischen Kunst» (Berlin 1900), 2e édit., pp. 40—57.

[11] La même représentation se retrouve au portail est du Stûpa de Sâñchî orné de 4 portails. Cf. Fergusson, Tree and Serpent worship, table XXXIII.

[12] L'échelle par laquelle le Bodhisatva est, dit-on, descendu était plus tard montrée à Gandhâra; cf. St. Julien, Histoire de la vie de Hiouen-Thsang, p. 44, 261, Mélanges asiatiques (St.-Pétersbourg) II, 376. Là-bas on la rapporte à son voyage au ciel chez sa mère. Pouvons-nous prendre cela déjà pour Bharhut? Cf. aussi Legge, Fâ-hien, p. 49.

Le passage sur la théorie des Mahâsâñghikas cf. Wassiljew, Buddhismus, p. 236. Les figures de dieux citées dans la suite sont reproduites dans Cunningham, Bharhut, tables XXI —XXIII.

[13] Cf. mon «Handbuch der buddhistischen Kunst» (Berlin 1900), 2e éd., p. 104 et suiv.

[14] Pour des représentations de la naissance du Buddha, appartenant à la période de Gandhâra cf. Cole, Preservation of National Monuments, India, Greco-Buddhist Sculptures from Yusufzai, tables 11, 2, 10. Vincent Smith, Greco-Roman Influence on the civilisation of ancien India dans le Journal of the Asiatic Society of Bengal 58, 1 (1889), tab. 9. Jas. Burgess, Journal of Indian Art and Industry VIII (1899—1900), no 62, tab. 10, no 1; no 69, p. 75, fig. 4, 5. Une représentation indienne (Amarâvatî) chez James Fergusson, Tree and Serpent Worship, tab. XCI, 4 etc.

[15] Ce livre étrange qui contient dans un style presque platonicien un dialogue philosophique entre le roi et un religieux buddhiste du nom de Nâgasena, est à la portée du public dans l'édition de V. Trenckner (Londres 1890). Traduction de T. W. Rhys Davids dans les Sacred Books of the East 35, 36. Les sources antiques sur Menandros sont les Rei publicae gerendae princ. 28 de Plutarque et Strabon XI, 516 (cité par Kern, Buddhismus, édition allemande de H. Jacobi, II, 439, Note***). A ce sujet cf. Takakusu, Chinese Translations of the Milindapanho, Journal of the Royal Asiatic Society (1896 Janvier), pp. 1—21 et L. A. Waddell, même journal (1897), pp. 227—37.

[16] Il suffit pour nous de citer: Percy Gardner, Catalogue of Indian coins, Greek and Scythic Kings (Londres 1886). La monnaie à l'image du Buddha v. table XXVI no 7, XXVII no 2 (autre inscription); XXXII no 14 (autre inscription, le Buddha assis à l'hindoue). A. Stein, Zoroastrian deities on Indo-Skythian coins in Indian Antiquary (1888) fournit des renseignements intéressants sur la façon de lire les noms et les titres des rois.

[17] Cela est vrai surtout pour les textes, qui jouent un rôle dans l'art. Frappante est surtout à cet égard, la forme sèche et de peu d'effet du Mittavindakajâtaka (et Catudvârajâtaka) à côté de la grandiose légende de Maitrakanyakâ de la tradition septentrionale. Cf. Veröffentlichungen aus d. kgl. Museum f. Völkerkunde zu Berlin, V, 95 et suiv. (1897) et L. Feer, Études Bouddhiques (Paris 1866—75), VIII: Maitrakanyakâ-Mittavindaka. La piété filiale.

[18] Un cas particulièrement convainquant est cité par B. Laufer dans le «Globus» LXXIII, 2 (1899), p. 31a au sujet de la représentation du Tittirajâtaka.

[19] Les meilleures informations générales sont données maintenant par les trois dissertations de Jas. Burgess dans le «Journal of Indian Art and Industry» VIII, nos 62, 63, 69 où le lecteur trouvera la bibliographie du sujet. A ajouter sont les dissertations de S. von Oldenburg et Kizericky au 9e vol. des «Zapiski vostočnago otdělenija imp. russk. arch. obšěestva» (pp. 274 et 167). Sur Bâmîân cf. Ritter, Die Stupen (Topes) an der indo-baktr. Königsstrasse (Berlin 1838); M. G. Talbot, The rock-cut caves and statues of Bâmîân dans le Journal of the Royal Asiatic Soc., nouv. série 18, p. 323 et suiv. (1886). Sur Borazan et Turfan cf. les dissertations déjà nommées de Kizericky et S. von Oldenburg: Zamětki o buddijskom iskousstvě II: Vostočnyja Zamětki p. 359 et suiv. (allemand dans le «Globus» no 1 [1900]). Puis Sven Hedin, Durch Asiens Wüsten II, 32 et suiv. (Leipzig 1899) et «Nachrichten über die von der kais. Akademie der Wissenschaften zu St. Petersburg im Jahre 1898 ausgerüstete Expedition nach Turfan» cahier I (St.-Pétersbourg 1899). On trouve des esquisses d'antiquités du même genre, des environs de Tachkent (Afrasiâb) dans la Zeitschrift für Ethnologie (21 Juin 1890).

[20] Le Lalitavistara déjà nommé a surtout ce caractère. Il se compose de chants descriptifs (en dialecte Gâthâ) reliés par des commentaires (en sanscrit). On y cite le chatra qui

est au-dessus de la figure du Bodhisatva. Cf. le relief dans le Journal of Indian Art and Industry VIII, nº 69, p. 75, 4. Mais d'autres ouvrages plus récents ont aussi de telles parties, cf. la description tibétaine de la vie de Çakyamuni par A. Schiefner p. 95, note 59 (impression séparée) et surtout le Pad-ma-t'an-yig (légende du Padmasambhava). On y lit au chap. 36 de ce livre (édition de Darjiling), lorsque Padmasambhava fait visite à la princesse Mandârava pour la convertir: «Le saint montra son visage qui rayonnait comme la pleine lune .... de sa poitrine sortaient trois rayons, des rayons d'amour: un blanc, un rouge et un bleu; ils saisirent Mandârava par le corps, les paroles et les pensées et s'emparèrent de ces trois organes. Comme l'affection de la princesse était gagnée, elle se complaisait par suite de la puissance de l'amour à pleurer tout en riant joyeusement; elle ne pouvait maîtriser sa joie de regarder l'œil du saint, elle voulait le contempler de tous les côtés. A ce moment, quelques-unes de ses servantes commencèrent à l'habiller, d'autres l'arrosèrent de parfums, d'autres brûlaient des parfums, d'autres disposaient les chaises et les paillassons, d'autres essayaient de les mettre droites à la dérobée. Alors le corps magique s'enfonça dans la terre etc.» Cf. le relief de Gandhâra bien plus ancien dans le Journal of the Royal Institute of British Architects 3ᵉ série I (Londres 1894), p. 93. Dans le Pañtchatantra de Benfey I, 587 se trouve une version du Mahâsupinajâtaka qui contient des visions, dont Benfey dit, qu'elles sont trop extravagantes pour qu'on les raconte avec détails. Parmi elles est l'histoire d'Oknos et de son âne bien connue de l'antiquité, sujet que Polygnote avait peint dans la galerie de Delphes!

[21] Cf. ma dissertation dans le «Handbuch der buddhistischen Kunst» (Berlin 1900), 2ᵉ édit., pp. 137—158.

[22] Les Mudrâs sont les suivantes: Dharmacakra, «la roue de la religion», les mains sont devant la poitrine, les extrémités des doigts se touchent, la main droite est ouverte en avant, la gauche en dedans (fig. 8); Bhûmisparça, «toucher de la terre»; la main pend, la partie plate en dedans, tout en bas; Vara, «bénédiction», de même, mais la partie plate est tournée vers l'extérieur; Dhyâna, «méditation», les mains sont posées sur le sein l'une sur l'autre; Abhaya, «intrépidité, consolation»: la main est levée comme pour enseigner; (fig. 10). D'après Jas. Burgess, Archaeological Survey of Western India IX (Bombay 1879), p. 99, fig. 6—10. D'après les différentes sectes il y en a d'autres avec d'autres noms; cf. L. A. Waddell, The Buddhism of Tibet, pp. 336—337; E. Schlagintweit, Annales du Musée Guimet III, 134.

[23] Çakra ou Indra est représenté sur le relief dans James Burgess, Journal of Indian Art and Industry VIII, nº 69, p. 76, fig. 6, avec un foudre et une couronne, telle que les dieux de l'art brahmanique la portent, et sans foudre dans le même ouvrage p. 77, fig. 11. Cf. mon «Handbuch der buddhistischen Kunst», 2ᵉ édit., p. 88 et suiv. et sur Kubera le même ouvrage p. 126 et suiv.

[24] Cf. Percy Gardner, Catalogue of Indian Coins in the British Museum, Greek and Scythic Kings of Baktria (Londres 1886) LXIV; Goblet d'Alviella, Ce que l'Inde doit à la Grèce, p. 30. S. von Oldenburg, Vostočnyja Zamětki, p. 364, table 11 (pas indiqué), fig. 6 (Çiva Çûlapâṇi); Globus LXXV (1899), nº 11, p. 176 B.

[25] Cf. Griffith, Ajantâ-Paintings I, Cave XIX et XXII. Dignes d'attention sont les ceintures des Éros composées de petites perles métaliques, qui sont de tout point semblables à celles que portent aujourd'hui de petits garçons nus aux Indes.

[26] Cf. la reproduction dans le Journal of Indian Art and Industry, VIII, nº 63, table 22, fig. 7; et une esquisse du même groupe dans le Journal of the Royal Institute of British Architects, 3ᵉ série I, 138. Puis cf. Louis de la Vallée Poussin, Bouddhisme, Études et Matériaux (Londres 1898), p. 130 et suiv.

[27] Cf. surtout l'introduction du Fa-hian de Beal et l'intéressante relation tibétaine, que Chandradás a rapportée dans le Journal of the Asiatic Society of Bengal 1882, nº 2, p. 88 et suiv. et de plus «Indian Pandits in the Land of Snow», édité par Nobin Chandradás (Calcutta 1893), p. 25 et suiv.

[28] Cf. Grünwedel, Handbuch der buddh. Kunst, 2ᵉ édit., p. 144, et Hirth, Fremde Einflüsse in der chinesischen Kunst (Munich 1896), p. 46 et suiv.

[29] Dans ce qui suit, je donne une liste des écrits qui contiennent des reproductions ou des descriptions de divinités du buddhisme du nord et du lamaïsme autant que mes connaissances me le permettent:

Burgess, Jas., Archaeological Survey of Western India, n° 9 (Bombay 1879). Contient dans l'appendice, tab. XXII—XXX, des images de dieux buddhiques du Népâl avec explications. Quelques-unes avec leurs explications sont presque identiques à celles des «500 dieux de sNar-t'an».

Carus, Paul, The Mythology of Buddhism dans The Monist, vol. 7, n° 3 (1897), 415 et suiv.; p. 440 se trouve une reproduction d'une Ḍâkinî lamaïque, mais sans attributs.

Chandradás, Sarat, Contributions on Tibet. V. The Lives of the Panchhen-Rinpochhes or Taši-Lamas dans le Journal of the Asiatic Society of Bengal 1882, p. 15 et suiv.; contient dans les tables de la fin les reproductions de toutes les incarnations de ces lamas.

— The five Visions of Khedubje dans le Journal of the Buddhist Text Society I, III, Appendice II, avec une grande gravure.

Chappe d'Auteroche, Voyage en Sibérie, fait par ordre du roi en 1761 (Paris 1768). Grande édition, 2 vol., avec atlas. Cet ouvrage contient une série de très belles reproductions de dieux avec des dénominations en partie fort aventurées.

Cunningham, A., Ladákh (Londres 1854) contient une reproduction du Dharmarâja.

Foucaux, Ph. Ed., Iconographie bouddhique. Le Bouddha Sakya-Mouni (Paris 1872). 3 planches dont une en or (je n'ai pu consulter ce livre).

Foucher, A., Note sur des miniatures boudhiques du 11e s. dans un manuscrit de la bibliothèque de Cambridge dans le Journal Asiatique 9e sér. 5, n° 3, pp. 523—5; cf. là même 7, n° 2, pp. 346—49. Cf. le supplément d'images chez Oncken, Allg. Geschichte in Einzeldarstellungen (1879), 15e partie, S. Lefmann, Das alte Indien.

Georgi, A., Alphabetum Tibetanum (Romae 1762) contient quelques images de dieux dont le style a été fort modifié par le graveur, tab. IV (p. 552) Hopamé: Amitâbha; Cenresi: Avalokiteçvara; Cihana Torcéh: Vajrapâṇi; Urkien: Padmasambhava.

Graham Sandberg, Handbook of Colloquial Tibetan (Calcutta 1894), donne p. 196 et suiv. une note des dieux les plus courants avec des notices de valeur.

Grünwedel, Albert, Notizen zur Ikonographie des Lamaismus dans Original-Mitteilungen aus der ethnol. Abteilung der Königl. Museen zu Berlin (1885), pp. 38—45; pp. 103—131. Contient 102 descriptions de saints ou de dieux lamaïques; avec un tableau qui représente le g,Yuṅ-ston rDo-rje-dpal quand il conjure le Yamâri. Je profite ici de l'occasion pour corriger quelques fautes d'inattention, fautes de noms etc. que j'ignorais autrefois. C'est ainsi que p. 113, n° 32 il faut lire lčam-sriṅ au lieu de lčam-srid, p. 131, n° 102 udyâna au lieu d'udâyana, p. 113, n° 33 phyi-sgrub au lieu de gyi-sgrub. Il faut effacer siddhi.

— Ein Kapitel des Tă-še-suṅ (Berlin 1896), contient quelques reproductions de dieux lamaïques. Cf. aussi Veröffentlichungen aus dem kgl. Museum für Völkerkunde V, p. 115, et «Globus» LXXV, n° 11, p. 170b, 175a.

— Bhṛikuṭî; Originalmitteilungen aus dem kgl. Museum für Völkerkunde zu Berlin II, 1899, pp. 6—10, avec 2 reproductions tirées des «500 dieux de sNar-t'aṅ».

— Das Pantheon, cf. Pander.

Hedin, Sven, Durch Asiens Wüsten, 2 vol. (Leipzig 1899) contient qq. images et empreintes non signées qui représentent des divinités lamaïques, pp. 342, 352, 356, 408, 416. On peut assigner facilement un nom à chacune d'elles.

Hodgson, H. H., Notices of the language, literature and religion of the Bauddhas of Nepal and Bhot in Asiatic Researches pp. 16, 409 et suiv. (Calcutta 1828) contient un certain nombre de figures de divinités buddhiques du Népâl dans les tables de la fin.

Journal of the Royal Asiatic Society 18 (1862) contient un article de H. H. Hodgson, avec quelques représentations de dieux de la religion Bon, entr'autres une reproduction intéressante de Padmasambhava, désigné faussement par le nom de Gorakhnâth.

Milloué, L. de, Le Bouddhisme dans le monde (Paris 1893), contient quelques divinités lamaïques.

Oukhtomsky, Prince E.-E., Voyage en Orient (1890—91) de Son Altesse Impériale le Césarevitch (S. M. Nicolas II). 2 vol. (Paris 1893—98); a paru aussi en éditions allemande et anglaise de 2 vol. chacune. L'édition originale russe se nomme: Putešestvie Gosudarja Imperatora Nikolaja II na Vostok 1890—1891 (Leipzig 1894—1898). Cette édition comprend 3 vol. et contient plus d'illustrations que les précédentes.

Pallas, Sammlungen historischer Nachrichten über die Mongolischen Völkerschaften, 2 vol. (St.-Pétersbourg 1776, 1801). Les descriptions originales mongoles des divinités lamaïques représentées et décrites dans le second volume sont à la bibliothèque de l'Université de Göttingen.

Pander, Eugen, Das Pantheon des Tschangtscha Hutuktu, herausgegeben von Albert Grünwedel dans Veröffentlichungen aus dem kgl. Museum für Völkerkunde in Berlin I, 2/3 (1890). Contient la plupart des images prises dans un ouvrage tibétain du même nom, augmentées de quelques autres, cf. ce qui suit.

— Das lamaistische Pantheon, dans la Zeitschrift für Ethnologie 1889, cahier 2. Contient de nombreuses images, entr'autres plusieurs tirées du Kanjour de 1410. Les noms sont misérablement orthographiés et demandent à être revus.

Pozdněev, A., Očerki byta buddijskich monastyrei i buddijskago duchovenstva v Mongolii dans Zapiski imp. russk. geografičeskago obščestva XVI (St.-Pétersbourg 1887).

— Kalmyckija skazki VII dans Zapiski Vostočnago otdělenija imp. russk. archaeolog. obščestva IX (St.-Pétersbourg 1896), p. 1 et suiv. contient un portrait de Gesar dans la table adjacente.

Rockhill, W. W., The Land of the Lamas (Londres 1891) contient quelques dessins de dieux lamaïques.

— Notes on the Ethnology of Tibet dans Smithsonian Institution, Reports 1893, pp. 665—747: impression séparée 1895 (Washington), tables 43—49; belles reproductions de bronzes figurant des saints et des dieux.

Schlagintweit, E., Buddhism in Tibet, avec atlas (Leipzig et Londres 1868). Français dans les Annales du Musée Guimet III (Paris 1881); les figures de l'atlas se trouvent dans les tables du livre sous une forme plus maniable.

Waddell, L. A., The Buddhism of Tibet or Lamaism (Londres 1895).

— Lamaism in Sikhim dans Gazetteer of Sikhim (Calcutta 1894) p. 241 et suiv.

— The Indian Buddhist Cult of Avalokita and his Consort Târâ dans le Journal of the Asiatic Society of Bengal 1894, p. 51 et suiv. A Trilingual List of Nâga Râjâs, l. c. p. 91 et suiv.

— Demonolatry in Sikhim Lamaism dans Indian Antiquary 23, 197—213.

— The Falls of the Tsang-Po and identity of that river with the Brahmaputra dans le Geographical Journal V, 258—60 avec une figure intéressante du dieu du fleuve.

— Wright, D., History of Nepâl (Cambridge 1877). La table VI donne les figures en couleur des cinq (Dhyâni) Buddhas, des cinq Târâs et des cinq Bodhisatvas en style du Népâl.

Ces publications dont un petit nombre seulement traitent de la partie purement iconographique de la mythologie sont une petite partie d'un immense matériel inédit. Ce qui est publié l'a été plutôt d'après le hasard ou l'occasion que d'après une méthode critique voulue, excepté toutefois lorsqu'il acquiert par les limites locales une certaine homogénéité.

C'est ainsi que lors de la publication du seul ouvrage indigène sur la mythologie lamaïque on n'a pas suivi le conseil de l'auteur de ces lignes, qui voulait qu'on gardât assemblés les différents groupes (triades, pentades etc.) de dieux. De plus il est regrettable que les gravures n'aient pas été toutes données et que parmi celles qu'on a données, toutes n'aient pu l'être d'après l'original. La raison en est que ces originaux sont imprimés en rouge clair, si clair qu'en beaucoup de cas on ne pouvait reconnaître les formes.

Ces manuels indigènes — un second est celui que l'auteur a mis à contribution dans le «Pantheon» de Pander, et qu'on appelle les «500 dieux de sNar-t'aṅ» — ont des qualités qui leur sont propres. En dehors du fait que sur plusieurs des feuilles se trouvent des séries entières de dieux (3 par feuille) ce qui fait que lorsque le nombre n'est pas divisible par trois on fait usage de bouche-trous, il n'est pas difficile de reconnaître que ces figures sont souvent des fragments d'anciennes images célèbres. Un échantillon de ce genre est notre figure 3 à mettre en regard des figures 193—210 de Pander (Pantheon). C'est ainsi qu'on explique comment il peut se faire que la même divinité puisse se trouver deux et mêmes plusieurs fois dans le même ouvrage, quelquefois avec des noms différents, parce que les originaux sont de divers genres. Une source de fautes que je veux nommer ici sans plus tarder est la dissolution mal comprise de tels groupes en images séparées, en égard aux noms de chacune d'elles. De telles confusions existent sûrement dans les descriptions des Arhats et on en acquiert la preuve en les comparant aux japonaises, qui semblent avoir pour elles une tradition plus pure (Anderson, Descriptive and historical Catalogue of a Collection of Japanese and Chinese Paintings, British Museum, p. 46 et suiv.). Dans ce cas on a cherché à remédier au mal par de nouveaux attributs qu'on rapporte au tibétain par suite d'une même prononciation de mots d'orthographe différente (cf. Pantheon n° 202). Une confusion semblable et presque désolante règne dans les descriptions des Bodhisatvas.

De plus le fait de savoir à quelle secte ils appartiennent est important. Ainsi seulement nous serons en état d'enlever une couche après l'autre. Pour cela, le soigneux examen des dieux représentés sur les couvertures et les frontispices des éditions de la littérature canonique (Kanjour) et de ses commentaires (Tanjour) est nécessaire pour tout ce qui a rapport au contenu des différents volumes; Huth l'a déjà fait remarquer dans la Deutsche Litteratur-Zeitung du 17 Oct. 1891. Pour ce qui est des sectes auxquelles appartiennent les dieux, nous avons quelques notes dans Chandradás, Journal of the Asiatic Society of Bengal 1882, II, p. 126 et suiv.; Waddell, Gazetteer of Sikhim, p. 250 et suiv. Une source importante pour la description des dieux est la littérature des Tantras; dans les indications sur la manière de conjurer la divinité, cette dernière est toujours soigneusement décrite. Mais c'est là un océan à explorer!

De plus il existe des ouvrages d'histoire de l'art, cf. Huth, Verzeichnis der im tibetischen Tanjur (Section MDO, vol. 117—24) enthaltenen Werke, Sitzungsberichte der kgl. preuss. Akademie XV, 1895, p. 7, vol. 123, 3—6, 31. Ce qui manque ici ce sont des travailleurs qui prépareraient le matériel indispensable à la compréhension des textes.

Que les collectionneurs sachent que des figures de dieux sans attributs, des parties détachées de séries entières sans indication d'origine, de secte etc. sont généralement sans valeur scientifique, quelque grande que puisse paraître leur valeur positive (or etc.). Les inexpérimentés peuvent en cette matière être fort nuisibles. Que peut faire «le savant en chambre» de ces membra disjecta?

L'importance de ces remarques — pour si grotesques et aventurées qu'elles paraissent — ne peut être reconnue que par qui se trouve forcé de lire à l'aide de sources insuffisantes, un livre lamaïque.

La littérature lamaïque ne contient pas seulement une quantité invaluable de matériaux pour l'histoire de l'Inde à une époque où nous n'avons pas de sources hindoues, elle renferme aussi l'histoire de l'Asie centrale pendant des siècles.

[30] Cf. Huth, Geschichte des Buddhismus in der Mongolei II, 175. La prophétie se rapporte en premier lieu au Tsoṅ-k'a-pa si fêté. Le Mañjuçrimûlatantra contient au même endroit des prophéties sur les saints dont on parle plus loin. Pour ce qui est des particularités de la littérature buddhique, qui fait du Buddha un prophète de faits qui prirent place plus tard cf. ma critique du livre de Huth dans la Wiener Zeitschrift für die Kunde des Morgenlandes XII, pp. 70—74. L'Église du sud partage aussi, du moins pour ce qui est des chroniques, cette particularité: le premier échantillon en est, je crois, la naissance du Bodhisatva Maitreya, sorti d'un sermon du Buddha, cf. Oldenberg, Buddha, sein Leben, seine Werke, seine Gemeinde, 1e éd., p. 144, note.

[31] Cf. sur Nâgârjuna: Notes générales dans Boehtlingk-Roth, Sanskrit-Wörterbuch sub verbo; Mélanges asiatiques (St.-Pétersbourg) II, 167 et suiv.; Eitel, Handbook of Chinese Buddhism, 2e éd. (1888), p. 103; Pantheon des Tschangtscha Hutuktu 47, fig. 5 (cf. la figure de son maître Saraha ibid., 49, n° 11); Waddell, Buddhism of Tibet or Lamaism, p. 10 et suiv. avec une reproduction de la figure tirée du «Pantheon». Sur sa légende cf. Wassiljew l. c., la tibétaine dans le Târanâtha de Schiefner II, 70 et suiv., 303 et suiv. (avec l'égalité importante: Udayana =

Ântivâhana); Chandradás, Journal of the Asiatic Soc. of Bengal (1882), p. 115 et suiv.; Nobin Chandradás, Indian Pandits in the land of Snow, p. 15 donne comme ayant été son ami, le roi Bhojabhadra, qui aurait vécu 56 après J.-C. D'intérêt pour sa légende sont 1° en égard à la relation chinoise de l'hypnose des foules: Yule, The Book of Ser Marco Polo I, 280 et l'image étrange I, 281; puis Sphinx XVIII, 227—29. 2° La relation tibétaine du danger de mort courue par le jeune saint continue à être connue dans la littérature brahmane: c'est la légende de Mârkaṇḍeya, cf. Ziegenbalg, Genealogie der malabarischen Götter, pp. 57 (2), 226 et suiv. Sur Nâgârjuna et ses relations avec le roi Udayana nous avons un document remarquable, cf. Brief des Nâgârjuna an König Udayana, édité par H. Wenzel, Suhṛllekha (Leipzig 1880), cf. Indian Antiquary 16, 169 et suiv. Sur sa philosophie, cf. Wassiljew l. c., p. 128 et suiv.; Journ. of Buddhist Text Society V, 1897, IV, 7. L'ouvrage tantrique Pañcakrama attribué à Nâgârjuna, édité par L. de la Vallée Poussin (Gand 1896). Une collection d'expressions philosophiques: The Dharmasaṃgraha dans les Anecdota Oxoniensia, Âryan Series Vol. I, P. V (Oxford 1885). Morceaux choisis dans le texte (vers) dans Huth, Geschichte des Buddhismus in der Mongolei (passim). La construction de la haie de pierres: Jas. Burgess, The Buddhist Stûpas of Amaravatî and Jaggayyapeṭa (Londres 1887). Une recette pour les bougies d'encens, modifiée par B. Laufer dans la Zeitschrift f. Ethnologie 28 (p. 394 et suiv.). Nâgârjuna dans les contes, cf. Jülg: Die Märchen des Siddhi Kûr, p. 51 et suiv.; Mongol. Märchen-Sammlung 139; Mélanges asiatiques (St.-Pétersbourg 1857) 181; Benfey, Pantschatantra I, 410 et suiv. Sur son temps: Indian Antiquary 15, 353 et suiv.; Academy n° 744 (1886), 89 et suiv. — Nous est-il permis de comparer la notice sur la statue du Buddha érigée par Udyana, avec mes remarques dans mon «Handbuch» sur les Nâgas et les personnages d'enfants à côté de grandes personnes et de saints (Globus LXXV, 176B)? Si oui, ce serait une nouvelle preuve d'une époque artistique de l'école de Gandhâra dans les Nâgas qui se montrent à Nâgârjuna sous forme d'enfants.

Une note intéressante de source mongole, au sujet de la grotte Nâgârjuni à Mâgadha, où Nâgârjuna est dit avoir vécu quelque temps, est fournie par Cunningham, Archaeological Survey of India VIII, 43 (tiré des «Sagas of the Far East», traduction anglaise du Siddhi kûr de Bergmann).

[82] Eitel, Handbook of Chinese Buddhism, sub verbo DEVA; Schiefner, Târanâtha II, 83 et suiv.; St. Julien, Hiouen-Thsang, I, 105, 118; II, 218, 277; III, 95 et suiv.; Wassiljew l. c. 164, 234 et suiv.; Mélanges asiatiques II, 171. Un ouvrage en sanscrit d'Â. cf. Journal of the Asiatic Soc. of Bengal (1898), p. 175 et suiv. Sur Çûravajra je ne connais que la note dans le Târanâtha de Schiefner II, 277. Sur Dharmatrâta cf. ibid. II, 297; Pantheon 89. Un de ses principaux ouvrages a été traduit par W. W. Rockhill, Udânavarga a collection of verses from the Buddhist canon (1883).

[83] Kaṇ, Kâṇ signifie en tamil: «voir, œil». Kaṇa en sanscrit «qui n'a qu'un œil». Pour le rapport qui existe entre ces deux mots cf. Gundert, Zeitschr. der Deutsch. Morgenl. Ges. 23, 521. Kaṇṇappa est le dixième parmi les «72 valets de Çiva» (Çivaṭoṇṭar ou Nâyaṇmâr). Une liste de ces derniers se trouve dans le Tokeippêr Viḷakkam du Vêtagirimutalijâr, leurs légendes sont dans le Periyapûrâṇam. Cf. Graul, Reise nach Indien IV, 327 (39, 161). Le Museum für Völkerkunde de Berlin possède un livre de gravures imprimées en Triplicane avec leurs légendes.

[84] Cf. sur Asaṅga les Mélanges asiatiques II, 171—72; Wassiljew l. c. 221 et suiv.; St. Julien, Mémoires etc. I, 270; Eitel sub verbo; Schiefner, Târanâtha 107—110 et passim.

A côté du nom d'Asañga, «sans obstacle», que les Tibétains traduisent littéralement, on trouve aussi la forme Asaṅgha. L'image japonaise est dans A. Fischer, Wandlungen im Kunstleben Japans (Berlin 1899), p. 84.

Sur les Tantras et les Dhâraṇîs cf. Wassiljew l. c. 177 et suiv.

[85] Sur Vasubandhu cf. Eitel sub verbo (195); Pantheon 48, n° 7; Wassiljew 217 et passim; Târanâtha II, 118 (93) et suiv. La note sur les pays Koki ibid. II, 262. Gâthâsaṃgraha dans la traduction allemande avec le texte original dans les Mélanges asiatiques VIII, 560 et suiv. Beaucoup de citations de ses œuvres dans Huth, Geschichte des Buddhismus in der Mongolei. Il semble que la doctrine d'Amitâbha et de son paradis Sukhâvatî doive être rapportée à Râhulabhadra (Saraha, maître de Nâgârjuna); cf. Târanâtha II, 313—93, 15.

Pour l'emploi des bonnets hauts dans les discussions religieuses cf. la note dans le Târanâtha II, 200 où on raconte, que sur le conseil d'une Ḍâkinî les élèves de Dharmakîrti à Chittagong (Chatisghao) portaient des bonnets.

[36] Sur les Sthaviras, en tibétain gNas-brtan, cf. Pantheon, p. 84 et suiv. et les notes qui s'y trouvent sur la correspondance défectueuse des types lamaïques avec les formes de la tradition japonaise. Il est hors de doute que les attributs des Sthaviras sont embrouillés dans le lamaïsme, par suite d'un manque de compréhension des noms tibétains (par suite d'une même prononciation de mots écrits différemment). La bibliothèque universitaire de Kasan possède une biographie en mongol des Sthaviras (cf. la préface du dictionnaire Mongol-Russe-Français de Kovalevsky), ouvrage qu'on aimerait à voir publier. Quelques-unes sont reproduites dans Pozdněev, Očerki byta buddijskich monastyrei etc., table 6. On y donne Añgaja pour un frère de Hva-shañ.

Sur le seizième Sthavira, dont le nom sanscrit — peut-être Abheda ou quelque chose d'approchant — est inconnu, cf. Wassiljew l. c. 237, où il semble être un Vasubandhu; et surtout Schiefner, Tibetische Lebensbeschreibung des Çâkyamuni, p. 92 (séparément); Vakula, en tibétain Sre-moñ = Nakula, ibid. p. 97.

Sur Hva-shañ comme représentant de l'école du Mahâyâna cf. mes remarques dans mon Handbuch der buddhist. Kunst, 2e éd., p. 130.

[37] Sur la machine à broyer ḍheñkî (écrit ḍhemkî) cf. G. A. Grierson, Bihâr Peasant Life (Calcutta 1885), p. 90, et la belle table adjacente. La forme Hindûstânî est ḍhenkâ.

[38] Qu'ici il ne peut-être question d'influences iraniennes, c'est ce que montre la mention de saints (ṛishis, en tibétain drañ-sroñ), qui adorent la «voiture du soleil» (en tibétain nyi-mai šiñ-rta). Quelque part on semble faire allusion au culte du feu et de la lumière de la religion des Pârsî ou de Zoroastre, cf. Originalmitteil. a. d. kgl. Museum f. Völkerkunde zu Berlin, p. 126, n° 88.

[39] Sur Dharmakîrti cf. Journal of the Asiatic Society of Bengal (1882), 9; Wassiljew, Buddhismus passim; Târanâtha II, 175 et suiv.

[40] Sur Abhayâkara cf. Târanâtha II, 294, 330 etc., Journal of the Asiatic Society of Bengal (1882), p. 16 et suiv. Il est une des préexistences du Paṇ-č'en de bKra-šis-lhun-po (Tra-ši-lhum-bo); Originalmitteilungen aus dem kgl. Museum für Völkerkunde, Berlin, p. 128, n° 94.

[41] Sur Padmasambhava cf. mes dissertations: Ein Kapitel des Tă-še-suñ (Berlin 1896), Padmasambhava und Mandârava, dans Zeitschrift der Deutschen Morgenländischen Gesellschaft (1898), p. 447 et suiv.; T'oung-Pao (1897), 528—61, où tout le reste de la bibliographie est cité. Des notes sur le couvent de bSam-yas se trouvent dans le Journ. of the Buddhist Text Society V (1897), Pt. II, 3—4 et dans l'Englishman du 30 Juin 1890, Calcutta Review, Juillet 1890.

Aux ouvrages cités plus haut, il faut ajouter l'intéressante dissertation de E. Schlagintweit, «Die Lebensbeschreibung des P., des Begründers des Lamaismus, 747 n. Chr.», dans Abhandlungen der kgl. bayerischen Akademie der Wissenschaften I. Cl. XXI, II (1899) et les Veröffentlichungen aus dem kgl. Museum für Völkerkunde zu Berlin V (1897) 105—26.

Les traductions données plus haut sont faites d'après l'impression tibétaine de l'édition de Darjiling et une édition lepcha manuscrite, de Darjiling aussi.

[42] Journal of the Asiatic Soc. of Bengal (1887), p. 3, et Graham Sandberg, Handbook of Colloquial Tibetan (Calcutta 1894), p. 202.

[43] Cf. sur lui G. Huth, Verzeichnis der im tibetischen Tanjur mDO (Vol. 117—124) enthaltenen Werke (Berlin 1895), p. 15.

[44] Sur gLañ-dar-ma cf. Köppen II, 72—76; Journal of the Asiatic Society of Bengal (1881), n° 35, p. 239 et suiv.

Alberûni aussi a connu les tentatives de gLañ-dar-ma contre le buddhisme et les événements qui en résultèrent, cf. Sachau, Alberûni, édition anglaise (1887) sub verbo Longdherman.

[45] Sur Atîça cf. Pantheon, n° 29, p. 53 et la bibliographie qui y est citée, puis le Journal of the Buddhist Text Society I (1893), Part. I, pp. 7—33; Indian Pandits in the Land of Snow (Calcutta 1893), p. 51 et suiv. Dans le premier voir aussi son ouvrage intitulé «Lam-sgron», Bodhipathapradîpa, I, Pt. I, 39 et suiv., 59 et suiv. (texte); Pt. III, 21 et suiv.

[46] Cf. sur Mi-la-ras-pa Jäschke, Tibetan-English Dictionary sub verbo (413 A); Csoma, Tibetan Grammar, p. 184; Journal of the Asiatic Society of Bengal (1881), pp. 206, 238; (1887) pp. 4, 7, 21; Mélanges asiatiques I (1852), p. 413; Waddell, Buddhism, p. 64 (reproduction); Rockhill, Proceedings of the American Oriental Society (1884), pp. 5—9. Les échantillons de texte de Jäschke dans la Zeitschrift der Deutschen Morgenländischen Gesellschaft 23 (1869), pp. 543—58; l'aventure dans le style de St. Antoine: Globus LXXIII, 1, 28 A (B. Laufer). Une reproduction dans le «Pantheon des Tschangtscha Hutuktu», n° 31. On n'a pas sur lui de matériaux à Berlin. La bibliothèque de Kazan avait une traduction mongole de sa vie, cf. Kovalevsky, Dictionnaire Mongol-Russe-Français (préface).

[47] Sur Sa-skya paṇḍita cf. Csoma de Körös, Tibetan Grammar, pp. 169, 197; Köppen, Buddhismus II, 80 et suiv., 110 et suiv.; Pallas, Mongolische Völker II, 356 et suiv.; Ssanang Ssetsen, Geschichte der Ostmongolen, pp. 392—394; Journal of the Asiatic Society of Bengal (1881) 3, 240—242; (1882) 1, 19—20 (reproduction table VI); Huth, Geschichte des Buddhismus in der Mongolei II, 118 et suiv.

Ses Subhâshitaratnanidhi dans le Journal of the Asiatic Society of Bengal (1855) p. 141 et suiv., (1856) p. 257 et suiv. (environ la moitié du texte avec traduction anglaise; le texte tibétain fourmille de fautes d'impression).

Sur son couvent principal cf. la note dans le Journal of the Asiatic Society of Bengal (1887) 1, 8.

[48] Sur 'P'ags-pa bLo-gros rgyal-mts'an cf. Köppen, Buddhismus II, 97 et suiv., Ssanang Ssetsen, Geschichte der Ostmongolen, p. 115 et suiv. et les notes dans le Journal of the Asiatic Society of Bengal (1882) 1, 67; (1887) 8; Huth, Geschichte des Buddhismus in der Mongolei II, 139 et suiv.

[49] Cf. Journal of the Asiatic Society of Bengal (1882), p. 20 et suiv. Zur-dbaṅ Byams-pa seṅ-ge est malheureusement complètement inconnu; peut-être était-il le maître du saint. La série des incarnations du Paṇ-č'en de bKra-šis-lhun-po pourvue d'images à qui nous empruntons notre gravure et qui se trouve au Musée de Berlin, dit de lui qu'il s'est tenu assis aux pieds de Zur-dbaṅ Byams-pa seṅ-ge (Zur-dbaṅ Byams-pa seṅ-gei žabs btud-čiṅ), que par suite de la contemplation du Yamâri rouge, de la manifestation de Mañjuçrî, il est devenu un des serviteurs de mGon-po legs-ldan et elle le nomme le «vainqueur des terribles» (dregs-pa zil gnon). Il est aussi un des représentants du système de Kâlacakra; Csoma de Körös, Tibetan Grammar, p. 200; Schlagintweit, Die Berechnung der Lehre etc., Abhandlungen der kgl. bayer. Akad. XX (1896), p. 42.

[50] Cf. à son sujet: Pantheon n° 37, Mélanges asiatiques II, 361. Des citations importantes de son œuvre capitale dans Târanâtha II, passim; cf. aussi Wassiljew, Buddhismus, p. 319; Journal of the Asiatic Society of Bengal (1881), pp. 211, 229; Schlagintweit, Berechnung der Lehre, pp. 618, 641.

[51] Sur Tsoṅ-k'a-pa cf. Köppen, Buddhismus II, 108 et suiv., 374; Journal of the Asiatic Society of Bengal (1882) I, 53—57, 127; Journal of the Buddhist Text Society I, III, App. II, 5 (avec une table); Waddell, Buddhism, 58 et suiv. (passim); Rockhill, The Land of the Lamas (passim) (reproduction de Kum-bum: sKu-'bum); Huth, Geschichte des Buddhismus in der Mongolei II, 175 et suiv. Quelques notes sur lui dans le Journal of the Asiatic Society of Bengal (1887) 17, 21, 29: Pozdněev, Skazanie o choždenij v Tibetskuju stranu Malo-dörbötskago Bäsabakši, pp. 214, 215 etc. Iwanoffsky, Muséon 3, pp. 165—181. Sur l'arbre de sKu-'bum cf. Huc et Gabet, Voyage dans la Tartarie, II, 112 (éd. angl. II, 53) citée par Waddell l. c. 281, The Nature LIII, Hedin, Durch Asiens Wüsten II, 406 en plus des auteurs déjà cités. Deux morceaux d'une branche de l'arbre merveilleux sont dans la collection du Prince Oukhtomsky. Tsoṅ-k'a-pa a comme nom secret Amoghavajra, cf. A. Schiefner, Vimalapraçnottararatnamâlâ, préface.

[52] Mieux 'Jam-dkar-la namo, «adoration (révérence) du Mañju (ghosha) blanc». Je supprime désormais la formule de respect et je ne nomme que les noms comme dans la reprod. 34, où la forme -la nama au lieu de -la namo se trouve sur l'image originale. Les livres de Padmasambhava diffèrent, on le sait, souvent, pour l'orthographe et l'écriture, des habitudes courantes.

[53] Sur Byam-č'en č'os-rje comme fondateur du cloître de Se-ra cf. Csoma de Körös, Tibetan Grammar, p. 187 (cité par Köppen, Buddhismus II, 111); cité comme élève de Tsoṅ-k'a-pa par Chandradás, Journal of the Asiatic Society of Bengal (1882) I, 58. Sa biographie est dans Huth, Geschichte des Buddhismus in der Mongolei, II, 189 et suiv. La «fée» Ḍâkinî reproduite chez Waddell (citation dans le texte p. 61), a reçu pour le pied gauche un caleçon aux rayures étranges, qu'on ne connaît pas dans le lamaïsme. Ceux qui s'intéressent à cette Ḍâkinî qu'on a vêtue par pruderie, peuvent voir sa reproduction dans Pander loc. cit. (p. 71).

[54] La suite des Dalaï Lamas est:

1. dGe-'dun grub, né en 1391, premier rGyal-ba en 1439, mort en 1478; mais il ne portait pas encore le titre;
2. dGe-'dun rgya-mts'o 1479—1541;
3. bSod-nams rgya-mts'o 1543—1586;
4. Yon-tan rgya-mts'o 1587—1614;
5. Nag-dbaṅ bLo-bzaṅ rgya-mts'o 1617—1680;
6. Rin-č'en Ts'aṅs-dbyaṅs rgya-mts'o 1693—1703;
7. bLo-bzaṅ sKal-ldan rgya-mts'o 1705—1758;
8. bLo-bzaṅ 'Jam-dpal rgya-mts'o 1759—1805;
9. bLo-bzaṅ Luṅ-rtogs rgya-mts'o 1806—1815;
10. bLo-bzaṅ Ts'ul-k'rims rgya-mts'o 1817—1837;
11. bLo-bzaṅ dGe-dmu rgya-mts'o 1838—1855;
12. bLo-bzaṅ P'rin-las rgya-mts'o 1856—1874;
13. Ṅag-dbaṅ bLo-bzaṅ T'ub-ldan rgya-mts'o 1875.

Cf. Graham Sandberg, Monasteries in Tibet dans The Englishman (30 Juin 1890); Calcutta Review (Juillet 1890); Waddell, Lamaism 233; A. Pozdněev, Skazanie o choždenij v Tibetskuju stranu Malo-dörbötskago Bāsa-Bakši, p. 209 note. Huth, Geschichte des Buddhismus, II, 200 et suiv. Köppen déjà, dans le Buddhismus II, 235, à essayé d'établir cette liste. Cf. aussi Pander, Pantheon des Tschangtscha Hutuktu, p. 56 et suiv.

[55] La liste des hiérarques de bKra-šis-lhun-po avec leurs préexistences antérieures hors de ce cloître, est la suivante:

1. Le Sthavira Subhûti (en tibétain gNas-brtan Rab-'byor), apparemment contemporain du Buddha Çâkyamuni;
2. Kulika Mañjuçrîkîrti (en tibétain Rigs-ldan 'Jam-dbyaṅs-grags-pa), roi du pays de Žambhala;
3. Slob-dpon Legs-ldan-'byed (Âcârya Bhâvaviveka);
4. Âcârya Abhayâkaragupta (en tibétain: Slop-dpon 'Jigs-med 'byuṅ-gnas). 9e siècle (fig. 32);
5. rTa nag 'gos lo-tsa-ba K'ug-pa lhas-rtis;
6. Sa-skya paṇḍita né en 1182 (fig. 40);
7. g,Yuṅ-ston rDo-rje dpal 1284—1376 (fig. 45);
8. mK'as grub dGe-legs dpal bzaṅ 1385—1439 (fig. 47), fondation de bKra-šis-lhun-po;
9. bSod-nams p'yogs glaṅ (Dinnâga) 1439—1505;
10. rGyal-ba dBen-sa-ba bLo-bzaṅ-don-grub 1505—1570;
11. Paṇ-č'en bLo-bzaṅ č'os-kyi rgyal-mts'an (Mahâpaṇḍita Sumatidharmadhvaja) 1569 —1662;
12. Paṇ-č'en bLo-bzaṅ ye-šes dpal-bzaṅ-po (Sumatijñânaçrîbhadra) 1663—1737;
13. Paṇ-č'en bLo-bzaṅ dpal-ldan ye-šes (Sumatiçrîjñâna) 1737—1779;
14. rJe bsTan-Pai nyi-ma 1781—1854;
15. rJe dPal-ldan č'os-kyi-grags-pa bsTan-pai dbaṅ-p'yug (?) 1854—1882;
16. dGe-legs rNam-rgyal 1883.

La liste se trouve aussi dans Chandradás: Journal of the Asiatic Society of Bengal (1882), pp. 15—43 avec reproductions de tous jusqu'au quatorzième, prises de la liste complémentaire de Pozdněev: Skazanie etc. (cf. n° 8), p. 238, note et remarques dans un magnifique album du Musée royal de Berlin. Cf. Original-Mitteilungen, pp. 103—104. Le point d'interrogative de n° 15 ne se rapporte qu'à la dernière syllabe du nom. Les traductions en sanscrit de nos 3, 9, 11, 12, 13 sont pour moi jusqu'ici impossibles à reconstruire. Cf. quelques noms dans Huth, Geschichte des Buddhismus II, 302. Sur les Paṇ-č'en cf. en outre pour la bibliographie ancienne: Köppen, Buddhismus, pp. 121 et suiv., 127 et suiv., 215—224, 236 et suiv.; A. Waddell, Lamaism, p. 231; Graham Sandberg dans la Calcutta Review, Juillet 1890; Journal of the Buddhist Text Society I (1893), Appendice I.

Des matériaux intéressants sur ce cloître sont donnés par le Journal of the Buddhist Text Society I, Pt. IV (1893).

[56] Cf. les reproductions dans mon édition du «Pantheon des Tschangtscha Hutuktu» de Pander, nos 43, 46, 50. L'une d'elles est passée avec beaucoup de mes gravures dans «Lamaism» de Waddell (p. 39). Sur le septième cf. la miniature identique décrite dans les Original-Mitteilungen p. 110, no 22 et nommée encore d'après la liste non rectifiée des six Dalaï Lamas. Les notes sur leur éducation et ordination sont d'après Graham Sandberg, Calcutta Review (Juillet 1890).

[57] C'est le cas aussi pour le beau portrait du Paṇ-č'en dPal-ldan ye-šes, mort en 1779 en Chine, dont on trouve la reproduction dans mon «Handbuch der buddhistischen Kunst», 2e édit., no 101.

[58] Sur bSod-nams rgya-mts'o cf. Pallas, Mongolische Völker, II, 425 (avec quelques fautes); I. J. Schmidt, Ssanang Ssetsen, p. 226 et suiv. et les notes qui s'y rattachent; Köppen, Buddhismus II, 134 et suiv.; Journal of the Asiatic Society of Bengal (1882), p. 71; Huth, Geschichte des Buddhismus in der Mongolei II, 200 et suiv. (contient une biographie très détaillée).

[59] En tibétain paṇ c.-à.-d. paṇḍita, et 'gyur-ba (devenir); «celui qui est devenu un paṇḍita (savant)».

[60] D'après Pozdněev, Očerki byta buddijskich monastyrei i buddijskago duchovenstva v Mongolii, p. 233 et suiv. Il donne dans la suite la liste, que le prof. Wassiljew a obtenue jadis, plus ses informations personnelles. Bien qu'il soit très souhaitable de posséder ces listes complètes, j'ai renoncé à les reproduire ici, pour ne pas surcharger ce livre de longues listes de noms tibétains et mongols, que je ne pourrais vivifier par aucune gravure de source certaine. Je regrette fort, qu'il m'ait été impossible de me procurer les biographies des Khoubilghans de rJe-btsun-daṃ-pa, que Pozdněev a traduites en russe.

[61] Cf. sur lui Originalmitteilungen aus dem kgl. Museum für Völkerkunde zu Berlin, pp. 44 et 45. Journal of the Asiatic Society of Bengal (1881), p. 187; (1882) I, p. 69; Ssanang Ssetsen, Geschichte der Ostmongolen, éditée et traduite par I. J. Schmidt, no 33, p. 438; Köppen, Die Religion des Buddha II, 219; Huth, Geschichte des Buddhismus in der Mongolei II, 291 et suiv.

[62] Les existences antérieures du lČaṅ-skya rol-pai rdo-rje (Lalitavajra) sont d'après un bel album de miniatures du Musée de Berlin, les suivantes. Il est à remarquer que plusieurs d'entre elles, nous le savons, ont été des traducteurs (Lo-tsa-ba).

1. Cunda le Çrâvaka (nyan-t'os dgra-bčom-pa Tsunda), contemporain du Buddha;
2. Grub-dbaṅ Çâkyamitra (Çâ-kya bšes-gnyen), l'un des Mahâsiddhas;
3. dPal-ldan Rigs-'dsin sgro-p'ug;
4. Lo-č'en Ka-ba dpal-rtsegs (fig. 37);
5. 'Gro-mgon Si-si-ri-pa (Si-si-ri-pa de Guṅ-t'aṅ ou Se-ston-ri-pa est cité par Huth, Geschichte des Buddhismus in der Mongolei II, 140. L'hypothèse de Laufer, Klu'bum bsdus pai sñiṅ po [Mémoires de la société Finno-Ougrienne XI, 79], qu'il faudrait changer le nom en Te-se-ri-pa est par là détruite);
6. 'Dul-'dsin rDo-rje seṅ-ge (Vajrasiṃha);
7. 'P'ags-pa bLo-gros rgyal-mts'an (Aryamatidhvaja) (fig. 41);
8. rJe-btsun bSod-nams rgyal-mts'an;
9. Byams-č'en č'os-rje (fig. 50);
10. rJe-btsun Č'os-kyi rgyal-mts'an;
11. mK'as-grub dPal-'byor lhun-grub;
12. mK'yen-rab Grags-pa'od-zer;
13. lČaṅ-skya Ṅag-dvaṅ bLo-bzaṅ č'os-ldan.

[63] Prince Oukhtomsky dans Pander, Zeitschrift für Ethnologie (1889), p. 209; cf. aussi Globus XLVII, 105 et suiv.

[64] Cf. Pander dans la Zeitschrift für Ethnologie (1889), p. 45, 2; Jäschke, Tibetan-English Dictionary sub verbo YI-DAM; Waddell, Lamaism, p. 361 et suiv.; Pozdnĕev, Očerki etc., p. 51.

[65] Cf. Ziegenbalg, Genealogie der malabarischen Götter, p. 283.

[66] Cf. Pander, Das Pantheon des Tschangtscha Hutuktu, n° 68, p. 64.

[67] Comme le prouve son nom, c'est Çiva lui-même. Le type est celui de Vîrabhadra, qui d'après la tradition brahmane détruit les sacrifices de Daksha; cf. Ziegenbalg, Genealogie der malabarischen Götter, p. 169.

[68] Je ne sais ce que signifie cette expression.

[69] Chandradás dans le Journal of the Asiatic Society of Bengal (1887), p. 23.

[70] Ssanang-Ssetsen, p. 482; cf. là-dessus: Mémoires de l'Académie Impériale de St.-Pétersbourg, 6e série, II, 1834, p. 9, note 5.

[71] Celui qui, attiré par le titre: «Über die Art der Darstellung der 84 Sidhás», cherche par exemple au vol. 123ème des Tanjours des matériaux iconographiques sur ces belles personnes, y trouve des choses qui ne sont qu'enfantillages auprès des chansons de Bilitis, recommandées si ingénieusement et «respectueusement aux jeunes filles de la société future».

[72] Pallas, Mongolische Völker II, 94, table 8, fig. 3.

[73] «Voyez ce pénitent avec sa jaṭâ (boucle de pénitent), faire dure pénitence, dans des temps incalculables il sera un des éclairés de ce monde.» Vers mis dans la bouche du premier Buddha Dîpañkara, au sujet de Gautama.

[74] Waddell, Lamaism, p. 345; Podznĕev, Očerki etc., pp. 423, 428; Lalitavistara: rGya Tch'er rol pa, traduit par Ph. Éd. Foucaux II, 354 et suiv.

[75] Pallas, Mongolische Völker II, 84 et suiv.; I. J. Schmidt, 'Dsaṅs-blun, der Weise und der Thor, XXXVII (II, 332 et suiv.).

[76] Cf. mon Handbuch der buddhistischen Kunst in Indien, 2e éd., pp. 158—164; les reproductions à Ajaṇṭâ chez Griffith, Ajanta I, table 91; cf. aussi Bhagvânlâl Indraji, Supârâ und Padaṇa (Bombay 1882). Sur la couronne du Dhyânibuddha cf. Journal of the Buddhist Text Society, V, Pt. II; Pozdnĕev, Očerki etc., p. 323.

[77] I. J. Schmidt a imprimé une liste des «mille Buddhas» dans les Mémoires de l'Académie Impériale de St.-Pétersbourg, 6e série, II (1834), pp. 41—86. On a aussi une liste tibétaine: A brief Summary of Do Ka zang exhibited by Ch. Elliott (Darjiling 1895) comme supplément au Journal of the Buddhist Text Society, III, Pt. 1.

[78] Sur ces éléments iraniens dans le buddhisme du nord, cf. Rhys David, Buddhism, p. 207; Grünwedel, Handbuch der buddhistischen Kunst, p. 170; de Groot, Buddhist Masses for the dead at Amoy dans les Actes du 6ème Congrès international des Orientalistes à Leide, 4e p., pp. 3—120.

[79] Cf. Grünwedel, Handbuch der buddhistischen Kunst, 2e éd., p. 170; James Burgess, Archaeological Survey of Western India, V, Table XX, 1; Padmapâṇi (Avalokiteçvara) à Gandhâra; cf. S. von Oldenburg, Vostočnyja Zamĕtki, pp. 362, 363; Globus LXXVII, n° 5, p. 73.

[80] Un modèle du paradis de Sukhâvati se trouve à St.-Pétersbourg, en possession du Prince Oukhtomsky.

[81] Schott, Über den Buddhaismus in China und Hochasien, Abhandlungen der philosophisch-philologischen Klasse der kgl. preussischen Akademie 1846, pp. 55, 56; Les trois Kâyas d'Amitâbha dans Huth, Geschichte des Buddhismus in der Mongolei II, 300.

[82] Cf. l'intéressante dissertation de Schiefner sur l'Apocalyptique buddhique dans les Mélanges asiatiques VII (1874), pp. 416—428 et Legge, The Travels of Fâ-hien, pp. 92—93. Sur Maitreya cf. Original-Mitteilungen aus dem kgl. Museum für Völkerkunde, p. 124, n° 76 (et les citations qui s'y trouvent); Waddell, Lamaism (passim). Dans l'Église du sud: Oldenberg, Buddha, 1e éd., p. 144, note 1; Rhys Davids, Buddhism, 1e éd., p. 200 et suiv.

[83] La bibliographie ancienne la plus complète sur lui, se trouve dans James Burgess, Archaeological Survey of Western India, V (1883), p. 14. A part quelques indications dans les ouvrages cités au n° 29 des remarques, il faut se fier surtout à la dissertation de Waddell dans le Journal of the Royal Asiatic Society (1894), pp. 51—89.

[84] Cf. F. W. K. Müller, Ikkaku Sennin (Berlin 1897), p. 10 et suiv. dans l'édition séparée; Veröffentlichungen aus dem kgl. Museum für Völkerkunde, V (1897), p. 106; Zeitschrift der

Deutschen Morgenländischen Gesellschaft LII (1898), p. 459, note 5 et la bibliographie qui s'y trouve.

[85] . . . . çvetasiṃhaṃ | tasyopari candre hrîḥkârasambhavaṃ siṃhanâdalokeçvararûpam âtmânaṃ dhyâyât | çuklam amitâbhajaṭâmukuṭinaṃ trinetraṃ dvibhujaṃ | tapasviveçadharam | mahârâjalilayâ sthitaṃ vâmahastâdutthitapadmoparikhaḍgam | dakshiṇe sitatriçûlaṃ sitaphaṇiveshṭitaṃ | vâme nânâsugandhipushpaiḥ pûrṇaçvetakapâlaṃ spharatpañcataṭhâgataṃ | mahânirmâṇarûpiṇaṃ dhyâyât; cf. mon travail sur Bhṛikuṭi cité à la note 101.

[86] Cf. Journal of the Asiatic Society of Bengal (1882), p. 67. Dans le Journal of the Asiatic Society of Bengal (1894), Table 1, Waddell donne une reproduction d'un Siṃhanâda brâhmanique, qui correspond exactement au Tantra.

[87] Il est malheureusement impossible, de donner ici avec quelques détails cette série si intéressante en entier. Je dois me borner à quelques indications: J. Burgess dans l'Archaeological Survey of India reproduit la forme népâle de Halâhala, à la table XXVII, 21. Pour les formes de Çiva cf. Ziegenbalg, Genealogie der malabar. Götter, p. 48 et suiv. Nâteça = Taṇḍavaṇ, Halâhala = Nîlakaṇṭha. Il faut citer ici le fait, que Khasarpaṇa, autre forme du Bodhisatva, a dans sa suite le Gaṇapati.

[88] Je ne sais qui est désigné par ce mot. Nous trouvons souvent de telles indications de certaines formes de dieux, que tel ou tel saint est dit avoir inventées. C'est ainsi qu'on a un «Nâtha à 4 mains» de Nâgârjuna etc., un autre avec Çakti de la Çântigupta (en tibétain Ži-ba-sbas-pa), de nouveau un de rGva Lo (tsa-ba) etc. Ici le nom de l'auteur, femme ou homme, est inconnu. Le nom mène au sanscrit Çrî.

[89] Cf. la bibliographie dans les Original-Mitteilungen aus dem kgl. Museum für Völkerkunde, p. 123, n° 70.

[90] Sur Mañjuçrî cf. l'ensemble de la bibliographie ancienne, dans James Burgess, Archaeological Survey of Western India, V (1883), p. 17, et les Original-Mitteilungen aus dem kgl. Museum für Völkerkunde, p. 113, n°s 35—38; Waddell, Lamaism (passim). Quelques autres notes: Mañjuçrî est cité déjà à l'époque de l'empereur chinois Miṅ-ti: Journal of the Asiatic Society of Bengal (1882) 2, p. 90. L'empereur de Chine est son incarnation, ibid., p. 98; sa forme vengeresse est Çrîmahâbhairava: Journal of the Buddhist Text Society III (1895); comme tel il s'appelle aussi Ma-t'ul-ba bdul-bai nag-po, «le noir qui convertit les nonconvertis», ou T'ul-ba-bkrid-draṅ-gi k'ro-bo, «le courroucé, qui conduit bien les convertis». L'image de la forme tantrique de Bodhisatva, nommé gSaṅ-'dus 'Jam-dpal rdo-rje se trouve dans le cloître Ra-bsgreṅ (secte de Ka-'dams-pa) fondé en 1055 par Brom-ston, cf. Pozdněev, Skazanie etc. (1897), p. 200, note 66.

[91] La collection du Prince Oukhtomsky contient une grande et belle reproduction des monts Ṅu-tai où les lamaïstes vont en pélerinage, avec tous leurs objets de culte.

[92] La description de la forme la plus simple de Mañjuçrî (comme dans la fig. 108, mais assis au lieu du lion sur une fleur de lotus) est dans l'original la suivante: mdog ser btsomai mdog lta-bu žal gčig p'yag gnyis-pa | p'yag g,yas-pas šes-rab-kyi ral-gri 'p'yar-ba | g,yon-pas me-tog utpa-lai steṅ-na po-ti (Sanscrit pustaka) bsnams-pa. Sâdhanamâlâtantra le nomme: kumkumâbhaṃ . . . . kumârâbharaṇaṃ . . . . khaḍgapustakadharaṃ vâgîçvaraṃ, à la couleur de safran, porteur de la parure d'un prince héritier, porteur de l'épée et du livre, maître de la parole (vâc) ou de sa Çakti Vâc, c.-à.-d. Sarasvatî (fig. 17). — Au sujet de la tortue d'or cf. Pallas, Mongolische Völker, II, 21 et suiv.; Waddell, Lamaism, p. 450 et suiv. (et la bibliographie qu'il cite); surtout E. Schlagintweit, Buddhism in Tibet, Annales du Musée Guimet, III, p. 200 et suiv. — Remarquable est dans le récit la mention répétée de l'incrédulité des Chinois et le renvoi à l'enfer, c.-à.-d. au culte des aïeux si pratiqué par les Chinois. Il est connu que le point d'appui du buddhisme en Chine a toujours été le fait qu'il s'est emparé du culte des ancêtres et qu'il a su utiliser pour les morts le trait principal de la famille chinoise, c.-à.-d. l'amour des enfants pour leurs parents. C'est lui qui était le mieux à même de renseigner sur les demeures des morts. — Sur les lakshaṇas et les anuvyañjanas de Buddha et des Bodhisatvas cf. F. M. Müller et H. Wenzel, Kenjiu Kasawara, The Dharmasaṃgraha dans Anecdota Oxoniensia, Vol. I, Pt. V, Aryan Series (Oxford 1885), p. 53 et suiv.

[93] D'après la Sâdhanamâlâ il doit se présenter comme: sarvañgaçuklaṃ caturmukham ashṭabhujaṃ pañcabuddharatnamukuṭinaṃ divyâbharaṇavastraçriñgârarasasâdhitaṃ dharmacakramudrâñgahastadvayaṃ, kṛipâṇavâṇakuliçadakshiṇahastatrikaṃ, prajñâparamitâpustakacâpavajraghaṇṭhavâmakaratrikaṃ .... description qui, pour l'essentiel, correspond à ce qui est dit dans le texte. Mais il faut remarquer que la couleur nommée est «blanc de tous ses membres» et que la couronne qu'il porte est décrite comme ayant comme «joyaux» sur ses feuilles les cinq Dhyânibuddhas. Il porte les parures et les vêtements d'un dieu (brahmanique) et trahit le pathos de l'amour. Il existe aussi une forme en rouge, le visage du milieu est rouge jaune (raktagaura), le droit, jaune safran (kuṃkumarûpa), le gauche, rouge pourpre (padmarakta), le dernier, rouge vif (pîtarakta).

[94] Sous cette forme, visiblement antique, il apparaît p. e. dans les «500 dieux de sNart'añ», Fol. 2 du paragraphe final où il se montre en Mañjuçrî blanc.

[95] On trouve des noms de Bodhisatva dans la Triglotte buddhique éditée par Schiefner, Fol. 9 et 10, et beaucoup aussi dans le Kanjour, Annales du Musée Guimet, II, p. 394.

[96] Cf. surtout Louis de la Vallée Poussin, Bouddhisme, Études et Matériaux (Londres 1898), p. 171; Waddell, The Indian Buddhist Cult of Avalokita and his consort Târâ, the Saviouress, dans le Journal of the Asiatic Society of Bengal (1894), p. 51 et suiv.; Godefroy de Blonay, Matériaux pour servir à l'histoire de la déesse Târâ (Paris 1895), Bibliothèque de l'école des hautes études, 107. Bibliographie ancienne: Pallas, Mongolische Völkerschaften, II, 92; I. J. Schmidt, Ssanang Ssetsen, p. 354 et suiv.; Schlagintweit, Bouddhisme (trad. par Milloué), p. 42; du même, Die Könige von Tibet, p. 840, note etc. Le nom tibétain est sGrol-ma; on trouve aussi quelquefois sGrol-yum. Comme «yum» signifie «mère», ma, qui n'est qu'un suffixe féminin est quelquefois pris par les mongols pour «mère» et traduit par le mot correspondant èkè. Cf. Schiefner, Ueber den sog. tibetischen Artikel dans Mélanges Asiatiques (St.-Pétersbourg 1851), p. 55 et suiv. L'histoire de la naissance des deux Târâs issues des larmes d'Avalokiteçvara, est donnée avec le plus de détails par I. J. Schmidt dans Ssanang Ssetsen, p. 324.

[97] Cf. mon Handbuch der buddhistischen Kunst in Indien, 2e éd. (1900), p. 40, n° 11 et mon travail sur une terracotte de Magdishu dans l'Ethnologisches Notizblatt.

[98] Que le Sâdhaka s'imagine la déesse: Târâṃ çyâmavarṇâṃ sarvâlaṃkâradharâṃ vâme nîlotpalavatîṃ dakhshiṇe varadâṃ, ardhaparyañkanishaṇṇaṃ (traduction sous la fig. 116).

[99] A gauche de la Varadâtârâ il faut se représenter: Ekajaṭâṃ kharvakṛishṇâṃ vyâghrâjinadharâṃ trinetrâṃ daṃshṭrâkarâlavadanâṃ jvalatpiñgalordhakeçâṃ kartrikapâladhâriṇîm, «l'Ekajaṭâ de petite taille, noire, vêtue d'une peau de tigre, à trois yeux, le visage pourvu d'une bouche munie de dents, une chevelure ébouriffée jaune feu, à la main le couteau gri-gug et un crâne vide.

[100] D'après le Sâdhanamâlâtantra voici comment il faut se la représenter: haritâm Amoghasiddhimukuṭâṃ varadotpaladhârîdakshiṇavâmakarâm açokakântâmarîcyekajaṭâsvagradakshiṇavâmadigbhâgâṃ divyakumârîsâlaṃkâravatîm ..., «jaune avec la couronne d'Amoghasiddhi, la main droite et la gauche en Varadâmudrâ, et tenant un lotus bleu, à ses côtés en avant se trouvent Açokakântâmarîcî et Ekajaṭâ. Elle porte toute la parure d'une princesse céleste».

[101] Pour plus de détails sur cette déesse pour ce qui est d'une de ses descriptions trouvée à Java, cf. mon article Bhṛikuṭî dans l'Ethnologisches Notizblatt II, pp. 6—10 et les figures qui s'y trouvent.

[102] pûrvoktavidhânena candrasitabhruṃkârajâṃ çuklâṃ trimukhâṃ trinetrâṃ navayauvanâm nânâlañkâradharâṃ bhagavatîṃ cintayet; pîtadakshiṇavadanâṃ nânâlañkâradharâṃ ashṭabhujaṃ bhagavatîṃ cintayet; kṛishṇadakshiṇetaravadanâṃ, dakshiṇacaturbhujaṃ: viçvavajrapadmasthabuddhavâṇavaradamudrâdharâm; vâmacaturbhujaiçcâpatarjanipâçâbhayahastapûrṇakumbhâṃ caityaguhâgarbhasthitavairocanamukuṭîṃ nishpâdya svavijaṃ padmasthaṃ hṛidi dhyâyât. tadanu çikhâlalâṭakaṇṭhanâbhicaraṇeshu yathâkramaṃ hûṃ trâṃ hriḥ oṃ âḥ iti pañcâksharâṇi paçyet. tato mantraṃ japet: oṃ bhruṃ svâhâ. Sâdhanamâlâtantra.

Les feuilles de palmier découvertes par F. M. Müller ont été publiées dans les Anecdota Oxoniensia, Vol. I, Pt. III, Aryan Series (Oxford 1884).

[103] Sur les Sauras (Çavaras) cf. Alexander Cunningham: Archaeological Survey of India, Vol. IX, XVII, XX, XXI.

[104] Cf. Mémoires de l'Académie de St.-Pétersbourg XXII (1875), p. 11.

[105] Des échantillons de tels récits se trouvent en grand nombre dans Târanâtha II, dans l'index sub verbo Ḍâkinî; I. J. Schmidt, Ssanang Ssetsen, p. 457 etc., Graham Sandberg, Manual of Colloquial Tibetan, p. 204; Journal of the Asiatic Society of Bengal (1887), pp. 22, 27.

Les expressions qui dépeignent les Ḍâkinîs, sont dans les textes: elles dansent (en tibétain: gar-byed-pa); elles sont nues (en tibétain: p'yogs-kyi gos-čan c. a. d. elles ont pour costume les contrées du monde (sanscrit: digambara); leur chevelure se hérisse (en tibétain: skra grol-ba); elles portent la couronne de crânes (en tibétain: t'od-pai dbus ni dbu rgyan mdses); elles portent le tambour Ḍamaru (en tibétain: čań-te 'dsin; čań-teu p'yag-na snams); leur ceinture retentit (en tibétain: ska-rags sil sil sgra sgrogs-pa) etc.

[106] Tout à fait d'après Graham Sandberg, Calcutta Review du 30 Juin 1890, cf. aussi Pozdněev, Skazanie etc., pp. 229—231 (notes); Köppen, Buddhismus II, 353, 354; Georgi, Alphabetum Tibetanum, pp. 271, 451 (communiqué in extenso par Köppen). Cf. aussi le Journal of the Asiatic Society of Bengal (1887), p. 12.

[107] Kâlacakratantrarâja IV, 41.

[108] Schiefner, Eine tibetische Lebensbeschreibung des Çâkyamuni, p. 19 (impression séparée).

[109] Globus LXXV, p. 170 et suiv. Sur Vajrapâṇi cf. les notices bibliographiques dans les «Original-Mitteilungen» etc., p. 123, n°s 71—73 et James Burgess dans Archaeological Survey of Western Indian V (1883), p. 14 (note). Nîlambaravajrapâṇi sous trois formes, cf. Annales du musée Guimet II, 300; rGyud VI, I. Vajrapâṇi à Lha-sa dans le Journal of the Asiatic Society of Bengal (1887), p. 16.

[110] Annales du musée Guimet II, 308.

[111] B. Jülg, Die Märchen des Siddhi-kûr (kalmouk) (Leipzig 1866), p. 86 et suiv.

[112] Cf. sur Hayagrîva: Original-Mitteilungen p. 116, n° 48; Jäschke, Tibetan Dictionary sub verbo sgrub-pa (p. 121); Graham Sandberg, Handbook of colloquial Tibetan, p. 199; Journal of the Asiatic Society of Bengal (1882) 1, p. 12; Pantheon des Tschangtscha Hutuktu, p. 80 et suiv. (La forme du dieu tirant de l'arc s'appelle d'après le titre d'Atiça Jobo: Jo-boi lugs).

[113] Sur lČam-srań cf. Pozdněev, Očerki etc., p. 329 et suiv.

[114] Sur Çmaçânapati (Citipati) cf. Pantheon des Tschangtscha Hutuktu, p. 98, n° 253, Il initie Lui-pa au Cakrasaṃvaramaṇḍala, cf. A. Schiefner, Târanâtha, p. 319.

[115] Un échantillon d'une description de tels lieux funéraires a été rendue par moi littéralement dans: Ein Kapitel des Tă-še-suń (Berlin 1897). Sur le valet infernal à tête de cheval cf. mon Handbuch der buddhistischen Kunst, 2e édit., p. 51.

Sur Ša-ba, quelquefois Cervus Wallichii, cf. Graham Sandberg, Manual of colloquial Tibetan, p. 168 et Mélanges asiatiques VI (1868), p. 9.

[116] Yamântaka a été souvent décrit et représenté. Cf. Pallas, Mongolische Völker II, 95 et suiv., tab. V; Bergmann, Nomadische Streifereien im Lande der Kalmücken III, 69; Köppen, Buddhismus II, 297 (et la bibliographie ancienne qu'il donne) etc. Nulle part pourtant jusqu'ici on n'a dénombré ses attributs.

[117] Sur Lha-mo, cf. Pallas, Mongolische Völkerschaften II, tab. IX, 5 (mauvaise); Schlagintweit, Buddhisme (trad. par Milloué), p. 71, tab. XI etc. Elle cause la mort de gLań-dar-ma; cf. Journal of the Asiatic Society of Bengal (1881), p. 239. Un lac du Tibet passe pour être son cœur, ibid. (1887), p. 21; elle est déesse protectrice de Lha-sa, ibid. (1882), p. 187. Des détails sur elle se trouvent dans le Pantheon des Tschangtscha Hutuktu, p. 96; Journal of the Buddhist Text Society I (1893), App. II, pp. 5—6, etc.

[118] Brockhaus, Kathâ Sarit Sâgara I, 31; Tarañga IV, 20—25; A. C. Burnell, On the Aindra School of Sanskrit Grammarians (Mangalore 1875), p. 5 (Hiouen-Ts'ang y est cité); F. W. K. Müller, To no Yoshika dans le T'oung-Pao (1895); Mélanges asiatiques, pp. 7—9.

Dans cet ordre de faits il est intéressant de noter qu'il y a des cas, ou l'inspiration est forcée à se montrer par un essai de suicide. Je me rappelle par exemple avoir lu, que le paṇḍit d'un anglais établi dans le sud de l'Inde, qui apprenait avec difficulté dans son jeune âge, se rendit au temple de Kâli et se blessa volontairement. Il passa la nuit dans le temple, guérit, et devint tout autre au point de vue des facultés spirituelles.

[119] Des représentations de ces divinités — le plus souvent les types que le Brahmanisme emploie — se trouvent dans le Panthcon des Tschangtscha Hutuktu, n°s 277 et suiv., p. 106.

[120] Bishamon est une corruption de Vaiçravaṇa; cf. un cas analogue dans Schiefner, Nachträge zu Schmidts Ausgabe des Dsang-Jun, p. 84.

Sur les quatre grands rois cf. mon Handbuch der buddhist. Kunst, 2e édit., p. 128 et suiv.

Des descriptions de leurs palais, etc. sont dans Minayev, Recherches sur le Bouddhisme, dans les Annales du Musée Guimet, Bibliothèque d'Études IV, p. 140 et suiv. et dans les notes.

[121] Sur Dam-čan ou sKu-lňa, cf. Waddell, Buddhism in Tibet or Lamaism, p. 479 et suiv.; Graham Sandberg, Handbook of colloquial Tibetan, p. 200; Journal of the Asiatic Society of Bengal (1887) II, 3—4, 247. Cf. aussi Journal of the Buddhist Text Society V, 1897, II, 3—4. Sur leur président en tant que roi de Gandharva cf. Huth, Geschichte des Buddhismus in der Mongolei II, 134. Une notice intéressante se trouve dans le Journal of the Asiatic Society of Bengal (1887), p. 14.

dPe-har ou dPe-dkar (dernier mot littéralement: exemple blanc) appartient à cette ancienne couche de la période de la langue tibétaine, dans laquelle les mots sanscrits étaient non pas traduits mais tibétanisés de forme. Il représente le mot Vihâra = cloître. Le dieu est en première ligne protecteur des couvents; cf. Schiefner, Mélanges asiatiques (1851), p. 15.

[122] Sur Subhûti, cf. Journal of the Asiatic Society of Bengal (1882), p. 15; Original-Mitteilungen aus dem kgl. Museum für Völkerkunde, p. 119, n° 57. Il est la première existence du grand-lama de bKra-šis-lhun-po.

[123] Sur les Nâgas, cf. la liste tirée du Saddharmapuṇḍarika chez Pozdněev, Očerki etc., p. 317. La liste de Waddell, A trilingual List of Nâgarâjas dans le Journal of the Royal Asiatic Society (1894), pp. 91—102. Les mêmes noms désignent les Bons, cf. A. Schiefner, Das weisse Nâgahunderttausend dans les Mémoires de l'Académie de St.-Pétersbourg XXVIII, n° 1; B. Laufer, Klu'bum bsdus pai sñiṅ po (Helsingfors 1898). De plus, sur les représentations de Nâgas voyez: Fergusson, Tree and Serpent Worship, 2e édit. (Londres 1893); J. Burgess, Journal of Indian Art and Industry (Janvier 1900); J. Griffith, The paintings of the Ajantâ-caves I, 11, 19; Grünwedel, Handbuch der buddhistischen Kunst in Indien, 2e édit., pp. 90—103. Cf. aussi le Journal of the Buddhist Text Society (1894), II, 1 et suiv. et enfin les Veröffentlichungen aus dem kgl. Museum für Völkerkunde V, pp. 24, 36, 58, 83 et suiv.

[124] Ce type se rattache aux formes de l'archéologie hindoue, p. e. aux tableaux d'Ajaṇṭâ; cf. mon Handbuch der buddhistischen Kunst, 2e édit., p. 47 et suiv.

SOURCES DES REPRODUCTIONS.

L'indication «Voyage en Orient» se rapporte aux 6 demi-volumes de l'édition russe de l'œuvre du Prince E. Oukhtomsky, Voyage en Orient de Sa Majesté l'Empereur Nicolas II de Russie, citée dans la remarque 29.

PRÉFACE.

Page
IX Voyage en Orient 5, LX
X ibid. 6, 15
XI ibid. 4, 243
XII ibid. 5, 79
XIII ibid. 6, 19
XIV ibid. 4, 72
XV ibid. 4, 203
XVI ibid. 4, 112

Page
XVII Voyage en Orient 5, 10
XXI ibid. 3, 120
XXIII ibid. 3, 148
XXV ibid. 3, 128
XXVII ibid. 3, 63
XXIX ibid. 3, 160
XXXI ibid. 3, 187
XXXIII ibid. 5, VIII

VIGNETTES.

Page
XXXVIII D'après l'index autographique du Kanjour de St.-Pétersbourg, dernière feuille.
1 Représentations de dragons dans un relief de Loryân Tangaï, reproduites dans le Journal of Indian Art and Industry VIII (1900) n° 69, p. 73.
31 Ornements du couvercle doré d'une coupe faite d'un crâne (Museum für Völkerkunde, Berlin).

Page
96 Bord supérieur de la première feuille de la «triglotte de St.-Pétersbourg».
195 Bord inférieur de la première feuille de la «triglotte de St.-Pétersbourg».
196 Bénédiction. En écriture Lants'a.
199 Ornement de foudres. Sur un rideau dans le Museum für Völkerkunde, Berlin.
219 Ornement de foudres du bord d'une cloche.

REPRODUCTIONS CONTENUES DANS LE TEXTE.

Fig.
1. Voyage en Orient 6, 52.
2. D'après une photographie.
3. Tiré des «500 dieux de sNar-t'añ».
4. ibid.
5. Voyage en Orient 5, XXII.
6. A. Cunningham, The stupa of Bharhut, table XXII.

Fig.
7. D'après une image antique tibétaine dans le Museum für Völkerkunde à Berlin.
8. James Burgess, Journal of Indian Art VIII, 69, 82, 22.
9. ibid. VIII, 69, 76, 8.
10. Grünwedel, Handbuch der buddhistischen Kunst, 2e édit., p. 88, n° 36.

Fig.
82. Tiré des «500 dieux de sNar-t'añ».
83. D'après un bronze de la collection du Prince Oukhtomsky.
84. ibid.
85. ibid.
86. ibid.
87. ibid.
88. Tiré des «500 dieux de sNar-t'añ».
89. Tiré du Kanjour de Berlin de 1410.
90. Voyage en Orient 4, 132.
91. Tiré du Kanjour de Berlin de 1410.
92. D'après un bronze de la collection du Prince Oukhtomsky.
93. Voyage en Orient 6, 29.
94. ibid. 5, XIV.
95. ibid. 5, XVIII.
96. ibid. 5, XIV.
97. D'après un bronze de la collection du Prince Oukhtomsky.
98. ibid.
99. ibid.
100. Voyage en Orient 5, XXIV.
101. Tiré des «500 dieux de sNar-t'añ».
102. D'après un bronze de la collection du Prince Oukhtomsky.
103. ibid.
104. ibid.
105. Tiré des «500 dieux de sNar-t'añ».
106. D'après un bronze de la collection du Prince Oukhtomsky.
107. Voyage en Orient 5, XXXI.
108. Tiré du Kanjour de Berlin de 1410.
109. ibid.
110. D'après un bronze de la collection du Prince Oukhtomsky.
111. ibid.
112. ibid.
113. Tiré des «500 dieux de sNar-t'añ».
114. ibid.
115. Ethnologisches Notizblatt, feuille I.
116. Voyage en Orient 5, 149.
117. Tiré du Kanjour de Berlin de 1410.
118. ibid.
119. ibid.
120. ibid.
121. Voyage en Orient 5, LII.
122. Tiré du Kanjour de Berlin de 1410.
123. ibid.
124. ibid.
125. Voyage en Orient 5, 142.
126. Tiré des «500 dieux de sNar-t'añ.»

Fig.
127. D'après un bronze de la collection du Prince Oukhtomsky.
128. Tiré du Kanjour de Berlin de 1410.
129. D'après un bronze de la collection du Prince Oukhtomsky.
130. ibid.
131. Tiré des «500 dieux de sNar-t'añ».
132. Tiré du Kanjour de Berlin de 1410.
133. D'après un tableau de la collection du Prince Oukhtomsky.
134. Tiré des «500 dieux de sNar-t'añ».
135. D'après un bronze de la collection du Prince Oukhtomsky.
136. Voyage en Orient, 5, XXII.
137. Tiré des «500 dieux de sNar-t'añ».
138. Tiré du Kanjour de Berlin de 1410.
139. D'après un bronze de la collection du Prince Oukhtomsky.
140. ibid.
141. Voyage en Orient 4, 222.
142. D'après un bronze de la collection du Prince Oukhtomsky.
143. Voyage en Orient 4, 223.
144. D'après un tableau de la collection du Prince Oukhtomsky.
145. Tiré du Kanjour de Berlin de 1410.
146. D'après un bronze de la collection du Prince Oukhtomsky.
147. Tiré du Kanjour de Berlin de 1410.
148. D'après un bronze de la collection du Prince Oukhtomsky.
149. ibid.
150. Tiré du Kanjour de Berlin de 1410.
151. D'après un bronze de la collection du Prince Oukhtomsky.
152. Voyage en Orient 5, 143. Complété.
153. ibid. 5, 13.
154. D'après un tableau d'Ourga de la collection du Prince Oukhtomsky.
155. Voyage en Orient 5, XX.
156. D'après un bronze de la collection du Prince Oukhtomsky.
157. Voyage en Orient 5, 159.
158. ibid. 5, XXI.
159. D'après un bronze de la collection du Prince Oukhtomsky.
160. D'après un tableau sur soie dans le Museum für Völkerkunde à Berlin.
161. D'après une photographie.
162. Tiré des «500 dieux de sNar-t'añ».
163. Ein Kapitel des Tă-še-suñ (Berlin 1897).

GLOSSAIRE.

Âbhayâkara, Abhayâkaragupta, tib. 'Jigs-med 'byuṅ-gnas, mongol Abiakar 45, repr. 44; son aventure avec une Ḍâkinî 156, 157.

Abhayamudrâ, cf. mudrâ, la déesse Ushṇîshavijayâ en A. 151.

Abhidhânottaratantra, un tantra au 2e volume de la classe «rGyud» (tantra) du Kanjour 96.

Abhidharma, pâli: Abhidhamma, tib. Č'os mṅon-pa mdsod, mongol ilèrkè nom ou ilèdè nom-oun aïmak, la troisième partie du Tripiṭaka, la métaphysique 11.

Abhisheka, tib. dbaṅ skur(-ba), dbaṅ-ba, mongol abišik, nom d'une consécration telle que les donnent les divinités protectrices et les Ḍâkinîs 50, 156.

Abiakara, transcription mongole d'Abhayâkara (gupta) 44.

Aborigènes (tribus) hindoues 84, cf. Ça-va-ri-pa, Saura, Çavara, Parṇaçavarî.

Acacia catechu, cf. Khadira, P'ur-bu 167.

Acala, «immuable», tib. Mi-g,yo-ba, mongol Ulu kèlbèriktši 164, repr. 165.

Âcârya, «le maître», tib. slob-dpon, mongol bakši, sourghaghouli-in bakši (noyan), titre honorifique de divers saints, p. e. d'Abhayâkaragupta 44, 45; de Padmasambhava 48, dans la danse nommée Tsam 171.

Açoka, tib. Mya-ṅan-med-pa, mongol ghasalang ughèi 12—14, 17, 18.

Açoka (arbre d'A.), Jonesia Açoka, attribut de Mârîcî 147.

Açoka (période d'A.), désignation de la première période de l'art buddhique, qui ne laisse pas voir encore l'influence des sculptures de Gandhâra 22, cf. Bharhut (Barahat), Sâñchî.

Açokakântâ: Marîcî, «favori d'Açoka» 148.

Açva, tib. rTa, mongol morin èrdèni, un des huit bijoux 50.

Açvaghosha, «à voix de cheval», tib. rTa-dbyaṅs, mongol Morin èghèšik yèr inèghèktši 5, cf. «Quatre soleils».

Adamspik 4.

Adhiša, transcription mongole du nom Atîça 52.

Âdibuddha, tib. mČ'og-gi daṅ-poi saṅs-rgyas, mongol Angkhan bourkhan, doctrine du «Buddha primitif» 44; Samantabhadra comme Â. 98, 143; Vajrapâṇi en forme de Vajrasatva comme Â. 98, 143.

Afrîdi 19.

Agni, dieu du feu, tib. Me-lha, mongol ghaloun tègri 54, 182; Me-lha dmar-po 107.

Agnija, autre forme pour Añgaja («né d'un membre»), un des Sthaviras, signifie «né du feu», tib. Me-skyes 39.

Aigle de Jupiter: Garuḍa 163.

Aï-li 27.

Aïmak 88; Aïmak Saïn Noyan 88.

Ajaṇṭâ, représentations des Tathâgatas à A. 115.

Ajâtaçatru, «qui n'a pas d'ennemi», tib. Ma-skyes-dgra, mongol Èsè turuksèn daïsoun 11 (le premier concile sous son règne), pilier d'A. à Bharhut 15.

Ajita, tib. Ma p'am-pa, Mi p'am-pa, «invaincu», un des Sthaviras 39, repr. 7; c'est aussi un surnom de Maitreya.

Âkâçagarbha, «germe éthéré», un Bodhisatva 143; cf. Khagarbha.

akshamâlâ i. q. akshasûtra 135.

akshasûtra, rosaire, attribut de Bhṛikuṭî 150; littér. «corde des yeux», faite de perles, c'est-à-dire de noix d'Elaeocarpus ganitrus qui s'appellent «yeux de Rudra» (rudraaksha); ganitrus du mot javanais djanitri.

 15

IMPRIMERIE DE F. A. BROCKHAUS A LEIPZIG.

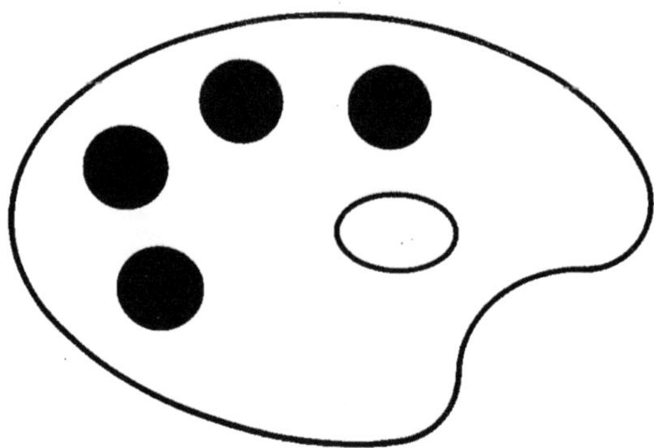

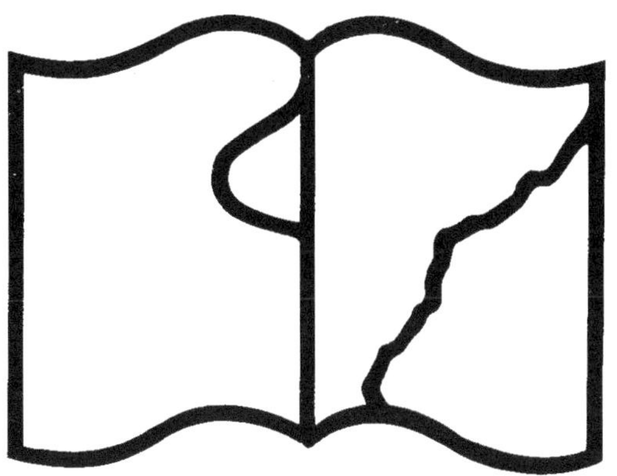

Texte détérioré — reliure défectueuse

NF Z 43-120-11

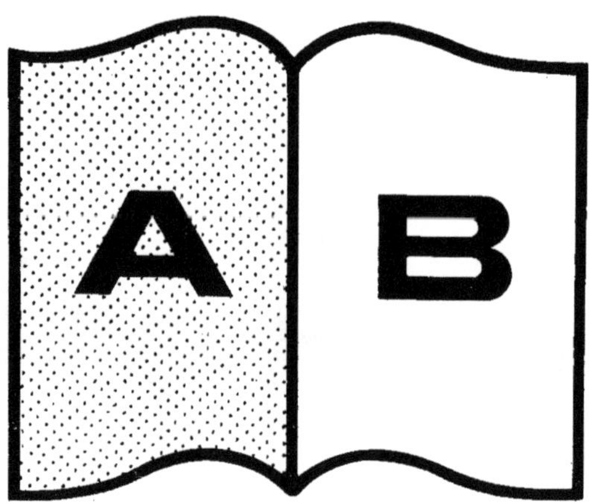
A
B

www.ingramcontent.com/pod-product-compliance
Ingram Content Group UK Ltd.
Pitfield, Milton Keynes, MK11 3LW, UK
UKHW012200240726
13966UKWH00002B/480